청춘의 **완터뷰**

청춘의 완타뷰

파란만장 역사 속 8인의 청춘선배가 들려주는
가슴 떨리는 한국사 이야기

류성완 지음

함께읽는책

이 시대의 청춘들에게
완쌤이 한마디만 할게!

아프지만 사랑할 수밖에 없는 우리의 역사를 학생들에게 가르친 지 벌써 10년이 되었습니다. 강산이 한 번 변하는 동안 저 역시 많은 것을 배우고 보람도 느꼈지만 그에 못지않게 저를 힘들게 했던 건 학생들이 역사를 암기의 대상으로만 생각한다는 사실이었습니다.

'역사는 지금도 우리 곁에서 역동적으로 살아 숨 쉬며 우리의 삶에 직접적으로 영향을 주고 있다'고 끊임없이 이야기해도 학생들은 언제나 교과서에 밑줄을 긋고 연표를 달달 외고 시험에 자주 출제되는 단원만 집어 달라고 졸라 대는 것이 현실이니…… 후유~ 그렇다고 지금의 교육 현실 속에서 교과 과정은 무시한 채 학생들에게 역사의 참맛을 알려 주자고 덤빌 수만도 없는 노릇, 역사를 가르치는 선생으로서 많은 어려움과 시행착오를 겪어 낸 10년이었습니다.

그 10년의 시간을 고민하며 힘들게 세상에 내놓은 결과물이 바로 이 책입니다. 시험에만 매달려야 하는 우리 학생들에게는 조금이라도 즐겁게 역사를 접하게 하려는 마음에, 또 지금 가장 치열하게 청춘을 살고 있는 그들의 선배들에게는 그들이 잘 모르고 지나쳤던 역사 속 인물들과의 만

**청춘의
완터뷰**

남을 통해 자신의 현재를 돌아보고 미래를 꿈꿀 수 있는 계기를 마련해 주고 싶은 마음에 부족하지만 시간을 쪼개 가며 이야기를 꾸렸습니다.

이 책에서 저는 교과서에서는 스리슬쩍 지나가는 인물들과 현재 시점에서 인터뷰를 진행한다면 조금 더 현실적으로 우리의 역사를 소개할 수 있을 것 같다는 생각에 스스로 인터뷰어가 되기로 했습니다. 또한 나 자신이 그 많은 역사 속 인물들을 다 잘 아는 것처럼 수업했지만 사실 그렇지 않은 인물들도 많았음을 떠올리며 그들에 대해 진지하게 공부하는 시간도 가졌습니다. 그리고 진심으로 우리의 역사를 더욱 사랑하게 되었습니다. 이 책을 읽는 모든 분들이 저와 같은 마음이 된다면 더 바랄 게 없겠습니다.

한국사, 그중에서도 지금 우리의 삶에 가장 맞닿은 근현대사 속 8인과 인터뷰를 진행했습니다. 그들은 휘몰아치는 역사의 소용돌이에서 스스로를 돌보지 않고 나라와 민족을 위해 살다 간 인물들이라는 공통점이 있지만, 그들 각각은 역사적으로 오해의 소지가 다분한 인물, 훌륭한 삶을 살았지만 후세에 잘 알려지지 않은 인물, 독자들에게 알려 주고 싶은 인물, 제가 꼭 만나 보고 싶었던 인물들일뿐, 시대적, 이념적 안배는 염두에 두지 않았습니다.

이 책을 통해 여러분이 조금이나마 더 우리의 역사에 가까이 다가갈 수 있었으면 좋겠습니다. 우리가 사소하다고 생각하며 누리고 사는 모든 가치들을 위해 누군가는 목숨을 걸고 치열하게 싸웠다는 사실을 잠시라도 생각해 볼 수 있었으면 좋겠습니다. 그리하여 여러분, 이 시대의 청춘들이 꿈꾸는 미래는 조금 더 건강하고 따뜻했으면 좋겠습니다. 역사 속 우리의 선배들께 진심으로 감사합니다! 꾸벅!

5

차례

흥선대원군과의
인터뷰

흥선대원군

이름은 이하응, 자는 시백, 호는 석파, 시호는 헌의이다. 영조의 5대손으로 조선 26대 왕인 고종의 아버지이다.

종친부의 유사당상이 됨
1846

흥선군에 봉해짐
1843

1820
남연군의 넷째 아들로 출생

1845
헌종으로부터 50결의
수조권을 하사 받음

1863
• 둘째 아들 명복을 조선의 26대 임금으로 만듦
• 정치 개혁 실시
• 서원 축소 단행

**최익현의 상소로 고종 친정 선포,
대원군 퇴각**
1873

전국의 서원을 47개소만
남기고 모두 철폐
1870

1868
• 오페르트 남연군묘 도굴 사건을 당함
• 경복궁 완공

1871
• 신미양요(미국 로저스 할대 광성진 점령, 어재연 전사)
• 척화비 설립
• 호포제 실시

1882
임오군란으로 재집권하였으나
33일 만에 청으로 압송

- 비변사 기능 축소, 의정부 기능 부활, 삼군부 설치
- 만동묘 폐지

1864

- 병인박해(천주교 신부와 신도 처형)
- 제너럴셔먼호 사건
- 병인양요(프랑스 함대의 강화도 침략)
- 조선 역사상 처음으로 평안도에서 과거 실시
- 경복궁 공사장에 1차 화재
- 당백전 주조
- 민치록의 딸 민자영을 고종의 왕비로 간택

1866

1865
- 비변사 폐지
- 경복궁 중건 시작

1867
- 사창제 실시
- 경복궁 공사장에 2차 화재

10월 제물포항으로 귀국

1885

79세를 일기로 사망

1898

1894
- 갑오개혁 때 일본 세력에 의해 영입되어 재집권
- 군국기무처 사무 총괄하였으나 한 달 후 일본의 강요로 은퇴

1907
대원왕으로 추봉

잠깐, 인터뷰 전에 먼저

고종(1852~1919)

아명은 명복, 자는 성임·명부, 본관은 전주이다. 조선 26대 국왕으로 흥선군 이하응의 차남이다. 1863년 철종이 후사 없이 죽자 신정왕후 조씨의 전교로 즉위하였으나 처음에는 신정왕후가 수렴청정하였고 얼마 지나지 않아 흥선대원군이 국정을 통괄하였다. 1866년 민치록의 딸 자영을 왕비로 맞게 되는데 그가 바로 명성황후이다.

1873년 흥선대원군의 하야를 계기로 친정을 시작하였으나 정권은 명성황후를 중심으로 한 민씨 척족 세력이 주도하였다. 그러던 중 임오군란(1882년)이 일어나고 아버지인 흥선대원군에게 잠시 사태 처리를 부탁하지만 33일만에 청나라로 압송된 흥선대원군은 삼 년 뒤인 1885년에야 조선으로 돌아온다. 1895년 명성황후가 살해되자 1896년 러시아 공사관으로 처소를 옮겨 친러 정권을 수립하였으나 러일전쟁에서 승리한 일본의 강요로 1905년 을사조약을 체결하였다. 1907년 만국평화회의에 특사를 파견하여 을사조약 무효를 선언하였으나 그 사건을 구실로 일본에 의해 강제 퇴위되었다. 1919년 사망하였다.

명성황후(1851~1895)

성은 민씨, 시호는 명성明成, 본관은 여흥, 조선 26대 왕인 고종의 비이다. 민치록의 딸로 8세에 부모를 여의고 서울 등지의 친척집에서 성장하였다. 1866년 16세 때 고종의 비로 책봉되었다. 1867년 고종의 총애를 받던 궁녀 이씨가 완화군을 낳자 흥선대원군과 세자 책봉 문제로 반목하였다. 1873년 흥선대원군의 실정을 탄핵하고 고종의 친정을 요구하는 최익현의 상소를 앞세워 흥선대원군을 물러나게 하였다. 고종의 친정이 시작되면서 척족 세력들을 앞세워 정권을 장악, 개화 정책을 시행하였다. 1882년 임오군란이 일어나자 궁궐을 빠져나와 충주로 피신하였다가 청나라에 군대 파견을 요청하여 흥선대원군을 청나라로 압송토록한 뒤 환궁하여 정권을 다시 장악하였다.

1895년 10월 경복궁에 침입한 일본 낭인들에 의해서 시해되는 불행한 최후를 맞았다. 1897년 명성황후로 추봉되었으며 1919년 고종이 죽은 뒤 고종과 함께 경기도 남양주시 금곡동 홍릉에 이장되었다.

최익현(1833~1906)

아명은 기남, 자는 찬겸, 호는 면암, 본관은 경주이다. 근대 및 대한제국 시기의 유학자 겸 의병장이다. 1846년 이항로의 문하에 들어가 수학하였고 1855년 명경과에 합격 후 이조전랑과 신창현감 등을 역임하였으나 1868년 흥선대원군의 실정을 논박하다가 삭탈당한다. 1873년 흥선대원군의 폭정을 비판하고 하야를 주장하는 상소를 올려 최고의 실권자였던 흥선대원군을 권좌에서 끌어내리는 데 성공하였으나 왕의 아버지를 원색적으로 비난하였다는 죄목으로 제주도에 유배되었다. 1876년 강화도조약이 체결되려 하자 상소를 올려 강력히 반대하다가 흑산도로 유배되었다. 학문에 전념하다 1895년 을미개혁으로 단발령이 시행되자 상소를 올려 일련의 개혁 정책을 비난하였다. 을사조약(1905년)이 체결되자 이듬해 의병을 일으켰으나 고종의 명령으로 활동을 중단, 스스로 관군에게 붙잡혔다. 일본의 쓰시마섬에 유배되었다가 그곳에서 사망하였다.

나는 파락호가 아니다

반갑습니다. 이렇게 만나 뵙게 되어 영광입니다!

흥선대원군 역사 선생님을 만나게 되다니 저 또한 영광입니다. 백여 년이
지난 후 저에게 내려진 역사적 평가들 중 잘못 알려진 부분들에 대해 해명
할 수 있는 좋은 기회가 될 것 같아 기쁩니다. 인간 이하응과 정치가 흥선
대원군을 한 치의 숨김없이 보여 드리도록 하겠습니다.

먼저 호칭은 어떻게 하는 게 좋을까요?

흥선대원군 흔히 알려진 대원군으로 하시지요. 그것이 부르기도 편하고
듣는 사람도 이해가 빠를 것 같습니다.

**그럼 이제부터 본격적인 인터뷰를 시작하겠습니다. 호칭에 대한 이야기가 나와
서 말인데요. '대원군'이란 무슨 뜻인가요?**

13

흥선대원군   왕이 죽고 적통을 이을 아들이 없을 경우 왕의 친족 중에서 새로 왕을 뽑게 되는데 그때 왕의 아버지를 대원군이라고 칭합니다. 조선 역사에서 대원군이라 불린 사람은 저를 포함해서 모두 4명이 있습니다. 선조의 아버지 덕흥대원군, 인조의 아버지 정원대원군, 철종의 아버지 전계대원군, 그리고 고종의 아비인 바로 저 흥선대원군입니다. 그러나 저를 제외한 세 사람은 죽은 후에 그 이름이 붙여진 경우이고 살아서 대원군이라는 말을 들은 사람은 우리나라 역사에서 제가 유일합니다.

당시는 몇몇 힘 있는 세도가에 의해서 모든 정치가 좌지우지되던 세도정치기였기 때문에 총명한 종친들은 대부분 제거되었던 것으로 알고 있습니다. 그러한 상황에서 대원군께서는 아드님을 왕으로 세우기 전까지 세도가의 눈을 속이기 위해 일부러 파락호*처럼 사셨다고 하던데, 그때의 이야기들을 좀 들려주시겠어요?

흥선대원군   저에 대한 가장 큰 오해가 바로 그 부분입니다. 대부분의 후손들이 저를 그런 이미지로 생각하고 있는 것 같습니다만 사실은 그렇지 않습니다. 많은 책에서 저를 그렇게 그려내고 있는 줄로 압니다. 그러나 어떠한 사료적 근거도 없는 내용들뿐입니다. 이러한 이미지는 김동인의 장편 역사소설 《운현궁의 봄》에서 처음 시작된 것으로 알고 있습니다. 그 이미지가 너무 강해서 마치 역사적 근거라도 있는 양 많은 이들에 의해 재생산이 된 통에 진실인 것처럼 되어 버렸으나 사실과는 많은 차이가 있습니다.

---

14   *   재산이나 세력이 있는 집안의 자손으로서 집안을 몽땅 털어먹는 난봉꾼을 이르는 말.

저는 1845년 헌종으로부터 토지 50결에 대하여 세금을 거두는 권한을 하사 받았습니다. 지금으로 계산하자면 16만m²정도 되는 어마어마한 토지입니다. 이 말은 당시 제가 경제적으로 풍족했다는 뜻입니다. 뿐만 아니라 아들인 명복이 왕이 되기 전까지 왕족들의 모임인 종친부의 실무를 담당하는 유사당상을 맡아보고 있던 저는 당시 종친들의 세력 확장을 목표로 종부시에서 주관하던 왕실 족보 편찬 사업을 종친부로 가져와 활동하고 있었습니다. 이러한 정치적 활동은 당시 전권을 쥐고 있던 안동 김씨 세력과 어느 정도 타협을 보지 않고는 불가능한 일이었습니다. 결론적으로 저는 아들이 왕이 되기 전까지 '상갓집 개'로 불리는 파락호 생활을 한 것이 아니라 경제적으로는 어렵지 않게, 정치적으로는 어느 정도 세도가와 타협하며 나름의 활동을 하고 있었던 것입니다.

그렇다면 당시 권력을 쥐고 있던 안동 김씨 쪽에서 대원군을 제거하려는 움직임이 없었다는 말씀인가요?

흥선대원군　물론 당시 최고 세도가인 안동 김씨 쪽에서는 당연히 저를 견제하고 있었지요. 하지만 저는 정치적 야심을 숨긴 채 종친으로서의 역할에만 충실하며 그들의 눈을 피할 수 있었습니다. 당시 세도가의 견제는 두려워할 만한 것이었지만 그 때문에 왕족으로서의 품위를 버린 적은 없었습니다.

말씀 듣고 나니 저 역시도 대원군에 대해 오해를 하고 있었던 것 같습니다. 오늘에서야 그 오해가 완전히 풀린 것 같군요. 그럼 이제 아드님을 왕으로 만들기까지의 과정에 대해 들어 볼 수 있을까요?

흥선대원군　당시 왕이었던 철종은 오랫동안 병석에 누워 있었습니다. 저는 1863년 12월 즈음 당시 왕실 최고 어른이며 철종 사후의 왕위 지명권을 가지고 있는 신정왕후에게 몰래 편지를 한 통 올렸습니다. 풍양 조씨인 신정왕후는 헌종 대에는 위세가 당당하였지만 철종 대를 거치면서 정치적 힘이 상당히 약해져 있었고 뒤를 받쳐 줄 만한 정치적 힘을 가진 친척도 거의 전무했습니다. 저는 편지에 저와 손잡을 것을 청했습니다. 만약 청을 받아들인다면 적어도 안동 김씨의 세력만큼은 막아 주겠노라 약속했습니다. 그러한 뜻이 받아들여져 둘째 아들인 명복이 조선의 26대 왕인 고종이 된 것입니다.

살아 있는 왕의 아버지인 흥선대원군의 등장만으로도 당시 조선 사회에 파장이 엄청났을 것 같은데요.

흥선대원군　물론입니다. 왕위에 오른 적이 없는 살아 있는 왕의 아버지는 전례가 없었기 때문에 당시 권력층은 많이 당황했었지요. 저 역시 어떠한 모습으로 정계에 진출해야 하나 고민이 많았는데, 신정왕후께서 저에 대한 예우 지침을 내려주셨습니다. "국왕 앞에서도 허리를 굽히지 않으며 신하라 칭하지 않는다. 사저를 운현궁이라 하고 대신들은 이곳을 지날 때 말에서 내려야 한다. 운현궁 경비는 내수사에서 담당한다"는 내용이었습니다.

신정왕후께서는 대원군을 "신하라 칭하지 아니한다"고 하셨는데요, 흔히 종친들의 가마는 여덟 명이 메는 팔인여인데 대원군께서는 고종의 즉위 후 팔인여를 거부하고 대신들이 타는 교자를 이용한 것으로 알고 있습니다. 대원군의 정

16

치적 의지를 내보인 신호탄이었다고 봐도 될까요?

흥선대원군   예리한 질문이군요. 당시 저의 위치는 조금 애매했습니다. 정해진 임무나 역할이 따로 없었고 우리 역사에서 전례를 찾기 힘든 자리였기 때문에 처음부터 강하게 저의 정치적 의지를 표명했던 것입니다. 대신들에게 '나도 너희와 같은 가마를 타고 회의에도 참석하겠다'는 뜻을 암묵적으로 알린 것이지요.

공개 석상에서 처음으로 중신들을 만났을 때 하신 말씀이 유명합니다. 직접 들려주시겠요?

흥선대원군   "나는 천리를 끌어다 지척을 삼고, 태산을 깎아 평지를 만들며, 또한 숭례문(지금의 남대문)을 3층으로 높이고자 한다"고 말했습니다.

은유적인 표현 같은데, 조금 쉽게 풀어서 말씀해 주실 수 있을까요?

흥선대원군   천리를 지척으로 삼겠다는 말은 종친인 전주 이씨 일가를 중용하겠다는 뜻입니다. 또한 숭례문을 3층으로 높이겠다는 것은 그동안 정권에서 소외당했던 남인과 소론 일파를 등용하겠다는 의미이며, 태산을 평지로 만든다는 말에는 안동 김씨 가문을 중심으로 세도정치를 펼쳐 온 노론 세력을 철저히 억압하겠다는 뜻이 숨어 있습니다.

첫 대면부터 아주 강렬한 인상을 남기신 것 같은데요. 그렇게까지 하신 이유가 뭐죠?

흥선대원군   제 아들이 왕이 되기 전 60년은 우리 역사에서 가장 암울했던 시기입니다. 흔히 세도정치기라고 불리는 이 시기에 전국적으로 수백 건에 **17**

이르는 민란이 기승했지요. 대표적인 예가 1862년 진주 지역에서 일어난 임술농민봉기입니다. 이렇게 민란이 빈번했던 이유는 백성의 삶이 몹시 힘들었기 때문이지요. 세도가에게 뇌물을 바치고 관직을 얻는 매관매직이 성행했기 때문에 지방 수령들은 더 많은 돈을 거두어들이기 위해 백성들을 쥐어짜는 데 혈안이 되었습니다. 삼정(전정, 군정, 환곡)의 문란이 바로 그 것이죠. 뿐만 아니라 서원의 횡포가 극에 달했던 시기도 바로 이때입니다. 저는 조선이라는 나라가 백성을 위한 나라, 예의와 질서가 바로 선 나라가 되기를 진심으로 바랐습니다. 그러기 위해서는 당시 득세하고 있었던 안동 김씨 노론 세력을 견제하는 것이 저의 일차 목표였습니다.

생각하신대로 국내 정치의 개혁 작업은 순조롭게 잘 진행되었나요?

흥선대원군   처음에는 반발도 있었지만 백성들의 호응이 점차 커지자 보람을 느끼면서 일을 할 수 있었습니다. 제가 처음 시도한 개혁은 당시 비정상적으로 비대해진 비변사의 기능을 축소시키는 것이었습니다. 비변사는 조선 중기에 만들어진 임시 군사 기구였으나 세도정치기를 거치면서 정치, 군사 등 모든 것을 처리하는 최고의 권력 기구로 변질되어 있었죠. 저는 비변사의 기능을 축소하고 의정부와 삼군부를 부활시켜, 의정부는 정치를 삼군부는 군사적 기능을 맡게 하였습니다. 또한 그동안 대접받지 못했던 무신을 예우했고, 좋은 인재를 선발하기 위해 과거제도를 재정비하였습니다. 더욱이 그동안 소외되어 있던 남인 계열을 중용하였으며 탐관오리들을 색출하여 엄벌하였습니다. 지금으로 말하자면 부패와의 전쟁을 선포한 셈이지요. 조선 역사상 처음으로 평안도에서 과거 시험을 실시하기도 했는데 그동안 차별받아 왔던 북쪽 지역 사람들을 등용하겠다는 저의 의지를 보여 주고자 한 것입니다.

척화의 상징이 된 동방의 진시황

참으로 많은 개혁을 단기간에 이루셨습니다. 그런데 대원군께서는 여기에 만족하지 않고 어떤 왕도 시도하지 못했던 서원 개혁을 단행하셨죠. 서원* 개혁에 관해 들려주시겠어요?

흥선대원군 　저의 개혁 작업 중에서 가장 반발이 거세었던 것이 바로 서원 개혁이었습니다. 어떤 왕도 시도하지 못했다고 하셨는데 그것은 반은 맞고 반은 틀린 말입니다. 조선의 21대 왕이었던 영조께서도 시도는 했었습니다만 유생들의 반발이 너무 컸기 때문에 그만 중도에 포기하고 말았습니다. 영조께서 서원 정리를 시도하신 이유도 저와 비슷했을 것이라고 생각합니다. 서원은 유림들의 본거지로서 막대한 양의 토지와 노비를 소유하고 있어 국가 재정에 큰 부담이 되었지요. 또한 서원에서 거행되는 제사 비용까지 백성들에게 강제로 할당하였는데 그 부담이 매우 컸습니다. 당시 서원에서는 묵패라는 것을 무제한적으로 남발하였는데 이 묵패가 제사 비용을 거두는 도구였습니다. 일반 백성은 묵패를 거부할 수도 없었고 정해진 시각에 제사 비용을 내지 않으면 불려가 매질을 당하기 일쑤였습니다. 마치 법을 초월하는 기관 같았죠. 그 서원 중에서도 가장 큰 영향력을 가지고 있던 것이 충북 괴산에 있는 화양동 서원이었습니다. 화양동 서원

---

* 　조선 중기 이후 설립된 사설 교육 기관이며, 유교의 현인들에게 제사를 지내던 곳이다. 조선 시대 유생들의 세력 근거지 역할을 담당하였다.

19

의 한쪽에는 1717년 송시열의 건의로 만든 만동묘가 있었는데, 이것은 임진왜란 때 우리를 도와준 명나라의 신종과 의종을 기리기 위해서 만든 것이었습니다. 이 만동묘는 노론으로 대표되는 유림들의 성지와도 같은 곳이었고, 1년 내내 유림들의 발길이 끊이지 않는 사상적 구심체 역할을 하던 곳이었습니다. 저는 이러한 만동묘 폐지를 선언하며 개혁을 시작하였습니다.

만동묘 폐지 선언은 서원의 기능 자체를 부정하는 것 아닌가요?

흥선대원군 아닙니다. 어느 정도 서원의 순기능은 저도 인정합니다. 그러나 너무 비대해지다 보니 본래의 기능을 상실하고 백성에 해를 끼치는 기관이 되어 버린 서원을 정리하고자 했던 것입니다. 저는 만동묘의 기능을 창덕궁 뒤편에 있는 대보단으로 대신한다고 선언하고, 1867년에는 사액서원*을 제외한 모든 미사액 서원을 철폐하였습니다. 더 나아가 1870년에는 사액서원 중에서도 47개의 서원만을 남겨두고 나머지를 모두 폐지해 버렸습니다.

당시의 상황이 그러했다면 유생들의 반발도 조직적으로 일어났을 것 같은데요.

흥선대원군 물론입니다. 전국의 유생들이 도끼를 가져와 상소를 올리며, 자신의 의견이 받아들여지지 않는다면 도끼로 자신의 목을 치겠다는 내용의 도끼 상소를 올렸습니다. 또한 수천 명의 유생이 돈화문 앞에 집결하여 복합伏閤 상소를 올리기도 했지요. 그러나 저는 한 치의 흔들림도 없

---

* 조선 시대에 설립된 서원 가운데 국가의 공인을 받아 서원명 현판과 노비, 서적 등을 하사받았던 서원이다.

었습니다. 저는 그들 앞에 나아가 "공자가 다시 살아난다 해도 백성에 해를 입히는 일이라면 용서치 않을 것이다. 하물며 서원은 우리나라의 덕망 높은 유학자에게 제사 지내는 곳인데 지금은 도적들의 소굴이 되어 버렸다. 날이 저물기 전에 돌아가지 않는다면 대역죄를 물어 엄벌할 것이다"라고 말했습니다.

그 때문인지…… 당시 유생들이 대원군을 어떻게 불렀는지 혹 알고 계신가요?
흥선대원군 유생들은 저를 '동방의 진시황'이라고 비아냥거렸죠.

그 별명에 대해서는 어떻게 생각하세요?
흥선대원군 그러한 표현은 일단 논리적으로 모순입니다. 왜냐하면 진시황은 분서갱유를 하는 과정에서 여러 유생들을 죽이고 서적을 불태웠기 때문에 비판을 받는 것입니다. 그러나 저는 다릅니다. 저는 학문적인 이유로 유림들을 죽이지 않았으며, 서적을 불태우는 것은 고사하고 각종 편찬 사업에 적극 나섰던 사람입니다. 1864년에는 외교 문서를 정리한 《동문휘고》를 간행했으며, 1865년에는 《철종실록》과 《대전회통》을, 1867년에는 관청의 시행령을 정리한 《육전조례》, 왕실 족보인 《선원보략》, 각종 예식을 정리한 《삼반예식》을 연이어 완성하였습니다. 10년 정도의 집권 기간 동안 저처럼 편찬 사업을 많이 한 왕은 없는 것으로 알고 있습니다. 그런 제가 어떻게 '동방의 진시황'이라는 말씀입니까?

아, 제가 붙인 별명이 아니라 당시 몇몇 유생들의 표현을 옮긴 것뿐이니 오해하지 말아 주세요. 다시 돌아와서, 삼정 문란의 개혁 과정이 궁금한데요, 그중에 21

서 양반에게도 군포를 납부하도록 한 호포제가 참 인상적이었습니다. 호포제의 실시 과정은 어땠나요?

흥선대원군 호포제는 한마디로 양반 기득권과의 싸움이었습니다. 1년에 군포 두 필 내던 것을 한 필로 줄인 것을 균역법이라고 합니다. 영조 대에 시행되었지요. 사실 그때부터 양반에게 포를 납부하도록 하는 정책을 고려해 왔으나 지주층의 강력한 반발로 시행되지 못했습니다. 세도정치기를 겪으며 역의 대상이 되는 양인층이 축소되어 국가 재정 부담이 가중되었고, 민란의 주요 원인이 마을 단위로 군포를 징수하던 군포제에 있다고 판단하여 호포제를 전면적으로 실시하게 된 것입니다.

군역 대상이 아닌 양반들의 반발이 심했던 것으로 알고 있습니다. 몇몇 양반들은 선비가 세금을 내게 되면 반상의 구분이 사라질 것을 걱정했다고 하는데요. 이러한 반발에 대한 대비책은 있으셨나요?

흥선대원군 저도 양반이기 때문에 그러한 문제들을 어느 정도 생각하고 있었습니다. 그래서 상민常民(양반이 아닌 보통 백성을 이르던 말)과 양반 모두에게 호당 2냥씩을 납부토록 하되 양반층의 반발을 고려해 양반은 집안에 거느리는 노비의 이름으로 세를 납부하도록 하였습니다. 불만을 완전히 잠재우기는 힘들었지만 양반들의 비판에 논리적으로 대응한 것이지요.

여기까지만 보면 백성들의 입장에서 참으로 긍정적인 정치 개혁을 단행하셨다는 생각이 듭니다. 그러나 경복궁 중건의 경우 결과적으로 부정적인 측면이 많았던 것 같은데요. 경복궁 중건을 고집하신 이유는 무엇인가요?

흥선대원군 경복궁 중건 사업을 완수해야 했던 이유는 임진왜란(1592~1598)때 불타 없어진 조선 왕조의 정궁을 복원하여 왕실의 권위를 회복하기 위함이었습니다. 그래서 1865년 역사적인 첫 삽을 시작으로 복원 사업에 들어간 결과 1868년, 착공한 지 4년 만에 경복궁이 완공되었습니다.

왕실의 권위는 살렸으나 그동안 대원군께서 강조한 "백성을 위한 정치"는 아니었던 것 같습니다. 재원 조달 방법을 보면 원납전(원해서 내는 돈), 결두전(오늘날의 부동산세), 문세(4대문 통행세) 징수, 당백전 발행 등 백성들에게 큰 부담이 되는 것들이었습니다. 그렇게 무리하게 공사를 해야만 했을까요?

흥선대원군 이 경복궁 중건 사업에는 아쉬움이 참 많이 남습니다. 말씀하신 것처럼 그러한 재원 조달 방법은 백성들의 원성을 사기에 충분했습니다. 지금 와서 생각해 보면 운도 따라 주질 않았습니다. 경복궁 중건 사업의 재원은 어느 정도 확보한 상태에서 공사에 들어갔으나 1866년과 1867년에 연달아 두 번이나 큰불이 나면서 계획이 엉망이 되었지요. 특히 1866년 3월에 난 불은 목수간 800여 칸과 재목들을 삽시간에 잿더미로 만들어 버렸습니다. 이러지도 저러지도 못하게 되어 버린 겁니다.

경복궁 중건을 중단할 수는 없었나요?

흥선대원군 그것은 안 될 말입니다. 정치에는 책임이 따릅니다. 계획한 일을 마무리하지 못했을 때의 후폭풍은 애초에 아무 일도 하지 않은 것보다 몇 배나 더 큰 실정으로 평가되기 마련입니다. 두 차례의 화재 이후 재원 조달을 위해 무리하게 세금을 거둔 것은 인정하지만 시작한 이상 중단할 수는 없었습니다. 만약 중단했다면 왕실의 권위를 살리는 것은 고사하고 **23**

그나마 있던 권위마저 사라졌을 겁니다.

대원군께서 경복궁을 중건하기 위해서 거두신 원납전이 710만 냥인 것으로 알고 있습니다. 당시 왕실의 1년 예산이 30만 냥이었던 것을 생각하면 실로 엄청난 금액인데요. 사실 원납전이란 1만 냥을 내면 상민에게도 벼슬을 주고, 그 액수가 10만 냥이 되면 고을의 수령 자리도 내어 주던 일종의 벼슬 장사였습니다. 그러한 방식으로 벼슬을 얻거나 수령이 된 자들은 빈 곳간을 다시 백성들의 세금으로 채우기 위해 각종 비리를 일삼았을 게 뻔하지 않습니까. 대원군께서는 "공자가 다시 살아난다 하더라도 백성에 해를 입히는 일은 용서치 않겠다"고 말씀하셨는데요, 왕실의 권위를 위해서 백성의 평안한 삶을 외면하신 것은 아닌지요?

흥선대원군   말씀드렸다시피 애초 계획에 없던 변수들이 생기는 바람에 무리한 점이 있었습니다. 이 점에 대해서는 저의 과오를 인정합니다. 그러나 21세기를 살고 계신 여러분이 서울 한복판에서 보고 있는 그 경복궁은 바로 제가 중건한 것임을 잊지 말아 주십시오. 제가 없었다면 격변의 시대에 과연 누가 경복궁을 중건할 수 있었을까요?

물론 몇몇 무리한 점들이 있긴 했지만 백성을 위한 정치 개혁에 힘쓰신 점 등을 평가해 본다면 (외람되지만) 후한 점수를 드릴 수 있을 것 같습니다. 그러나 외세에 대한 대응 면에서는 후세 역사가들에게 매우 냉혹한 평가를 받고 계시죠. 혹자는 서양 세력의 접근을 가로막은 '쇄국론자' 내지는 위정척사파의 핵심 인물로 평가하기도 하는데요. 이에 대해서는 어떻게 생각하시는지요?

24   흥선대원군   결과적으로는 그렇게 되었지만 이 부분 역시 아쉬운 점이 있

습니다. 또한 저는 알려진 것과는 다르게 천주교에 대해 우호적인 사람이 었습니다.

1866년 병인박해로 프랑스 신부들과 수천 명의 천주교 신자들을 처형하신 분께서 천주교에 대해 우호적이었다니 납득이 되지 않는데요?

흥선대원군 제 아내와 딸이 천주교 신자였습니다. 저 또한 집권 초기인 1864년에 프랑스 선교사들과 접촉을 시도했지요. 1840년 아편전쟁으로 청이 서양 세력에 의해 개방되고, 1854년에는 일본도 개항을 했습니다. 서양 세력 중에서도 러시아의 남하를 가장 크게 걱정했던 저는 프랑스, 영국 등을 이용해서 러시아를 견제하고자 했습니다. 그러기 위해서는 서양 세력과의 연결이 필요했는데 저는 그 연결 고리로 천주교 신부들을 생각했습니다.

그런데 왜 천주교 신자 수천 명을 처형하신 거죠?

흥선대원군 1866년 즈음하여 러시아의 남하 위협이 사라지게 되었습니다.

단순히 남하 위협이 사라진 것만으로 수천 명의 천주교 신자들을 처형했단 말씀이세요?

흥선대원군 당시 안동 김씨가의 김병학과 김병국 등이 저를 천주교도라며 공격하였고 저잣거리에는 저의 처소인 운현궁에 천주교도들이 매일같이 드나든다는 소문이 파다했습니다. 외세와 결탁하여 외세를 물리치려 한다는 비난이 빗발쳤지요. 잘못하면 정치적 곤경에 처할 수도 있는 상황이 었습니다.

그렇다면 정치인 한 명의 강박적 반응으로 인해 무고한 사람들이 목숨을 잃은 것이군요. 일종의 권력 유지를 위한 방편으로 말이죠.

흥선대원군　그렇게까지 말씀하시니 드릴 말씀이 없습니다. 정권 초기였고 정치적 안정을 위해 내린 결단이었습니다.

사실 저는 대원군을 실용적 중도 개혁가로 평가하고 있는데, 병인박해 이후 실용적 중도를 포기하고 위정척사파의 실질적 주인공이 되신 것 같습니다.

흥선대원군　인정합니다. 저도 이 사건 이후 점점 합리적인 생각과 대응 방법을 찾기가 힘들어졌습니다. 그리고 잇단 병인양요(1966년)와 오페르트 도굴 사건(1968년) 등을 겪으며 국내의 외세 배척 사상은 더욱 기승을 부리게 되었죠.

병인양요는 병인박해 때 프랑스 신부의 처형을 문제 삼아 프랑스 함대가 강화도 일대를 공격하고 정족산성 전투에서 패퇴한 프랑스 군이 퇴각하며 외규장각 문서를 가져간 것으로 많은 사람들이 알고 있는 사건입니다. 그런데 오페르트 도굴 사건은 생소한 분들이 많을 것 같은데요.

흥선대원군　오페르트는 독일의 무역 상인으로 프랑스 신부인 페롱과 함께 제 아버지인 남연군의 묘를 파헤치려는 계획을 세웠습니다. 시체와 부장품을 미끼로 통상 문제, 종교 문제 등을 흥정하겠다는 것이 그들의 목적이었지요. 오페르트는 통상 교섭에 성공하면 이익을 배당한다는 조건으로 자금을 담당할 미국인 제킨스를 끌어들였습니다. 조선인 안내자 2명, 유럽, 필리핀, 중국인 선원 등 총 140여 명으로 조직된 이 국제 도굴단은 1868년 5월 10일 충남 덕산군 구만포에 상륙했습니다. 조선인의 안내를 받아 제 아버지의 묘로 직행한 그들은 밤새도록 도굴했지만 묘광이 견고해 실패했고, 썰물 시간대가 되자 파헤친 무덤을 그대로 두고 도주했지요.

140명이나 되는 도굴단이 묘소 하나를 파헤치지 못했다니 잘 이해가 되지 않는데요?

흥선대원군　제 자랑 같지만 저는 아버지가 돌아가셨을 때 조선 최고의 명당을 찾았습니다. 큰돈을 주고 땅을 산 다음 아버지를 모셨는데 걱정스러운 마음이 들었습니다. 풍수지리상으로 명당이라 하면 많은 사람들이 그 땅을 욕심낼 것 같아서 바위로 된 땅을 열 자도 넘게 파고 관을 모신 뒤에 석회를 300포대 정도 부었습니다. 마무리로 쇳물도 부었지요.

이러한 일을 예상이라도 하신 건가요?

흥선대원군　구체적으로 예상했던 것은 아니었고, 혹시나 하는 마음에 조치를 취했던 것인데…… 다행이었죠.

조정과 백성들의 반응은 어땠나요?

흥선대원군　서양 세력의 위신은 땅으로 떨어졌고, 개화 정책에 대한 이야기는 입 밖에 낼 수도 없게 되었지요.

병인박해를 감행하신 대원군 입장에서는 정치적으로 유리한 상황이었겠군요.

흥선대원군　그렇습니다. 국내 정치에서 저의 입지는 더욱 확고해졌습니다. 개화나 개방에 대해서 말하는 것조차 역적으로 취급되었으니까요. **27**

그렇다면 대원군께서는 개방에 대해서 절대적으로 반대하셨던 건가요?

흥선대원군   그런 것은 아닙니다. 저도 정세의 변화에 따른 점진적이며 자주적인 개방은 반드시 필요하다고 보았습니다. 그러나 외세가 주도하는 개방은 매우 위험하다고 판단했습니다. 사태를 지켜보고 당시 우리 상황에 맞게 개방을 하고 싶었습니다.

그러나 그러한 점진적이며 자주적인 개방을 실천하시지는 않은 것 같은데요.

흥선대원군   맞습니다. 병인박해 때의 과도한 처형이 저의 위정척사 이미지를 너무나 확고하게 만들어 버렸고, 그로 인해 확실한 정치적 배경을 얻기는 했지만 다른 편을 포용하거나 타협할 수 없게 되었습니다. 상대와 긍정적인 타협을 할 수 없는 정치인은 언제나 역사의 냉혹한 평가를 받게 마련이지요. 지금의 역사적 평가도 바로 그러한 일들에 기인했다고 생각합니다.

척화비의 건립도 그러한 정치적 타협을 불가능하게 한 것이겠죠?

흥선대원군   1866년 병인박해를 시작으로 만들어지기 시작한 저의 척화 이미지는 1871년 신미양요 중에 반포한 척화 교서로 마무리 되었다고 할 수 있을 것 같습니다. 저는 전국에 반포한 척화 교서에서 "서양 오랑캐가 침범하는 데 맞서 싸우지 않으면 화친하는 것이며, 화친을 주장하는 것은 나라를 팔아먹는 것이다"라고 말하며 강력한 척화 의지를 천명했습니다. 또한 서울 종로 네거리를 비롯한 팔도의 큰 거리마다 척화비를 세울 것을 명하였으니 척화의 상징물까지 남긴 셈이었지요.

잘못된 선택, 민자영

가정사에 대해서 몇 가지 여쭙겠습니다. 대원군의 어린 시절은 어땠나요?

흥선대원군   저는 영조의 4대손이며 사도세자의 3대손인 남연군의 넷째 아들로 태어났습니다. 고향은 지금의 서울 안국동입니다. 어린 시절 총명하고 성품이 호방하다는 말을 들으며 행복하게 자란 저는 열두 살 되던 해에 사랑하는 어머니를 여의고, 열일곱 살 되던 해에는 존경하는 아버지까지 저 세상으로 보내 드려야 했습니다. 너무 일찍 가족이라는 울타리를 잃은 저는 나중에 내 가족을 이루면 더 많이 아끼고 사랑해야겠다고 다짐하곤 했습니다.

1898년 79세의 나이로 세상을 떠나셨을 때 아드님인 고종께서 오시지 않은 걸로 알고 있습니다. 이는 유교의 효 사상에 어긋나는 행동이고 이 때문에 고종께서는 엄청난 비난을 받게 되는데요. 그러한 비난을 감수하면서까지 아버지의 장례식에 오지 않은 이유가 무엇이었을까요?

흥선대원군   제 인생에서 가장 후회되는, 슬픈 일입니다. 정치적으로는 한평생 큰 권세를 누린 저였지만 말년에는 제가 가장 아끼고 사랑했던 아들과의 사이가 극도로 뒤틀려져 버리고 말았으니까요. 사실 1871년 신미양요가 수습되고 나자 유생들과 아들인 고종은 외세의 위협을 슬기롭게 대처했다고 해서 저에게 국가의 큰 어른을 뜻하는 '大老(대로)'라는 칭호를 하사하였습니다. 그때까지만 해도 원만했던 아들과의 사이는 제가 정계를 은퇴하며 뒤틀리기 시작했습니다.

1873년 대원군께서 정계를 은퇴하실 당시 고종의 나이 22세로 친정하기에 이미 충분한 나이였습니다. 법적으로는 물론이고 관례적으로 직접 정치를 하기에 아무 문제가 없었죠. 아버지인 대원군께서 은퇴할 의사가 전혀 없었던 것이 유일한 문제였던 것 같은데요. 성장한 아들에게 정권을 넘겨주고 말년을 편하게 보낼 생각은 없으셨나요? 그렇게 하셨다면 적어도 사랑하는 아들과 반목하는 일은 생기지 않았을 것 같은데요.

흥선대원군   왜 그런 생각을 하지 않았겠습니까? 저도 손주들 재롱이나 보면서 편하게 여생을 즐기고 싶은 마음이 컸습니다. 그러나 생각한 대로 산다는 것이 얼마나 어려운 일입니까. 은퇴를 결정하기에는 국제적 정세가 너무 급박했고, 또한 며느리와 그 외척 세력이 서서히 권력을 탐하고 있었습니다. 조금만 더 힘을 보태다가 멋지게 은퇴하고 싶었습니다만 아들의 갑작스런 친정 선포로 쓸쓸히 퇴장하게 되었지요.

지난 10년간(1863~1873) 완벽에 가까운 정치 개혁을 이루고 최고의 권력을 휘두르셨던 대원군께서, 아들의 친정 선포 한마디로 실각하신 것이 조금 이해가 되지 않는데요?

흥선대원군   열 두 살의 어린 고종이 왕이 되었을 때는 수렴청정이라는 특수 상황이었기 때문에 제가 권력을 행사하는 것에 대해서 그 누구도 말할 수 없었습니다. 그러나 고종의 나이가 스무 살을 넘어 성년이 된 후에는 원칙적으로 아버지인 제가 권력을 행사해서는 안 되는 것이었지요. 그러나 고종이 저의 권력 행사에 대해서 동의해 주었기에 한동안 권력을 유지해 왔던 것입니다.

'대로'라는 존칭을 받으신 게 1871년, 고종의 친정 선포가 1873년…… 2년이라는 짧은 시간에 아드님의 마음이 크게 변한 이유가 무엇일까요?

흥선대원군　여러 가지가 있겠지만, 먼저 고종의 심경 변화가 제일 크지 않았나 생각됩니다. 고종은 개화파의 중심인물이라고 할 수 있는 박규수가 1872년 청에 다녀왔을 때 그와의 긴 대화를 통해서 청이 더 이상 세계의 중심이 아니라는 생각을 갖게 된 것 같습니다. 또한 국제 정세 변화에 적극적으로 대처하고자 했던 자신과 달리 아버지인 저에게서는 전혀 그러한 모습이 보이지 않으니…… 아들의 마음이 변한 것이겠죠.

국제 정세를 보는 고종의 인식 변화만이 대원군께서 실각하신 이유라는 말씀인가요?

흥선대원군　물론 그것만은 아닙니다. 가장 큰 배후는 아마도 민씨 세력이 아니었나 생각됩니다. 사실 며느리와는 개인적으로 감정이 조금 있는 데다 외세와의 통상을 주장하는 며느리의 입장과 외세 배척을 주장하는 제 입장이 많이 달랐으니까요.

며느님인 민자영은 어떤 인물이었나요?

흥선대원군　정권을 잡기 전 당시 세도가의 우두머리 격인 김병학의 딸을 며느리 삼기로 약속했었습니다. 그러나 아들이 왕이 된 후 외척 세력의 폐해를 누구보다 잘 아는 저로서는 세도가의 딸을 며느리로 삼을 수는 없었죠. 후에 명성황후의 존칭을 듣게 되는 민자영은 사실 제 아내가 추천했습니다. 당시 민자영은 8세 때 양친을 모두 잃고 고아가 된 뒤 친척 집에 기탁해 외롭게 살아온 16세의 규수였습니다. 제 아내와 같은 여흥 민씨이 **31**

니 촌수로 따지자면 먼 일가붙이라고 할 수 있겠습니다.

며느리 자리가 흡족하셨나요?

흥선대원군 　사실 썩 내키지는 않았습니다. 제 아내의 친가이기도 한 여흥 민씨는 조선 건국 초기에 한때 영화를 누린 적도 있었지만 조선 후기에는 거의 몰락한 상태였습니다. 또한 대를 이어 같은 집안과 혼인한다는 것이 조금 마음에 걸렸습니다. 그러나 왕권을 위협하는 외척이 거의 없어 저에게 반대할 세력이 없다는 것이 민자영을 간택한 가장 큰 이유였죠.

그때의 간택을 어떻게 평가하십니까?

흥선대원군 　숲은 보았으나 나무를 보지 못했습니다. 정권에 위협을 줄 수 있는 그녀의 가문은 비록 쇠락했으나 민자영 개인은 그 누구보다 강하고 당찬 여성이었습니다. 또한 어려서부터 글 읽기를 즐겼고 천애 고아로 친척들 집에 얹혀살면서 주변 분위기를 살피는 데 남달랐기에 정치적인 감각이 뛰어났습니다. 제 아들 고종보다 몇 수 위였죠. 나이도 한 살 더 많았고요.

며느님의 강한 성격과 타고난 정치 감각 때문에 사이가 벌어졌다는 말씀인가요? 혹시 왕비 민씨 독살설에 대해 들어보셨나요?

흥선대원군 　민자영은 1866년에 왕비로 간택되어 궁에 들어왔으나 거의 외톨이였습니다. 1867년 고종이 정실인 왕비가 아닌 궁인 이씨를 통해서 아들을 낳았고 저는 기다리던 왕손이었기 때문에 너무나 기뻤습니다. 그래서 그 즉시 완화군이라 칭하고 세자로 삼으려고 생각하고 있었지요. 그 과정에서 며느리와의 사이가 크게 벌어졌습니다만 안타깝게도 완화군은 일찍 세상을 떠났습니다. 왕비의 독살설에 대해서는 저 역시 확실하게 드릴 말씀이 없군요.

1871년에 드디어 며느님께서도 왕자를 낳으셨지요.

흥선대원군   태어난 지 3일 만에 세상을 떠났지요.

대원군께서 왕자의 죽음과 관련이 있다고 들었는데, 사실입니까?

흥선대원군   관련이라⋯⋯ 관련이라면 관련이랄 수 있겠군요. 왕자는 태어나면서부터 병을 가지고 있었습니다. 흔히 배냇병이라고 부르는 것인데, 항문이 막혀 변을 보지 못했지요. 어떻게든 왕자를 살리기 위해 어렵게 구한 산삼을 달여 보냈는데, 결과는 왕자의 죽음이었고 며느리는 그 죽음을 저의 탓으로 돌렸습니다.

이후 고종과 왕비 민씨 사이의 유일한 아들이자 우리가 순종으로 기억하는 대원군의 손자는 언제 태어났나요?

흥선대원군   척이 말씀이시군요. 이름은 '척'이고 호는 '정헌'입니다. 저는 사실 이름만 전해 들었지 거의 만나지 못했습니다. 제가 실각한 이듬해인 1874년에 태어난 척은 1907년 일제의 강요에 의해서 왕위를 내놓게 된 고종의 양위를 받아 조선의 27대 왕으로 즉위했습니다. 조선의 마지막 왕이자 비운의 왕이지요.

지금까지 실각하신 배경에 대해 주로 들었습니다만, 실각의 직접적인 계기가   33

최익현의 상소라고 알고 있습니다. 그 주요 내용을 살펴보니 "만동묘 철거로 임금과 신하의 윤리가 썩었고, 서원 철폐로 스승과 제자의 의리가 끊어졌고, 청나라 돈을 써서 중화와 오랑캐의 분열이 어지러워졌고, 원납전은 백성과 나라에 재앙을 내리는 도구가 되었다"는 것이었습니다. 그러니 고종의 친정이 필요하다는 것인데, 단순히 감정을 앞세운 주장이 아니라 어느 정도 설득력이 있어 보입니다. 대원군께서 느끼는 최익현의 주장은 어떻습니까?

흥선대원군 어떤 면에서 설득력이 있다는 것인지 모르겠군요. 최익현의 주장을 한마디로 요약하자면 '반대를 위한 반대'라고 표현할 수 있을 것 같습니다. 최익현의 주장은 두 가지입니다. 서원 철폐에 대한 분함과 재정 정책 문제인데, 최익현이 유림이니 서원에 대한 분함이야 당연한 것이겠고, 재정에 관한 문제는 말 그대로 모순입니다. 최익현이야말로 위정척사파의 중심에 있는 인물입니다. 제가 청전淸錢*의 유통을 허가하고 원납전을 거둔 것은 토목 공사만을 위한 것이 아니었습니다. 당시는 이양선의 잦은 출몰로 군비 확충에 엄청난 재정이 필요할 때였습니다. 저는 거두어들인 조세의 상당 부분을 군비 확충에 투자했습니다. 저의 재정 정책을 비판하려면 국방 정책에 대해서도 비판해야 하는데 재정 정책은 비판하면서 국방 정책에는 동의하는 태도는 결코 올바른 정치인의 모습이 아닙니다. 최익현의 주장은 반대를 위한 반대 내지는 공격을 위한 공격입니다. 대안 없는 비판은 무능한 사람들의 전유물이 아닙니까.

음, 그렇게 생각할 수도 있겠군요. 1873년 실각하신 후에는 아무런 활동도 하

---

* 청나라의 동전을 말한다. 대원군이 집권하던 1867년(고종 4년)에 주로 관리들이 밀수입해 썼으나 당백전 주조 사업의 중단으로 생긴 재정 손실을 보충하기 위해 대원군이 유통을 허가하였다.

지 않으셨나요?

흥선대원군 경기도 양주에서 칩거하고 있었습니다. 크게 활동이라고 할 것은 없었지만 저의 정치적 영향력이 아주 끝났다고 하기는 힘듭니다. 조선이라는 나라는 형식적인 것보다 정신적인 것을 더 중시하는 나라 아닙니까? 저는 정치의 형식적인 힘은 잃었지만 정신적으로 더 큰 힘을 가지게 되었습니다. 고종이 친정을 선포한 후 개화 정책을 실시하려 하자 유림들이 집단으로 들고 일어났고 고종의 정책에 반대하는 유생들이 저의 집을 자주 방문했습니다. 저도 모르는 사이에 저는 개화 정책에 반대하는 위정척사파의 중심축이 되어 있었지요.

그러한 일들이 아드님과의 사이가 벌어지는 계기가 되었다고 생각하시는군요?

흥선대원군 물론입니다. 저는 아들과 한배를 타기 원했습니다. 물론 그 배의 선장은 제가 되어야 했지요. 그러나 우리는 서로 다른 배를 타고 반대편으로 열심히 노를 젓기 시작했습니다. 어느 순간 뒤를 돌아보니 도저히 함께할 수 없는 먼 거리에 아들이 있었습니다.

그러한 과정을 겪으면서 인간적인 배신을 많이 경험하셨을 것 같습니다. 처남이었던 민겸호, 민승호가 왕비 민씨와 의남매를 맺었고, 친형 이최응이 대원군을 배신하고 민씨 일파에 붙어 영의정까지 지냈으니……

흥선대원군 저는 한때 이 나라 최고의 권력을 누렸지만 무척이나 불행한 사람입니다. 말씀하신 것처럼 친아들은 저의 장례식에 얼굴조차 보이질 않았습니다. 며느리와의 정치적인 싸움은 끝이 없었고, 처남들은 그 며느리의 의남매가 되었지요. 거기에 어린 시절부터 저에 대한 열등감이 많았

35

던 형님은 민씨 일파에 붙어 권력이라는 것을 누리고자 했으니…… 인간 적으로나 가정적으로 저는 조선 시대 노비보다 못했던 것 같습니다. 아마 조선에서 가장 불행한 사람이었다고 하면 과장이라고 하실 테죠…….

"주상이 보고 싶다"

9년 넘게 정계에서 물러나 계시다가 1882년 임오군란이 발생하고 잠시나마 복귀하신 것으로 알고 있습니다. 임오군란은 어떤 사건이었나요?

흥선대원군　저의 실각 후 진행된 개화 정책으로 만들어진 군대가 신식 군대인 별기군입니다. 1881년 창설된 별기군은 양반 자제들로 구성된 부대였습니다. 하층민으로 구성된 구식 군대들은 당연히 차별 대우를 받게 되었지요. 무려 1년 넘게 급료를 받지 못해 불만이 극에 달해 있던 차에 오랜 만에 배급받은 쌀의 반이 썩고 반이 겨와 모래인 것을 보고 격분한 군인들이 일으킨 반란이 바로 임오군란입니다. 이 사건의 바탕에는 대일 감정, 살인적인 물가 상승, 민씨 세력에 대한 반대 여론 등이 깔려 있었지요.

임진왜란 이후 290년 만에 왕궁에 일반 백성이 침입하는 일이 벌어졌다고 하는데 당시 상황은 어땠습니까?

흥선대원군　민씨 세력의 대표라고 할 수 있는 민겸호, 이최응 등 고관 6명, 일본인 13명, 그리고 100여 명의 시전 상인들이 흥분한 민중에 의해 살해를 당했습니다.

민씨 세력과 일본인들이야 이해가 되지만 시전 상인들은 왜?

흥선대원군　이 시전 상인들이 물가 상승의 주범이었습니다. 그들의 매점 행위로 인해서 서울을 비롯한 전국의 백성들이 살인적인 물가 상승의 고통에 시달려야 했으니까요.

이 사건으로 고종이 9년 만에 다시 대원군을 부른 것으로 알고 있습니다. 그 부름에 답하셨습니까?

흥선대원군　당시 고종에게는 사태를 수습할 힘이 없었습니다. 사건 당일 저녁 아들의 요청을 받은 저는 바로 그다음 날 입궐했습니다.

9년 만에 만난 아드님과 무슨 말씀을 나누셨나요? 그리고 어떤 조치들을 취하셨는지요?

흥선대원군　아들은 "제가 부족하여 이러한 사태가 생기게 되었습니다. 아버님께서 잘 처리해 주시면 좋겠습니다"라고 말했고 저는 그 청을 수락했습니다.

당시 살인적인 물가 상승은 큰 사회문제였습니다. 그래서 물가 상승의 주범인 매점 행위를 중지시키고 1000명의 시전 상인들을 처형했습니다. 더불어 물가 상승의 구조적 문제인 화폐 발행을 당분간 중지하도록 명령했고, 개화 정책의 중심 기구였던 통리기무아문(1880년 설치)을 2년 만에 폐지하였습니다. 군사적으로는 제가 만들었던 삼군부와 5군영을 부활시켰지요. 저의 조치들이 빠른 시일에 정착되면서 성난 민심은 삽시간에 사그라지고 백성들은 다시 저를 칭송하기 시작했습니다.

당시 민중들은 대원군을 "민중의 구원자요, 민족의 수호자"라고까지 표현했다고 하는데요. 길지 않은 시간에 정책을 세우고 결과를 만들어 내는 힘이 탁월하신 것 같습니다. 그런데 이해가 잘 되지 않는 부분도 있습니다. 임오군란 당시 성난 군인들을 피해 충주로 달아난 왕비의 국장을 치르셨죠? 그 의도가 궁금합니다.

흥선대원군   저는 개화 정책을 주도한 왕비에게 '정치적 사형 선고'를 내리고 싶었습니다. 백성들의 성난 민심 역시 왕비의 개혁 정책 때문이었으니까요. 그래서 서둘러 국상을 선포하였으나 이후 왕비가 청의 권력을 등지고 다시 궁으로 돌아왔습니다. 왕비의 국상이 제가 예상했던 것만큼의 정치적 충격을 주지는 못했던 것 같습니다.

그렇게 잡은 정권을 얼마나 유지하셨습니까?

흥선대원군   정확히 33일 만에 끝났습니다. 왕비가 끌어들인 청의 군대가 군인들과 백성들을 무자비하게 사살하고 손쉽게 임오군란을 진압했죠. 청으로 압송된 저는 4년에 가까운 시간 동안 유폐 생활을 했습니다.

그렇다면 아들인 고종에게 서운한 마음이 생기셨을 법도 하군요. 분명 고종께서 먼저 도움을 요청했고 그에 응하였을 뿐인데 4년이라는 긴 시간 동안 고종께서 손을 쓰지 않은 채 방치하다시피 했으니 말입니다.

흥선대원군   서운한 감정이야 없을 수 있겠습니까? 물론 고종도 어찌 할 수 없는 상황이었겠지만…… 아비로서 서운한 마음이 드는 것은 어쩔 수 없지요.

1885년 10월에 다시 조선 땅을 밟으셨습니다. 고종께서 친히 남대문까지 마중을 나온 것으로 아는데 4년 만에 만난 아드님과 어떤 대화를 나누셨나요?

흥선대원군　단 한마디도 나누지 못했습니다. 더 정확히는 한마디도 듣지 못했다고 해야겠군요. 당시 정치적인 분위기상, 그리고 부모에 대한 예의상 마중을 나온 것이지 저의 귀국을 진심으로 반기는 분위기는 아니었습니다.

대원군의 귀국 후 왕비 쪽의 분위기는 어땠나요?

흥선대원군　제가 귀국한 다음 날 임오군란을 주도한 김춘영을 모반대역죄로 능지처참하는 일종의 '시위'를 보이더군요. 또한 저의 처소인 운현궁에 정부 관리와 일반인의 출입도 금지시켰습니다.

그런데 대원군의 정치 역정은 아직 끝나지 않은 것 같습니다. 9년이 지난 1894년 7월 일본 세력에 의해 다시 한 번 정치 전면에 등장하셨어요. 의외인 것이 그토록 비판하던 일본 세력과 손을 잡으셨는데 어떤 의도가 있었나요?

흥선대원군　저에 대한 또 하나의 오해가 바로 이 부분입니다. 저를 권력욕에 눈이 멀어 일본과 손을 잡은 사람이라고 말하는 역사가들이 아직 많이 있는 줄로 알고 있습니다. 그러나 저는 나름의 계획이 있었습니다. 1894년 7월 23일 일본군이 경복궁을 강제 점령했고, 일본 공사관 오카모토가 그날로 저에게 찾아와 재집권해 줄 것을 청하였습니다. 저는 몇 번이나 거절했지만 그들의 요구는 집요했습니다. 군사적으로 조선은 일본에 당할 수밖에 없는 상황이었고 누가 집권해도 일본의 내정 간섭을 피할 수 없었습니다. 그래서 제가 나서기로 한 것입니다. 일본의 침략 의도를 잘 알고

39

있었던 저는 시간을 끌며 일본의 침략을 지연시키는 한편 개혁의 방향을 조금이라도 바꾸고 싶었습니다.

그래서 일본의 침략을 조금이라도 지연시키셨나요?

흥선대원군　당시 세워진 김홍집 내각은 친일 내각이었습니다. 일본의 목적대로 개혁을 하기 위해 만든 기관이 군국기무처였지요. 이 군국기무처를 중심으로 갑오개혁이 전개된 것입니다. 저는 군국기무처에서 연일 통과되어 나오는 개혁 조치들을 거부하였고, 인사권과 병권을 장악하기 위해 노력했습니다. 그러나 결과적으로는 실패했지요.

나름 노력하신 건 사실이지만 그동안 지켜온 척사에 대한 신념을 내려놓으신 것만은 분명해 보입니다. 재집권한 지 얼마 되지 않아서 일본의 압력으로 다시 물러나셨죠. 일본에 이용당했다고 생각하지 않으십니까?

흥선대원군　아니라고는 못 하겠군요. 그러나 저 역시 일본을 이용하고자 노력했습니다. 1894년 8월에 평양에 주둔하던 청국의 장수에게 일본과 싸울 것을 청했고, 동학 지도자들에게도 밀지를 보내 일본과 싸울 것을 강력히 촉구했습니다. 국가 내부의 민중적 힘과 외세의 힘을 적절히 이용하여 또 다른 외세를 물리치고자 했던 것입니다. 물론 계획은 성공하지 못했지만 조금이라도 국가에 도움이 되고자 재집권한 것만은 믿어 주셨으면 합니다.

1898년 2월 세상을 떠나며 남기신 짤막한 한마디가 인상적입니다. "주상이 보고 싶다"는 말이었는데요, 어떤 심정이셨습니까?

흥선대원군　제 인생의 마지막 순간 아들이 보고 싶었습니다. 주변의 모함으로 생긴 수많은 오해들이 우리 부자 사이를 갈라놓았지만 저는 옛날 우리 명복(고종의 아명)이와 거닐던 뒤뜰을 생각하며 눈을 감았습니다. 나름대의라는 큰 목표를 위해 평생을 바쳤다고 자부하지만 아들에게조차 인정받지 못한 불쌍한 아비로 세상을 등졌지요.

마지막 질문 드리겠습니다. 만약 인생의 한 순간으로 돌아갈 수 있다면 어떤 장면으로 돌아가시겠습니까?

흥선대원군　너무나 많습니다만 단 하나를 선택하라면…… 1866년으로 돌아가고 싶습니다.

1866년이라면 병인박해를 말씀하시는 건가요?

흥선대원군　병인박해로 제 삶이 균형을 잃었습니다. 제 사고를 한쪽으로 치우치게 만들었지요. 그 일이 없었다면 저는 개화파에게 상당히 우호적일 수도 있었을 겁니다. 유연한 사고를 견지했다면 정치 개혁과 외세에 대한 적절한 대응을 할 수 있었으리라 생각됩니다. 그랬다면 아마 아들과의 사이가 그렇게 틀어졌을 리도 없고 불행한 말년을 보내지도 않았을 테지요. 물론 되돌릴 수는 없는 일이지만…….

음, 회한이 느껴지는군요. 성실하게 인터뷰에 응해 주셔서 진심으로 감사드립니다. 저도 모르던 사실을 많이 알게 된 소중한 시간이었습니다. 혹시라도 제가 역사 선생입네 하며 어쭙잖은 지식으로 언짢게 한 점이 있다면 너그럽게 이해해 주세요.

흥선대원군 저야말로 이렇게 찾아 주서서 감사합니다. 제 삶을 다시 되돌아 볼 수 있는 좋은 시간이었습니다. 21세기를 살아가는 대한민국의 후손들에게 인간 이하응과 개혁가 흥선대원군이 올바로 인식되기를 소망해 봅니다.

흥선대원군과 인터뷰를 마치며

누가 뭐래도 우리나라 역사에서 가장 훌륭한 개혁가 중 한 사람이었던 흥선대원군. 그는 조선 정치사에서 감히 어떠한 왕도 시도하지 못했던 개혁들을 단기간에 완성한다. 그러기에 역사가들은 그를 "민심을 휘어잡는 카리스마의 소유자", "민족의 수호자"라고까지 평가한다. 일본 근대화의 아버지로 칭송받는 후쿠자와 유키치는 대원군이 죽자 "대원군의 일생은 대원군 한 사람의 역사가 아니다. 그것은 곧 조선의 운명사이다"라고 표현하기도 했다.

물론 그를 조선의 근대화를 막은 쇄국론자로 해석하는 역사가들도 있다. 그러나 이는 을미사변으로 죽은 왕비 민씨에 대해 올바른 역사적 평가를 내리지 않는 것에서 기인한다. 당시 그는 기득권을 가진 그 어떤 정치가보다 조선의 앞날을 걱정했고, 행동했다. 잘못된 정치, 잘못된 방향임을 알면서도 수긍하며 살아가는 오늘날의 우리들이 과연 흥선대원군을 향해 비판의 목소리만을 낼 수 있는지 되묻고 싶다.

정치가에게 투쟁은 필연적이지만, 대원군과 왕비 민씨 세력이 소모적 싸움을 하지 않았다면 우리의 역사는 지금과 많이 다르지 않았을까 생각해 본다. 세 번 집권하고 세 번 하야한 진기록을 가지고 있는 흥선대원군이 조금 더 넓고 유연한 사고를 했다면 우리의 현재가 훨씬 더 풍요롭지 않았을까 또한 생각해 본다.

개혁가로서 그에 대한 평가는 분분하지만, 아버지로서 한 인간으로서 외로운 삶을 마감해야 했던 그를 생각하면 일면 애처로운 생각도 든다. 그는 무엇을 위해 그토록 개혁에 매달렸단 말인가?

김옥균과의
인터뷰

김옥균

아버지는 안동 김씨 가문의 몰락한 양반인 김병태이고, 어머니는 은진 송씨로 당대 문벌 가문 출신이다. 본관은 안동, 호는 고균 · 고우이다.

천안에 사는 오촌 당숙이자 좌찬성을
지내던 김병기의 양자로 입적
1856

서울로 이주하여
북촌 양반가에 거주
1866

1851
충청남도 공주에서
김병태의 장남으로 출생

1861
· 강릉 부사로 부임한 김병기를 따
라 강릉으로 이동
· 강릉 송담 서원에서 6년간 수학
하며 율곡 학풍의 영향을 받음

1869
박영효의 형 박영교의 소개로
청년 개화파의 둥지가 된
박규수의 사랑방에 발을 디딤

우정국 개국 축하연에서
갑신정변을 일으켰으나 실패 후
일본으로 망명
1884

· 지운영을 보내 김옥균 암살을
시도하나 실패함
· 일본 정부에 의해 태평양 오가
사와라 제도로 강제 추방당함
1886

1883
귀국(3월) 후 다시 고종의 신임장을
가지고 일본으로 건너가 300만원
차관 도입을 시도하였으나 실패

1885
· 일본 정부, 계속된 조선 정부의
갑신정변 주동자 신변 인도 요구
거부
· 조선 정부, 자객 장은규를 보내
김옥균 암살을 시도하나 실패함

• 알성문과에 장원으로 급제
• 성균관에서 전적典籍으로 근무

1872

고종이 파견한 조사시찰단의
일원으로 일본을 방문하여
4개월간 일본 각지 시찰 뒤 귀국

1881

1874

• 홍문관 교리校理, 정언正言으로 근무하
며 출세 가도를 달림
• 박규수의 사랑방에서 개화사상 습득
• 개화파 충의계忠義契를 조직하여 서광
범, 홍영식, 서재필 등 명문가의 자
제들을 개화사상가로 이끎

1882

• 다시 일본을 방문하여 메이지 유신의 진행 상
황을 살펴보고 일본 정치가들과 민간 지도자
들을 접촉함
• 일본, 중국의 지식인이 결성한 흥아회興亞會라
는 친목회에 참가하여 토론을 주도함
• 일본 시모노세키에서 임오군란 소식을 접하
고 급히 귀국
• 박영효와 함께 수신사로 다시 일본을 방문하
여 17만원 차관 도입 성공

도쿄로 송환됨

1890

법부대신 서광범과 총리대신
김홍집의 상소로 사면

1895

1888

홋카이도 삿포로에
강제 연금됨

1894

• 청나라를 이끌고 있던 이홍장
을 만나기 위해 상해로 이동
중 자객 홍종우에게 암살당함
• 양화진에서 능지처참하여 전
국에 효시함

1910

규장각 대제학에 추증됨

박규수(1807~1876)

호는 환재^{□□}, 본관은 반남이다. 1848년 과거에 급제한 뒤 용강현령, 동부승지 등에 임명되었으며, 1862년 임술민란이 발생하자 안핵사^{□□□}로 진주에 파견되어 민란의 전말을 밝히고 수습책을 건의하였다. 1866년 평안도 관찰사로 부임했을 당시, 미국의 무장 상선 제너럴셔먼호가 불법적으로 대동강을 거슬러 올라 통상을 요구하자 배를 불태우는 '제너럴셔먼호 사건'을 지휘한다. 1873년 우의정에 오른 뒤 일본과의 통상과 개국의 필요성을 여러 차례 주장하였으나 받아들여지지 않자 1874년 사직하였다. 은퇴 후 자신의 사랑방에서 김옥균, 박영효, 유길준, 서광범, 홍영식 등으로 대표되는 개화파들을 집중적으로 교육하였다. 다시 관직에 오르지는 않았으나 1876년 강화도조약을 막후에서 추진하였고, 조약 체결 후 사망하였다.

후쿠자와 유키치(1835~1901)

일본의 계몽가이자 교육가이다. 실학과 부국강병을 강조하였고 일본 자본주의 발달의 사상적 근거를 마련하였다. 경응의숙(현재 경응대학^{□□□□}[게이오대학])을 설립하여 후학 양성에 힘을 쏟았으며, 김옥균과 유길준의 스승으로 잘 알려져 있다. 후쿠자와는 평생 '교양'의 중요성을 강조하였다. 김옥균과 유길준 등에는 한·중·일 공동의 번영을 주장하는 삼화주의를 교육하였으나 갑신정변 실패 이후 한국과 중국을 접수하라는 기사를 쓰기도 하였으며, 인종차별적인 발언을 서슴지 않는 등 자신의 가르침과는 상충되는 모습을 많이 보였다. 그러나 일본인들에게는 '일본 근대화의 아버지'로 추앙받고 있으며 1만 엔권 지폐의 주인공이기도 하다.

조사시찰단(1881)

과거에는 신사유람단^{□□□□□}으로 불렸으나 유람단이라는 말에는 '팔자 좋게 돌아다니며 구경한다'는 뜻이 있어 국가적 차원의 순방 개념을 약화시킴으로 한국사 용어 수정안에 따라 조사시찰단으로 변경되었다. 1881년 4월부터 9월까지 일본의 근대 문물과 국정을 시찰하기 위해 파견되었으며, 시찰단은 일본의 왕족과 대신들을 직접 만나 면담하였고, 돌아온 뒤에는 일본의 군사·산업·문화 시설 등 일본 문물을 자세히 소개함으로써 국내에 개화 여론을 확대하는 데 큰 역할을 하였다.

후쿠자와 유키치의 7가지 교훈

1. 세상에서 가장 즐겁고 멋진 것은 일생을 바칠 일이 있다는 것입니다.
2. 세상에서 가장 비참한 것은 인간으로서 교양이 없는 것입니다.
3. 세상에서 가장 쓸쓸한 것은 할 일이 없는 것입니다.
4. 세상에서 가장 추한 것은 타인의 생활을 부러워하는 것입니다.
5. 세상에서 가장 존귀한 것은 남을 위해 봉사하고, 결코 보답을 바라지 않는 것입니다.
6. 세상에서 가장 아름다운 것은 모든 사물에 애정을 갖는 것입니다.
7. 세상에서 가장 슬픈 것은 거짓말을 하는 것입니다.

김옥균

조선의 미래를 꿈꾸다

안녕하세요, 선생님! 뵙게 되어 영광입니다. 독자들께 인사 부탁드립니다.

김옥균 안녕하십니까. 조선의 정치 개혁을 꿈꾸었던 김옥균입니다. 갑신정변*의 주인공이라고들 불러 주시더군요.

갑신정변에 대한 숨겨진 이야기들이 오늘 공개되나요? 정말 기대됩니다! 먼저 선생님의 어린 시절 이야기부터 들려주시겠어요?

김옥균 저는 1851년 2월 23일 충청도의 한 가난한 향반 집안의 장남으로 태어났습니다. 여섯 살 때 아버지의 사촌 형님이던 김병기의 양자로 들

---

* 1884년 김옥균을 비롯한 박영효, 서광범, 서재필, 홍영식 등의 급진개화파 인사들이 조선의 자주독립과 근대화를 목표로 일으킨 정변이다. 12월 4일 우정국 축하연에서 민씨 일파의 대신들을 제거하고 정권을 장악하였다. 급진개화파는 정치적으로는 청나라에 대한 사대관계를 청산하고, 입헌군주제를 지향하였으며, 경제적으로는 자본주의 국가의 실현과 조세제도의 개혁을, 사회적으로는 신분제도의 폐지를 통한 만민 평등 등을 주장하였다. 그러나 12월 6일 무력으로 개입한 청군에 의해 혁명은 삼일천하로 끝나고 만다. 이후 혁명의 주도자였던 김옥균, 박영효, 서광범, 서재필 등은 일본으로 망명한다.

어가게 되었지요. 당시 강릉부사와 형조참의 등을 지내셨던 양아버지와 함께 강릉과 서울에서 어린 시절을 보냈습니다.

강릉에서 6년 가까이 생활하셨군요. 강릉하면 율곡 이이 선생님이 생각나는데요, 그분의 영향을 받으셨나요?

김옥균 열한 살이던 1861년부터 6년 정도 강릉에서 생활하며 율곡 선생님의 위패를 모신 송담 서원에서 수학했습니다. 송담 서원은 우리나라에서 율곡 사상을 배우기에 가장 적합한 곳이지요. 그러니 당연히 율곡 선생님의 영향을 많이 받았겠지요.

어린 시절부터 시문과 글씨, 그림에 탁월한 재능을 보이셨다고 들었습니다만, 조금 색다른 재주도 많으셨다죠?

김옥균 시문과 글씨는 선비로서 당연한 것이고, 바둑을 조금 두었지요. 술도 대작하여 정신을 잃어 본 적이 없으니 그것도 재주랄 수 있다면 야······.

제가 듣기로는 음주뿐만 아니라 가무와 주색잡기에도······ 으흠, 그리고 투전판에서도 늘 상대를 압도하셨다고 들었습니다만······.

김옥균 하하! 이거 억울하군요. 저에 대한 오해를 씻기 위해서 나왔는데, 안 좋은 이미지만 더해질까 두렵습니다. 저는 그저 뭐든지 하게 되면 열심히 하는 편이랄까, 지기 싫어하는 성격이라 그랬던 것 같습니다. 투전이든······ 무엇이든지요.

무엇이든 열심히 하는 천성 때문이었을까요? 스물두 살 되던 1872년 문과에 장원급제하셨고, 정계 진출도 남들보다 빠르셨어요. 천성뿐만 아니라 노력도 많이 하셨겠지요. 당시 왕실 최고 어른인 조대비*와는 특별한 인연이 있었다고 들었습니다만, 어떤 인연인가요?

김옥균 먼 인척 관계입니다. 조대비의 친정 조카로 당시 병권을 쥐고 있던 조영하의 사촌 동생 조성하의 모친 김씨가 저의 숙모였습니다. 그러한 인연 덕분에 문과에 급제하기 전부터 대궐 출입을 하였지요. 또 당시 왕이었던 고종은 조대비에게 효를 다하였기 때문에 저는 자연스레 왕에게 소개되어 내전을 자유로이 출입하는 특권을 얻기까지 했습니다.

선생님의 개화사상에 영향을 끼치신 분들이 있다면 어떤 분들이신가요?

김옥균 국내에서는 박규수 선생이 계시고, 국외로는 후쿠자와 유키치 선생이 계십니다. 박규수 선생께서는 연암 박지원 선생의 손자로 1872년 청나라에 사신으로 다녀오면서 급변하는 국제 정세에 눈을 뜨셨습니다. 1874년 벼슬에서 물러난 후 젊은 관리와 집권층 자제들에게 개화의 필요성을 가르치는 데 전념하셨지요. 저는 박영효, 유길준, 홍영식, 서광범, 서재필 등과 함께 그분의 사랑방에서 개화사상을 배우게 되었습니다. 저에게 개화사상이 무엇인지, 그것이 왜 지금 이 시대에 필요한지 처음으로 알려주신 분입니다. 또한 우리나라 최초의 근대적 조약인 강화도조약(조일수호조규, 1876년)을 배후에서 성사시킨 분이기도 하지요.

---

*   익종(순조의 세자)의 비*로 12세 때 익종비로 책봉되어 세자빈이 되었고, 이후 헌종을 낳았다. 1834년 헌종이 왕위에 오르고 죽은 남편이 익종으로 추봉되자 1857년 대왕대비가 되었다. (1808년~1890년)

강화도조약은 최초의 근대적 조약이기도 하지만 치외법권이니 해안 측량권 등의 내용이 포함된 불평등 조약인데요. 박규수 선생께서는 왜 그러한 불평등을 감수하면서까지 조약을 추진하신 걸까요?

김옥균 　당시에 조약을 맺지 않았다면 일본이 군대를 동원했을 겁니다. 선생께서는 당시 조선이 준비가 덜 되었다는 것을 잘 알고 계셨지만 강제적인 무력으로 문호가 개방되는 것보다는 조약을 맺는 편이 낫다고 생각하셨습니다. 어쩔 수 없는 선택이셨겠지요.

그해(1876년) 12월에 박규수 선생께서 돌아가셨죠.

김옥균 　제 아버지를 잃는 느낌이었습니다. 선생께서 떠나시던 날 아이처럼 목 놓아 울었던 기억이 지금도 선합니다. 너무나 허탈하고 힘들었지만 선생께서 심어 주신 개화사상을 반드시 조선 땅에 뿌리내리겠다고 마음속 깊이 다짐했지요.

그렇다면 일본 근대화의 아버지로 추앙받는 후쿠자와 유키치에게서는 어떤 영향을 받으셨나요?

김옥균 　후쿠자와 선생은 지금 일본의 1만 엔권 지폐에 그려진 인물로 일본 근대화를 주도한 분입니다. 1868년 일본의 정치 혁명인 메이지유신에 막대한 영향을 끼친 분이기도 하지요. 지금의 경응대학의 전신인 경응의숙을 설립하여 일본 근대화의 기초를 다지셨습니다.

선생을 처음 뵌 것은 1879년 박영효와 함께 일본을 찾았을 때였지요. 이후 계속적인 만남을 가졌고 저는 조선의 개화 필요성을 절감하게 되었습니다. 선생께서는 특히 조선을 하루빨리 개혁해야 한다고, 개화가 늦어지면 서양 세력에게 당할 수밖에 없으니 개화를 서두르라고 당부하셨습니다. 박규수 선생께서 처음 심어 주셨던 개화사상을 완성시켜 주신 분이 바로 후쿠자와 선생이십니다.

후쿠자와 선생께서는 김옥균 선생님을 매우 높이 평가하셨다고 들었습니다. "김옥균 선생이 있어 조선에는 미래가 있다"고 말씀하셨다는데, 사실인가요?

김옥균　후쿠자와 선생께서는 저를 매우 높이 평가해 주셨습니다. 특히 홍아회*에 모인 일본과 중국의 지식인들 앞에서 삼화주의**를 주장하는 제 모습을 보시고는 "나는 조선이 희망이 없는 나라인 줄 알았다. 그러나 오늘 김옥균을 만나고 생각이 바뀌었다. 조선에는 김옥균이 있기에 희망이 있다"고 극찬해 주셨습니다. 너무 좋아서 이틀 동안 잠을 이루지 못할 정도였지요. 그 이후 하루라도 빨리 조선을 개화해야 한다는 생각으로 살았습니다.

갑신정변을 위한 준비

1879년부터 1883년까지 4년간 일본을 다섯 번이나 왕래하신 것으로 알고 있습니다. 그럼 그때부터 갑신정변을 준비하신 건가요?

＊　1880년 3월 10일 일본의 학자, 군인, 정치인 등이 일본 천황의 지원을 받아 만든 어용 단체이다. 그러나 일본, 중국, 조선의 단결로 서구 세력을 물리치자고 포장하며 중국과 한국의 지식인들도 대거 포함시킨다. 1883년 1월 단체의 이름을 흥아회에서 아세아회로 바꾼다.

＊＊　삼화주의三和主義는 조선, 일본, 중국이 힘을 합해 서구 열강을 물리치자는 내용으로 김옥균이 주창한 사상이다. 당시 한말의 계몽주의 지식층에서 나타나는 삼국제휴론과 같은 맥락의 사상이다.

김옥균   1879년에 처음으로 일본을 방문했는데, 그때는 개인 자격으로 다녀왔습니다. 그 뒤에는 조사시찰단이나 수신사 등으로 국가에서 파견되어 다녀오게 되었지요. 일본 각지를 돌아보며 앞선 문물의 힘을 느낄 수 있었습니다. 그러던 차에 임오군란(1882년)이 발생했고 개화파 전체가 위기를 맞게 되었습니다.

임오군란은 한 달 만에 청에 의해서 진압된 것으로 알고 있는데, 왜 개화파가 위기를 맞게 되었죠?

김옥균   청에 의해서 진압되었기 때문에 문제가 된 것이지요. 임오군란으로 민씨 정권이 붕괴되고 흥선대원군이 다시 집권하게 되자 다급해진 민씨 일파는 청에 군대를 요청했고 흥선대원군은 바로 실각하게 됩니다. 청은 3000명의 군사를 파병하고 흥선대원군을 청으로 강제 압송해감으로써 실질적으로 조선을 '속방화屬邦化'하기로 결정한 것입니다. 당시 청군의 실권자였던 원세개袁世凱[위안스카이]의 나이는 스물네 살에 불과했는데 그는 마치 조선이 청의 속국이나 된 것처럼 조선의 왕과 신하들을 함부로 대하고는 했습니다. 서울에 주둔한 청군의 행패는 말로 하기 힘들 정도였습니다. 시정잡배만도 못한 수준이었지요.

그럼 민씨 일파는 청에 대해서 어떻게 행동했나요?

김옥균   청을 앞세워 빼앗겼던 정권을 되찾은 민씨 일파는 나라의 주권이 훼손되고, 자주 근대화의 길이 멀어지는 판국에도 자신들의 사리사욕을 채우는 데에만 급급했습니다.

청춘의 완터뷰

개화파 입장에서는 청도 청이지만 민씨 일파와의 일전을 당연한 것으로 생각하고 있었겠군요.

김옥균 물론입니다. 우리는 청의 등 뒤에 숨어서 백성들의 피를 빨아 먹는 민씨 일파를 도저히 용서할 수 없었습니다. 그래서 1883년부터 무력 혁명을 준비했습니다.

당시 청의 위세가 대단했기 때문에 쉽지 않았을 것 같은데요. 어떻게 준비하셨습니까?

김옥균 일단 중앙 관직에서 지방 관직으로 좌천된 박영효와 윤웅렬에게 각각 500명씩의 장정을 모집해서 신식 군대를 조직하게 했습니다. 그리고 일본에 유학중이던 서재필 등 14명의 사관생도들을 언제든지 입국할 수 있도록 준비시켰지요. 그리고 당시 일본 공사였던 다케조에를 통해 일본 공사관 병력 150명을 지원받기로 했습니다.

청을 몰아내기 위해서 일본을 끌어들인다…… 그게 바로 불행의 시작이었군요.

김옥균 네, 그랬습니다. 당시에는 무조건 빠른 시일 내에 혁명을 끝내야 한다는 생각뿐이었습니다. 게다가 다케조에 공사에게서 "일본군은 왕궁의 호위와 청군에 대한 방비만을 맡을 것"을 다짐받았기 때문에 별 문제 없을 것으로 생각했던 겁니다.

혁명군의 숫자는 1200명 정도이고, 청군은 3000명이었다고 들었습니다. 너무 불리한 싸움 아닌가요?

김옥균 1884년 당시 청은 베트남의 종주권을 놓고 프랑스와 전쟁 중이었습니다. 이름하여 청프전쟁인데요, 서울에 주둔했던 3000명의 청군 중에서 절반이 베트남 전선으로 이동한 상태라 서울에 남은 청의 병력은 1500명 정도였습니다.

1500명 대 1200명이라…….

김옥균   수적으로는 열세였지만 정변을 일으킨 우리 측에서는 남산과 북악산을 먼저 점령할 수 있으니 2개월 이상은 버틸 것이라고 예상했습니다. 또한 베트남 전선에서 전쟁 중이던 청이 상황을 봐 가며 신중하게 개입하리라 판단했지요. 왕과 왕비도 우리가 모시고 있으니 이제 그분들과 함께 혁명만 완성하면 된다고 생각했습니다.

혁명의 과정에 대해서 말씀 나눠 볼까요? 고종 임금과 사전에 논의를 하신 건지 궁금한데요.

김옥균   거사 5일 전에 대궐로 들어가 임금님과 독대를 했습니다. 개화파의 계획에 대해 말씀드리자 몹시 놀라셨지요. 그러나 당시에는 청의 횡포가 너무 심했던 상황이라 저의 계획에 동의해 주셨습니다. "국가의 명운이 위급할 때 모든 조처를 경의 지모에 맡기겠소"라고 말씀하셨지요. 임금으로부터 그러한 말씀을 들으니 '이제 무언가 되어 가는구나'라는 생각이 절로 들었습니다.

우정국 축하연에 맞춰 혁명을 일으킨 특별한 이유가 있으셨나요?

김옥균   우정국의 책임을 홍영식이 맡고 있어서 계획을 진행시키기 좋았고, 여러 민씨 일파들이 아무런 대비 없이 축하연에 참여할 것이기 때문에 저항이 적을 것으로 예상했습니다. 1884년 12월 4일 우정총국 건물이 완공돼 연회가 열리는 날을 거사일로 정하고 그 날이 오기만을 기다렸지요.

그럼 그날의 이야기를 들어볼까요.

김옥균　12월 4일 저녁 6시, 우정국 만찬장에는 열여덟 명의 국내외 요인들이 둘러앉아 있었습니다. 우리는 주변 건물에 불을 지르고 폭약을 터뜨렸습니다. 만찬장은 순식간에 아수라장이 되었고, 수구파 및 온건 개화파의 거물들인 윤태준, 이조연, 한규직, 조영하, 민영목, 민태호 등은 칼을 맞고 쓰러졌습니다.

거사 당일 저는 고종 임금과 왕비를 원래 계시던 창덕궁에서 경우궁으로 모셨습니다. 창덕궁에 비해 크기가 작은 경우궁은 청군이 반격해 오더라도 방어가 훨씬 유리할 것이기 때문이었습니다. 이러한 계획을 사전에 알고 계셨던 임금께서는 담담하게 길을 따르셨지만, 왕비께서는 가시는 내내 불만을 토로하셨습니다.

혁명 둘째 날인 12월 5일 새로운 내각*이 들어서는데, 당시의 자료를 보면 선생님께서는 호조 참판이 되셨습니다. 혁명의 수장 격인 선생님께서 왜 정승이 아닌 재정을 관장하는 호조 참판을 맡게 되신 건가요?

김옥균　당시 정승 자리에 누가 앉느냐는 중요한 문제가 아니었습니다. 무엇보다 긴급한 것이 재정 조달과 관련한 문제였지요. 아무리 새 정령을

---

*　영의정 이재원, 좌의정 홍영식, 전후영사 겸 좌포장 박영효, 좌우영사 겸 대리외무독판 및 우포장 서광범, 좌찬성 겸 우참찬 이재면, 이조판서 겸 홍문관제학 신기선, 예조판서 김윤식, 병조판서 이재완, 형조판서 윤웅렬, 공조판서 홍순형, 호조 참판 김옥균, 병조 참판 겸 정령관 서재필, 도승지 박영교 등으로 구성되었다.

57

발표할지라도 정무의 실현은 곧 재정 조달이 뒷받침되어야만 가능한 것이기 때문입니다. 그러므로 개화파의 대표 격인 좌의정은 홍영식, 재정은 저 김옥균, 군사는 박영효, 서재필, 외교는 서광범, 국왕의 비서실장은 박영교 등이 나누어 담당하게 되었습니다.

삼일천하로 끝난 혁명

이렇게 만들어진 새로운 내각은 지체 없이 혁신 정강을 공포하게 되죠?

김옥균　네, 맞습니다. 12월 5일 저녁부터 12월 6일 새벽까지 우리 모두는 식사도 거른 채 밤을 새워 협의하고 또 협의했습니다. 시간이 어떻게 흘렀는지도 모르게 하룻밤이 지나 버렸지요. 그리고 우리의 모든 생각을 대변하는 혁신 정강을 발표했습니다. 고종 임금께서도 12월 6일 오후 3시에 조서를 내려 공포한 정강의 실시를 선언하셨습니다.

발표하신 혁신 정강*에 대해서 간략히 말씀해 주시겠습니까?

*　갑신정변 개혁 정강 14개조.
① 대원군을 조속히 귀국시키고 청에 대한 조공 허례를 폐지할 것
② 문벌을 폐지하고 백성의 평등권을 제정하여 재능에 따라 인재를 등용할 것
③ 전국의 지조법地租法을 개혁하고 간리(간사한 관리)를 근절하며 빈민을 구제하고 국가 재정을 충실히 할 것
④ 내시부를 폐지하고 재능 있는 자만을 등용할 것
⑤ 전후 간리와 탐관오리 가운데 죄가 뚜렷한 자를 처벌할 것
⑥ 각 도의 환상미還上米*는 영구히 면제할 것
⑦ 규장각을 폐지할 것
⑧ 시급히 순사를 설치하여 도적을 방지할 것
⑨ 혜상공국惠商公局(보부상 중심의 상인 조합)을 폐지할 것
⑩ 전후의 시기에 유배 또는 금고된 죄인을 다시 조사하여 석방시킬 것
⑪ 4영을 합하여 1영으로 하고 영 가운데서 장정을 뽑아 근위대를 급히 설치할 것. 육군 대장은 왕세자로 할 것

김옥균   시간을 넉넉히 주신다면 이 책 한 권의 지면을 모두 사용해 자세하게 설명해 드릴 수도 있습니다만, 간략히 말씀 드리겠습니다. 청국에의 조공 폐지와 독립 강화, 신분제도 폐지와 국민 평등 실현, 문벌제도 폐지, 재정과 경제 개혁, 정부 기구 개혁과 내각제도의 실시, 환곡제도의 영구 폐지, 교육제도 개혁, 상업제도 개혁, 경찰제도 개혁, 군사제도 개혁 등이 정강의 주요 골자였습니다.

개혁 정강 이야기가 나오니 다시 그때 생각이 나시는가 봅니다. 그런데 혁명 둘째 날인 12월 5일 오후에 왕과 왕비의 처소가 경우궁에서 창덕궁으로 바뀌게 됩니다. 청군을 방어하기에 최적의 장소였던 경우궁에서 다시 창덕궁으로 처소를 옮긴 이유가 궁금한데요.

김옥균   사실은 그 일이 갑신정변을 삼일천하로 끝나게 만든 뼈아픈 한 수가 되지요. 말씀하신 것처럼 청군을 방어하기에는 경우궁이 훨씬 유리했습니다. 그런데 정변에 놀란 청군이 12월 개화파의 지지자로 위장한 심상훈을 경우궁으로 들여보내 왕비와 연락을 취하도록 하고 그들의 계획을 전했지요. 청군의 계획을 들은 왕비는 경우궁이 좁아 불편하다는 핑계를 대며 창덕궁으로의 환궁을 적극 주장하며 나섰고 왕비의 고집에 임금께서도 그만 뜻을 굽히셨지요.

그래서 환궁하게 된 것이군요?

⑫ 일체의 국가 재정은 호조에서 관할하고 그 밖의 재정 관청은 금지할 것
⑬ 대신과 참찬은 날을 정하여 의정부에서 회의하고 정령을 의정·집행할 것
⑭ 정부 6조 외에 불필요한 관청을 폐지하고 대신과 참찬으로 하여금 이것을 심의 처리하도록 할 것

김옥균 아뇨. 임금께서도 돌아가자고 하셨지만 이것만큼은 양보할 수 없었습니다. 끝까지 환궁에 반대하며 의견을 굽히지 않았지요. 그러나 다케조에 일본 공사가 문제였습니다. 그는 "일본군 병력이면 청군의 공격을 충분히 물리칠 수 있다"고 장담하면서 환궁을 수용했습니다. 일방적으로 결정해 버린 것이나 마찬가지였지요. 그러던 일본군은 청군이 공격해 들어오자 가장 먼저 도망쳤습니다.

그럼 12월 6일 혁신 정강 공포와 동시에 혁명은 막을 내린 것인가요? 불과 3일 만에?

김옥균 그렇습니다. 12월 6일 오후 3시쯤이었습니다. 청군은 1500명의 병력을 두 부대로 나누어 창덕궁의 돈화문과 선인문으로 각각 공격해 들어왔습니다. 우리 조선 군사들은 최선을 다해 싸웠지만 중과부적으로 패퇴하여 흩어질 수밖에 없었지요. 다음은 일본군 차례였지만 그들은 사격 한번 하지 않고 그대로 철병해 버렸습니다. 이미 철병을 준비하고 있었던 것처럼 말입니다.

도와주기로 했던 일본의 태도가 바뀐 이유가 뭐죠?

김옥균 저도 뒤늦게 알게 된 사실입니다. 12월 6일 아침, 다케조에 일본 공사는 일본 외무대신으로부터 하달된 긴급한 훈령을 전달받습니다. 일본군을 개화당의 정변에 절대로 가담시키지 말라는 내용이었지요. 일본 정부는 청프전쟁이 소강상태에 들어가는 것으로 보고 청국과의 관계가 악화될 것을 우려하여 정책을 급선회했던 것 같습니다.

청춘의
완터뷰

고종 임금은 언제까지 모셨나요?

김옥균   저의 마지막까지 모시고 싶었습니다. 그래서 저는 12월 6일 오후에 후퇴를 하며 "전하, 인천으로 옮기시어 마지막까지 저희와 함께해 주시옵소서"라고 간청했습니다. 그러나 격노하신 임금께서는 "더 이상 너희들을 따르지 않을 것이다!"라고 하시며 더 이상 함께하시지 않았습니다. 마음이 많이 상하셨던 것 같습니다. 저희들의 요구가 조금 과했던 것은 사실이나 저희로서는 무조건 임금과 함께했어야 했습니다.

피신의 과정에서는 오히려 임금와 왕비가 부담이 될 수도 있었을 것 같은데요. 이동 속도도 훨씬 늦어질 테고, 청군의 추격도 더 심했을 테고……

김옥균   그럴 수도 있었겠지요. 하지만 저는 마지막까지 희망의 끈을 놓고 싶지 않았습니다. 임금을 인천까지 모셔 갈 수만 있다면 일본의 지원을 다시 받을 수도 있을 테고, 일본으로 가서 망명 정부를 만들 수도 있었을 테니까요.

망명정부요? 흠, 그 절체절명의 순간에 망명정부까지 생각하셨군요. 그러한 의도를 간파한 고종이 격노하신 것은 어찌 보면 당연한 일일 수도 있겠습니다. 고종 임금께서 함께하지 않겠다고 했을 때, 심정이 어떠셨나요?

김옥균   무릎을 꿇고 한없이 눈물을 쏟았습니다. 혁명 실패에 대한 아픔도 아픔이지만 천하의 대역 죄인으로 다시는 조선으로 돌아오지 못할 나 자신과 못난 자식으로 인해 목숨을 잃을 게 뻔한 사랑하는 부모님, 혁명의 과정을 다 알고 있었으면서도 싫은 내색 한 번 하지 않던 아내에 대한 미안함, 아버지의 잘못된 선택으로 말 못할 고생을 하게 될 자식들을 생

61

각하니…… 많이 억울하고 분했습니다. 그리고 슬펐습니다.

삼일천하로 끝난 혁명이라…… 혁명의 성공 여부를 말하자면, 갑신정변은 3일 동안만 성공한 혁명이라 할 수 있겠군요. 애초에 꼼꼼하게 준비하지 못했던 것이 아닌가 하는 생각이 듭니다. 혁명이 3일 만에 허무하게 실패한 이유에 대해 생각해 보셨나요?

김옥균 크게 두 가지인 것 같습니다. 군사적으로 청의 개입이 예상보다 더욱 신속하게 이루어졌고, 일본이 처음 약속과는 다르게 미온적인 태도를 보인 것이 결정적이었습니다. 청군이 반격을 하자 일본군은 제일 먼저 도망쳐서 우리 측의 사기를 완전히 꺾어 버렸습니다. 일본의 거짓 약속에 당한 꼴이지요. 또한 민중의 호응이 예상만큼 뜨겁지 않았던 것도 원인이랄 수 있겠습니다. 우리는 개혁 정강이 발표되면 청나라도 감당하기 힘들 정도의 큰 호응이 있으리라 기대했는데 실상은 전혀 그렇지 못했던 겁니다.

일본의 태도도 문제지만 선생님의 리더십에도 문제가 있었다는 생각이 듭니다. 12월 6일 청의 반격에 대비해서 총기를 검사하니 모든 총이 녹슬어 제대로 사용조차 하지 못한 것은 물론이고 혁명 중에 병사들이 밀린 급료의 지불을 요구하자 돈을 구하느라 허둥대기도 하셨다는데 사실인가요?

김옥균 많이 알려진 부분은 아니지만 모두 사실입니다. 군사 담당은 박영효였는데 제가 꼼꼼히 확인하지 못했습니다. 국가가 가지고 있는 무기가 녹슬었을 것이라고는 미처 생각지도 못했습니다. 또한 재정 담당인 제가 자금을 충분히 마련하지 못한 점도 큰 실수였습니다.

민중의 호응이 적었던 이유가 뭘까요?

김옥균 무엇보다 혁명의 의의를 알릴 시간이 절대적으로 부족했습니다. 시간이 우리 편이었다면, 민중이 우리의 뜻을 알고 우리와 함께했다면 혁명은…… 반드시 성공했을 겁니다.

시간이 부족했던 건 사실이지만 그 탓만으로 돌리기에는 민중의 뜻을 바로 읽지 못한 점도 있다고 생각되는군요.

김옥균 어떤 점이 그런가요?

김옥균 선생님께서 주장했던 갑신정변의 정신은 평등 사회와 자본주의 국가 수립에 있다고 알고 있습니다. 그런데 14개조 혁신 정강을 보면 토지에 대한 세금제도의 개혁을 주장하는 지조법의 개혁이 들어 있습니다. 선생님께서는 농업 사회에서 민중이 진심으로 원했던 것이 단순히 지조법의 개혁이라고 생각하셨나요? 당시 농민들의 열망은 남의 땅을 빌려서 농사를 짓는 소작농에서 벗어나는 것이었습니다. 자기만의 땅을 원했던 거죠. 진정한 의미의 평등 사회를 지향한 혁명이었다면 농민에게 토지를 나누어 주었어야 하는 것 아닐까요? 단순히 토지에 대한 세금만 줄여 주는 것이 아니라 전면적인 토지 개혁을 통해서 농민들에게 토지를 나누어 주었다면 민중의 지지를 더 얻을 수 있지 않았을까요? 아, 제가 너무 흥분했나 봅니다. 저 역시 혁명이 실패로 돌아간 것이 아쉬운 마음에 그만…….

김옥균 아닙니다, 아니에요. 좋은 지적이십니다. 저희 역시 말씀하신 부분에 대해서 수없이 고민했습니다. 원론적으로는 당연히 맞는 말씀입니다만 현실적으로 쉽지 않은 문제입니다. 흠…… 혁명이 성공한 후의 일도 생

63

각해야 하니까요.

혁명을 계획하셨던 분이 현실론을 주장하시는군요. 저로서는 혁명의 선봉에 선 이들이 모두 지배층적 사고에서 벗어나지 못했기 때문에 민중과 괴리되었던 것이 아닌가 하는 생각이 들어 아쉽습니다. 갑신정변은 위로부터의 개혁이었습니다. 양반 지주층이 중심이 되어 시작된 혁명은 농민들을 비롯한 핍박 받는 민중을 위하는 척할 수는 있지만 근본적인 문제의식 자체가 다르니 호응을 얻기 힘들 수밖에 없었을 테지요.

김옥균　지금 류 선생님께서 하신 말씀을 저는 일본 망명 생활 중에 깨닫게 되었습니다. 젊은 혈기로 일으킨 혁명이다 보니 과감하고 신속했으나 민중의 진정한 염원을 담아내는 데는 실패했던 것 같습니다.

스러진 '청춘 정권'의 꽃들

일본 망명 생활에 대해서 듣고 싶습니다. 갑신정변 실패 이후 일본으로 떠나는 과정도 순탄치 않았다고 알고 있는데요.

김옥균　혁명이 실패로 돌아간 후 혁명 동지들과 거취를 의논했습니다. 저와 박영효, 서광범, 서재필, 유혁로, 변수, 이규완, 정난교, 신응희 등 아홉 명은 일본으로 건너갔지요.

그런데 망명자 명단 중에 우리가 흔히 아는 갑신정변 5인 중 한 명인 홍영식 선생의 이름이 빠졌네요.

64

김옥균 지금도 영식이에게 미안한 감정이 남아 있습니다. 저는 일본으로 망명할 것을 권했으나 그는 "위태로운 왕을 두고 떠날 수 없다"며 국내에 남기를 원했습니다. 자신의 목숨보다 임금에 대한 충의를 더 중요하게 생각한 친구였습니다.

일본으로 향하던 여정을 들려주시겠어요?

김옥균 12월 9일 새벽 제물포항에서 저를 포함한 우리 개화파 요인들은 일본 우편선인 치도세마루호에 숨어서 출항을 기다리고 있었습니다. 그런데 일본 공사이며 갑신정변의 후원자였던 다케조에가 찾아와 "정말 미안하지만 배에서 내려야겠소. 당신들의 임금께서 명령한 것이요. 여러분의 일본 망명이 외교 문제로 비화되면 내 입장이 곤란하오"라고 말하는 것이 아니겠습니까. 너무나 어이가 없어 우리더러 죽으란 소리냐고 항변했지만 다케조에의 태도에는 변화가 없었지요. 저는 마지막이라는 생각으로 선장 쓰지를 찾아가 상황을 설명했습니다. 그는 자신이 조선 개화당 인사들을 승선시킨 것은 공사의 체면을 존중했기 때문인데 배에서 내리면 죽을 게 뻔한 사람들에게 하선을 요구하는 것은 도리가 아니라며 우리와 함께 현해탄을 건널 것이라고 호언했습니다. 쓰지 선장 덕분에 얼마간의 삶을 더 이어갈 수 있었던 셈이지요.

괴로운 시간이 흐르고 12월 하순쯤 도쿄의 후쿠자와 선생님 댁에 도착했습니다. 한 달가량 일본의 거물 정치인들과 만나며 여러 파티에 초대되었고 환대를 받았지만 얼마 가지 않아 그들의 환대는 곧 냉대로 바뀌었습니다.

왜죠?

김옥균   이용 가치가 소멸됐기 때문이겠죠. 후쿠자와 선생님을 비롯한 일본의 진보 정치인들은 조선에 대한 무력 침략을 주장하던 일본 정부에 반대하며 문화적인 방법으로 한국을 지배하자고 주장해 왔습니다. 그러한 이유로 갑신정변을 지원했지요. 그런데 정변이 실패하고 말았으니 애석하게도 저는 더 이상 이용 가치가 없게 된 것이지요.

그러한 사실을 이미 알고 계셨던 건가요?

김옥균   일본에서 망명 생활을 하며 알게 되었습니다. 그들에게 이용당했다는 생각에 밤잠을 이룰 수가 없었지요.

망명 생활을 하시면서 갑신정변을 일으킨 것을 후회하셨나요?

김옥균   당시 일본 정치인들은 그들의 입장이 있었지만 저 또한 저의 생각이 있었습니다. 다시 돌아가도 제 뜻에는 변함이 없을 겁니다. 개화와 개혁은 당시 우리 조선에 꼭 필요한 것이었습니다. 후회는 없습니다.

1885년 2월, 조선 정부가 개화파의 신변 인도를 강력히 요구했다고 알고 있습니다. 당시 일본의 입장은 어땠나요?

김옥균   일본 정부는 조선과 일본 간에 범죄인 인도조약이 체결되어 있지 않다는 이유로 조선 정부의 요청을 거부했습니다.

그렇다면 일본에서의 망명 생활은 신변의 위험 없이 비교적 편안하게 보내신 건가요?

김옥균　그럴 리가 있겠습니까. 민씨 일파가 장악한 조선 정부는 일본 정부가 개화파의 신변 인도를 거부하자 암살 계획을 세웠습니다. 1885년 5월에는 장은규, 1886년 2월에는 지운영 등을 보내 암살을 시도했지요. 일본에서의 생활은 그야말로 불안의 연속이었습니다. 저는 한곳에 거처를 정하지 못하고 요코하마, 고베, 교토, 오사카 등을 떠돌며 생활했고, 동지들도 하나둘 흩어지게 됐습니다.

정변 동지들의 이후 삶은 어땠습니까? 특히 갑신정변 5인방의 삶이 궁금한데요. 그중에서도 일본행 배를 타지 않고 혼자 남은 홍영식 선생은 어떻게 되었나요?

김옥균　임금을 보필하다 청나라 병사에게 참살당하고 말았습니다. 더 안타까운 것은 홍영식의 가문이 멸문지화를 당했다는 것입니다. 위정척사파의 영수였던 홍영식의 아버지 홍순목은 아들의 소식을 듣고 열 살도 안 된 손자와 함께 음독 자결했습니다. 홍영식의 처도 자결을 선택했지요. 그의 형 홍만식은 삭탈관직 당했다가 1894년 갑오개혁 때 복권되었으나 을사늑약 당시 통분하여 자결하고 말았습니다.

남은 세 명의 삶은 어땠습니까?

김옥균　박영효, 서광범, 서재필은 갑신정변 이듬해인 1885년 4월에 일본을 떠나 미국으로 갔습니다. 민간인 신분으로 미국에 간 것은 아마도 이들이 처음일 겁니다. 박영효는 1886년 5월에 다시 일본으로 돌아왔지만 서재필과 서광범은 계속 미국에 머물렀습니다. 일본에서 활동하던 박영효는 1894년 2차 갑오개혁 당시 국내로 복귀하여 김홍집과 연립내각을 수 **67**

립하기도 했지만, 1895년 7월에 정치적 궁지로 몰려 다시 2차 망명 길에 올랐습니다. 한일강제병합 이후 국내로 돌아와 다양한 활동을 하다가 1939년에 죽었습니다.

서광범 선생은 미국에서 계속 살았나요?

김옥균 1892년에 미국 시민권을 딴 서광범은 미국 교육국에서 번역관으로 일하다가 1894년 12월 박영효와 함께 귀국했습니다. 사법제도 개혁에 참여하는 등 활발히 활동했으나 1896년 아관파천으로 갑오 내각이 무너지자 다시 미국에서 망명 생활을 했습니다. 다음 해인 1897년 지병인 폐병으로 머나먼 미국 땅에서 유명을 달리했지요.

갑신정변의 막내 서재필 선생의 삶은 어땠나요?

김옥균 1890년 미국 시민권을 얻은 서재필은 우리 민족 최초의 미국 시민권자가 되었지요. 1893년에는 의사 면허도 취득했고, 미국인과 결혼해 가정을 이루기도 했습니다. 1895년 박영효의 권유로 귀국해서 독립협회를 조직했고 우리나라 최고의 민간 신문인 〈독립신문〉을 간행하기도 했지만 아관파천 이후 친러 정권과 대립하게 되자 1898년 미국으로 돌아갔습니다. 미국에 우리나라를 알리기 위한 번역 사업 등을 하며 살다 1948년 미국에서 죽었습니다.

이제 선생님의 이야기를 여쭙지 않을 수 없겠는데요. 선생님을 암살한 사람이 프랑스 유학을 다녀온 홍종우로 알려져 있는데 사실인가요?

68 김옥균 홍종우가 저를 죽인 것은 맞지만 홍종우만 있었던 것은 아닙니

다. 이일식과 홍종우가 모의해서 저를 일본이 아닌 중국으로 데려가 암살한 것입니다. 1894년 초에 이 둘이 저를 자주 찾아와 조선의 혁명 필요성을 주장하며 환심을 사려고 노력했습니다. 그러던 중 이일식은 "혁명을 완성하기 위해서는 강대국의 힘이 필요한데 저는 청국에 14년이나 살아서 청의 정치인들을 많이 알고 있습니다. 특히 최고의 실력자 이홍장의 아들 이경장을 알고 있으니 청으로 건너가 도움을 요청해 보시겠습니까?"라고 제안해 왔습니다.

그럴듯해 보이기는 하지만 함정이라는 느낌이 강하게 드는데요?

김옥균 10년이라는 짧지 않은 망명 생활로 저의 판단력은 이미 많이 흐려져 있었습니다. 의심하는 마음이 없었던 것은 아니나 이홍장을 만나 조선의 앞날을 이야기할 수 있다면 어느 정도의 위험은 감수해 보자고 마음먹었습니다. 당시 저에게 일본은 더 이상 믿을 수 있는 존재가 아니었습니다. 그들은 조선을 비롯한 동아시아 전역에서 자신들의 침략 의도를 드러내고 있었으니까요.

그럼 청에 가서 이홍장을 만나보셨나요?

김옥균 그러지 못했습니다. 상해 항구에 도착한 다음 날 홍종우에게 총탄 세 발을 맞고 생을 마감했지요. 이홍장을 만나 조선의 미래에 대해서 단 5분만이라도 이야기를 나눠 보고 싶었는데…… 인생이란 게 뜻대로만 된다면야 오죽 좋겠습니까.

그런데 1894년이면 1, 2차 갑오개혁이 있던 해 아닌가요? 그해 말에 갑신정변 **69**

과 관련된 분들은 모두 복권된 것으로 아는데…….

김옥균 맞습니다. 저는 그해 초에 죽었지요.

복권되었다면 조선으로 다시 돌아갈 수도 있었을 테고, 박영효처럼 갑오개혁에서 주도적인 역할을 담당할 수도 있었을 텐데요. 안타깝군요. 조금 생뚱맞은 질문인지 모르겠습니다만, 만약 선생님 인생의 한 장면으로 다시 돌아갈 수 있다면 언제로 돌아가고 싶으신지요?

김옥균 글쎄요. 후회 없는 인생을 살았다고 자부하지만 그래도 돌아갈 수 있다면 1884년으로 돌아가고 싶군요. 다시 돌아간다면 조금 더 신중하고 철저하게 혁명을 준비해서 반드시 성공시키고 싶습니다. 일본이나 외세의 힘을 빌리지 않고 우리의 힘으로 새로운 나라를 만들고 싶습니다. 외세의 힘을 빌려 개혁에 성공한다 해도 그것이 온전한 성공이 아님을 많은 시간이 지난 후에야 알았습니다. 만약 우리 민족 스스로의 힘으로 개혁에 성공했다면 지금의 우리나라가 훨씬 부강한 나라가 되어 있지 않을까 생각합니다.

마지막 질문입니다. 21세기 대한민국 사람들에게 정치인의 이미지에 대해 물으니, '부정부패', '이기주의자', '비리의 온상', '사기꾼' 등을 떠올렸습니다. 참으로 가슴 아픈 현실인데요. 갑신정변을 계획하신 분으로서, 우리 민족 최초의 민중 정치가로서, 지금을 살고 있는 후배 정치인들에게 한 말씀해 주시겠습니까?

김옥균 저는 성공한 정치인도 아니고, 21세기의 정치는 잘 알지도 못합니다. 그렇지만 인생의 선배로서, 정치 선배로서 부족하지만 한 말씀 드리겠습니다. 정치란 모름지기 '좋은 사람들에게 칭찬을 듣고, 나쁜 사람들에게 욕을 먹는 것'이어야 합니다. 기득권을 가진 사람들의 입맛에 맞춰 정치를 하면 아주 순탄합니다. 그러나 그것은 옳은 정치가 아니며 발전도 없을 것입니다. 그들에게 욕먹는 정치를 해야 합니다. 그들에게 욕을 먹으면 기득권이 없는 백성은 열광합니다. 기득권이 없는 백성들은 힘도 없고 무지해 보이나 그들만큼 두려운 존재도 없습니다. 그들은 좋은 정치와 나쁜 정치를 그 누구보다 잘 구분합니다. 그들에게 칭찬받을 때 비로소 바른 정치가 이루어지는 것입니다.

저는 젊은 시절에는 깨닫지 못했습니다. 1884년에는 반드시 혁명이 일어나야 한다고 믿었습니다. 그러나 한참 후에 돌아보니 그것은 순전히 내 생각이고 민중이 원하는 것은 아닐 수도 있었겠다는 깨달음을 얻었습니다. 정치인 개인의 욕심을 버릴 때 백성은 행복해질 수 있습니다. 정치인은 언제나 준비되어 있어야 하고, 백성을 바라보고 있어야 합니다. 그래야만 정치인의 때가 아닌 백성의 때를 알 수 있습니다.

"정치인의 때가 아니라 백성의 때를 아는 정치인이 되어라." 선생님의 이 말씀 후배 정치인들이 다시 한 번 마음 깊이 새겼으면 좋겠습니다. 성실하게 인터뷰에 응해 주셔서 진심으로 감사합니다. 개인적으로 선생님에 대한 작은 오해도 풀었고, 그동안 궁금했던 사실들을 알게 되어 기뻤습니다.

김옥균   저도 뜻 깊은 시간이었습니다. 류 선생님께서도 학생들에게 바른 역사를 가르쳐 주시길 바랍니다.

김.옥.균.

김옥균과 함께 갑신정변을 일으켰던 갑신정변 5인방의 막내 서재필은 훗날 갑신정변을 회고하며 김옥균을 이렇게 평가했다. "그는 상당한 학자였을 뿐만 아니라 다재다능한 인물이었다. 정적들에게 허다한 비방을 듣기는 했으나 나는 그가 대인격자였고, 또 처음부터 끝까지 애국자였음을 확신한다. 그는 시대의 추이를 통찰하고, 조선을 힘 있는 현대적 국가로 만들려고 절실히 노력하였다."

김옥균에 대한 역사적 평가는 양분되어 있다. '근대화 운동의 선구자'로 칭송하는 쪽도 있고 '조국을 외세에 판 매국노'라고 비난하는 쪽도 있다. 늘 엇갈린 김옥균에 대한 평가에 정답은 없다. 그에 대한 평가는 시대와 관점에 따라서 달라질 것이기 때문이다. 그러나 김옥균의 행동과 그에 따른 결과의 옳고 그름을 떠나 나는 그를 좋아하며 존경한다. 갑신정변을 일으켰던 1884년에 김옥균의 나이 서른셋, 홍영식 스물아홉, 서광범 스물다섯, 박영효 스물셋, 서재필 스물로 그들의 평균 나이는 스물여섯이었다. 그야말로 '청춘 정권'이다. 그들은 많지 않은 나이에 국가의 미래를 걱정했고 단순히 걱정에 그치지 않고 과감하게 행동했다. 물론 그 행동의 결과는 가문의 풍비박산이라는 참담한 결과를 가져왔지만 10년 후 갑오개혁에서 그들의 주장이 상당수 받아들여진 것으로 보아서 그들의 행동이 우리나라의 근대화에 적지 않은 영향을 끼친 것만은 분명하다.

선거에 참여하는 20대의 평균 투표율이 50~60%정도인 나라에 살고 있는 우리가, 잘못된 현실을 분명히 인지하고 있음에도 눈을 감고 입을 닫는 것이 상식이 되어 버린 시대에 살고 있는 우리가, 모든 위험을 감수하며 당당히 역사의 흐름에 맞선 김옥균을 과연 비판할 자격이 있는지 묻고 싶다.

유길준과의 인터뷰

유길준

할아버지는 청송 부사를 지낸 유치홍이고 아버지는 동지중추부사를 지낸 유진수이다. 어머니는 한산 이씨이다. 본관은 기계杞溪(지금의 경상북도 포항), 호는 구당矩堂이다.

대원군의 가톨릭 탄압으로 프랑스 함대가 강화도를 침범하자(병인양요) 경기도 광주로 피난

1866

• 이경직의 소개로 박규수의 문하에 들어감
• 김윤식, 어윤중, 박영효, 김옥균, 서광범 등 개화파 인사들과 사귐

1870

1856

10월 서울 계동에서 출생

1869

재력가로서 당시 집권층이던 노론들과 돈독한 관계를 맺고 있던 외조부 이경직에게서 한학 등을 배움

1874

• 청나라 위원이 쓴 세계 지리서 《해국도지》 등을 읽으며 세계정세에 눈을 뜨고 개화에 뜻을 두게 됨
• 과거제가 나라를 망치는 제도라고 생각하고 과거 시험 거부를 선언함

• 1년간 학교를 다닌 뒤 세계를 견문할 목적으로 배를 타고 유럽 일주 시작
• 1886년 하버드대학 법학과에 입학 예정이었으나 갑신정변이 실패하자 귀국하는 길에 잠시 일본에 들러 김옥균을 만난 뒤 인천항으로 귀국
• 갑신정변에 연루되어 취운정에서 7년간 연금 생활
• 한반도 중립화론 주장

1885

연금 해제

1892

1884

에드워드 모스 교수의 지도하에 유학 준비를 하며 지내다가 대학 진학을 목적으로 거버너스 아카데미Govornor Dummer Academy에 입학

1889

《서유견문》 완성

1894

• 일본군의 경복궁 습격 이후 내무 대신으로 등용됨
• 갑오개혁 주도
• 차관 도입을 위해 일본 방문
• 일본에서 《서유견문》 출간

박규수 사후 유홍기에게
지도를 받음
1877

수신사 일행과 함께 귀국
1882

1881
· 민영익의 천거로 유정수, 윤치호 등과
 함께 수행원으로 조사시찰단에 참여
· 유정수와 함께 경응의숙 입학

1883
· 견미사절단인 보빙사의 수행원으로 미국
 방문
· 〈뉴욕타임스〉 11월 8일자에 유길준의
 일화가 소개됨

· 고종 퇴위 후 귀국하여 흥사단 및
 한성부민회 발족
· 순종이 하사한 고위 관직 거부
1907

을미개혁을 주도하며 단발령 추진
1895

지병인 신장병으로 사망
1914

1896
아관파천으로 친일 내각이
붕괴되자 일본으로 망명

1910
· 계산학교, 노동야학회 등을 설립해 국
 민 계몽에 주력하는 한편, 국민경제
 회, 호남철도회사, 한성직물주식회사
 등을 조직해 민족 산업 발전에 힘씀
· 일본에 의한 국권 피탈 후 일본 정부가
 수여한 남작 작위 거부

민영익(1860~1914)

명성황후의 친정 조카. 개화 초기에는 김옥균, 박영효, 유길준 등과 두터운 친분을 쌓으며 개화당 일파로서 활약하였다. 박영효, 김옥균과는 비공식 사절단으로 동행하며 3개월간 일본에 머무르기도 했고, 보빙사로서 유길준, 홍영식, 서광범과 동행하여 미국 아서 대통령을 예방하고 돌아오기도 했다. 특히 미국 방문 당시 유길준에게 미국 유학을 권유하며 그를 정치적, 경제적으로 후원하였다. 그러나 귀국 후 민씨 세력의 압박으로 보수화되면서 개화파와 사이가 벌어지게 된다. 갑신정변 당시 온몸에 자상을 입어 목숨이 위험하게 되었으나 미국인 의사 알렌의 치료를 받고 회복되었다. 그러나 1894년 고종 폐위 음모에 연루되면서 중국으로 망명길에 올랐다가 그곳에서 생을 마감한다.

해국도지(1847~1852)

중국 청(淸)나라 때 위원(魏源)(1794~1856)이 지은 세계 지리서이다. 1847년에 60권으로 간행되었으나, 그 후 부족한 부분을 바로잡아 1852년에 100권으로 증보 간행하였다. 세계 각국의 지세·산업·인구·정치·종교 등 다방면에 걸쳐 저술하였다.
중국을 방문했던 박규수에 의해 조선에 소개되면서 개화 사상가들에게 막대한 영향을 끼쳤다. 특히 박규수의 사랑방에서 개화 교육이 이루어지면서 김옥균, 박영교, 박영효, 유길준, 서광범 등의 개화파가 형성되는 데 일조하였다.

보빙사(1883)

한국에서 최초로 미국에 파견한 외교 사절단이다. 1882년 조미수호통상조약이 체결되자 미국은 주한 공사를 파견하였고 고종은 이에 대한 답례 및 양국간 친선을 위하여 사절을 파견하였다. 사절단의 단장은 민영익, 부단장은 홍영식으로 여러 수행원들과 함께 미국을 방문하였다. 미국 대통령이었던 체스터 A. 아서에게 고종의 국서를 전달하고 보스턴 등지와 유럽 각지를 여행한 뒤 귀국하였다.

서유견문(1895)

조선인 최초로 미국에서 유학하고 유럽 일대를 견학한 유길준이 집필한 책으로 우리나라 사람이 쓴 첫 번째 서양 견문록이다. 총 20편으로 구성되었으며 국한문혼용체로 기술되었다. 1885년부터 1892년까지 7년간의 감금 생활 동안 집필하였으며, 1895년에 일본에서 출간되었다. 이 책에서 유길준은 세계 지리, 국제법, 인권, 교육 등을 비롯해 서양의 정치 제도와 사상까지 상세하게 소개하고 있다. 한때 금서가 되기도 하였으나 개화기의 가장 영향력 있는 '국민교과서'로 평가받는다. 갑오개혁, 을미개혁에 큰 영향을 끼친 책이기도 하다.

대망을 품은 선비, 태평양을 건너다

반갑습니다. 유길준 선생님!

유길준 저야말로 반갑습니다. 조선 중립화론을 주창했던 유길준이라고 합니다. 부족한 저를 이렇게 찾아 주셔서 감사할 따름입니다.

선생님께서는 역사적 의의가 큰 《서유견문》이라는 책도 집필하셨고, '언어의 천재'라고 불릴 만큼 외국어 습득에 남다른 재능도 있었습니다. 또한 '미국 유학생 1호'라는 특이한 이력도 가지고 계신데요. 선생님 본인은 자신의 가장 중요한 업적을 '조선 중립화론' 주창이라고 생각하시는 것 같습니다.

유길준 물론입니다. 저는 아직도 그 당시 제가 구상했던 조선 중립화론에 애착을 가지고 있습니다. 만약 19세기 말에 그 주장이 받아들여졌다면, 조선의 20세기 역사는 아마 상상하기 힘들 정도로 많이 바뀌었을 테지요.

77

그렇군요. 그와 관련해서는 천천히 말씀 나누도록 하겠습니다. 먼저 선생님의 어린 시절에 관해 듣고 싶은데요.

유길준 어려서는 외조부께 많은 가르침을 얻었습니다. 제 외조부께서는 높은 벼슬에 오르진 못했지만 학문이 깊으셨고, 무엇보다 훌륭한 장서들을 많이 가지고 계셨습니다. 그 책들을 벗 삼아 어린 시절을 보냈지요. 그때 읽었던 다양한 분야의 책들이 훗날 세계관 형성에 큰 도움을 주었습니다.

열다섯 살 나이에 결혼을 하신 걸로 알고 있습니다. 조금 이른 나이 아닌가요? 무슨 특별한 이유라도…….

유길준 제가 태어난 때가 1856년입니다. 그 당시 남자들의 평균적인 결혼 적령기가 15세 전후였지요. 지금 사람들이 생각하기에는 제가 무슨 불장난이라도 한 게 아닌가 여겨지실 수도 있겠습니다만, 당시에는 흔한 일이었습니다. 결혼도 했으니 하루라도 빨리 과거에 급제하라는 집안 어른들의 성화도 시작되는 셈이었지요.

그런데 노론계 양반 가문 출신으로는 이례적으로 과거 시험을 거부하셨어요. 거부를 넘어 당시 과거제도를 신랄하게 비판까지 하셨죠?

유길준 그 당시 또래 친구들처럼 저의 어린 시절 꿈 역시 과거에 급제하는 것이었습니다. 물론 공부도 아주 열심히 했죠. 그러나 외조부의 소개로 개화파의 대부였던 박규수 선생님을 만나 신학문을 배우게 되면서 저의 삶은 송두리째 바뀌었습니다. 특히 박규수 선생님께 전해 받은 《해국도지》라는 책은 저의 개화사상 성립에 결정적인 기여를 했지요. 세계의 역사와 지리는 물론이고 바다로부터 쳐들어오는 적을 막는 방법까지 서술되어 있는 경세서였습니다. 그 후 실학과 청의 양무운동*에 대한 책을 탐독하였고 그 결과 유교를 바탕으로 사람을 뽑는 과거제가 국가를 병들게 하고 백성을 학대하는 제도라는 결론을 내리게 되었습니다.

당시에는 출세를 하려면 유교 경전을 달달 외우는 과거 시험 밖에 없었던 것 아닌가요? 그런데 제도 자체를 부정하셨다니 확고한 소신을 가지고 계셨던 것 같습니다. 그럼 정계에는 어떻게 진출하시게 된 건가요?

유길준　어린 시절에 공부하던 박산서재에서 민영익과 알고 지냈습니다. 왕비 민씨의 조카였던 민영익은 개화 정책을 총괄하다시피 한 인물이죠. 당시 민영익 외에도 김옥균, 박영효, 서광범, 김윤수 등의 개화파 인사들과 두루 잘 알고 지냈습니다. 그러던 차에 민영익이 저를 조사시찰단의 일원으로 추천해 주었죠.

조사시찰단의 일원을 넘어 최초의 일본 유학생이셨던 걸로 알고 있는데요.

유길준　맞습니다. 조사시찰단으로 도쿄, 오사카 등을 시찰한 뒤 귀국하지 않고 일본에 남아 경응의숙**에서 공부했습니다. 이것 역시 민영익의 배려 덕분이었죠. 조선인 최초의 일본 유학생이면서 동시에 경응의숙 최초의 해외 유학생이기도 했습니다.

---

* 　19세기 후반 청나라에서 일어난 근대화 운동으로 태평천국운동과 애로호사건 등에 자극을 받아 증국번, 이홍장 등이 이끈 개혁이다.

** 1858년 후쿠자와 유키치에 의해 도쿄에 설립되었다. 서양식 공립학교 시스템을 처음으로 도입한 일본 학교이며, 권위주의 교육의 대안으로 자유로운 학문 분위기를 중요시한 학교이다. 1919년 종합대학으로 공식 승인 받았다.

79

경응의숙의 창립자인 후쿠자와 유키치는 어떤 사람이었습니까?

유길준   후쿠자와 선생께서는 저보다 20년이나 앞서 유럽과 미국 등지에서 어렵게 유학을 하셨습니다. 그래서였는지 함께 유학 중이던 유정수와 저를 특별히 아끼고 많은 가르침을 주셨죠. 후쿠자와 선생께서는 언제나 일본 사회의 문명개화를 위해 국민을 계몽해야 한다고 주장하셨는데, 그 영향으로 저 역시 조선 국민의 계몽을 삶의 목표로 삼게 되었습니다.

일본 유학 생활은 얼마나 하셨나요?

유길준   1882년 10월에 귀국했으니 1년을 조금 넘겼지요.

1년이 조금 넘는 기간 동안 일본어는 어느 정도 익히셨는지요?

유길준   다행히도 언어에 대한 감이 조금 있는 편이어서 반년 정도 되니 어지간한 의사소통이 가능했고, 1년 정도 되었을 때는 통역하는 데 큰 어려움이 없었던 것 같습니다.

1년 만에 외국어를 습득하셨다니 정말 부러울 따름이군요. 왜 일본에 더 머물지 않으셨나요?

유길준   1882년 10월에 또 다른 일본 사절단인 수신사가 일본을 방문했습니다. 그때 제가 수신사의 통역을 맡았는데 수신사를 이끈 박영효가 귀국을 요청해 유학을 마치고 귀국하게 되었습니다.

박영효 선생께서 왜?

80   유길준   사실 박영효는 조선 정부의 말을 전달했을 뿐입니다. 1882년 5월

에 조미수호통상조약이 맺어지고, 7월에 임오군란이 발생하는 등 당시 조선의 국내외 정세가 긴박하게 돌아가자 외교 분야의 전문가가 필요했을 테지요. 사실 전문가라기보다는 개화사상을 가지고 자신들의 언어를 정확히 전달해 줄 인물이 필요했었던 것 같습니다.

그런데 귀국한 지 얼마 되지 않아서 미국으로 떠나셨습니다. 음…… 좋으셨죠?

유길준 하하. 일본 유학 생활을 하며 미국이라는 나라를 꼭 한번 가 보고 싶었는데…… 꿈같은 일이 벌어진 거죠. 1882년에 조미수호통상조약이 맺어지면서 양국은 상대국에 공사관을 설치하게 되었습니다. 미국은 조선에 공사관을 설치했지만 조선은 재정상의 문제로 공사관을 설치하지 못했지요. 그 대신 1883년 7월에 보빙사라는 이름의 사절단을 미국으로 파견하게 된 겁니다. 수행원으로 함께하게 된 저는 단장인 민영익과 서광범, 홍영식 등과 함께 태평양을 건너 미국까지 가게 되었습니다.

19세기는 제국주의 시대였죠. 힘 있는 나라가 힘없는 나라를 지배하고 다스리는 약육강식의 논리가 전 세계에 통용되던 시대 말입니다. 물론 이러한 논리는 지구의 역사와 함께 시작되었다고들 말하지만 18~19세기야말로 과학기술의 비약적 발전과 함께 한 나라의 힘이 지구 반대편에까지 영향을 미칠 정도로 확대되던 시대였습니다. 제가 일본에서 유학하던 19세기 말엽은 세계의 중심이 유럽에서 미국으로 서서히 이동하던 때였습니다. 조선의 미래를 위해 미국이라는 나라가 어떻게 성장했는지, 또 어떠한 사상을 가진 나라인지 꼭 알아야겠다고 생각했지요. 그런데 그러한 생각을 갖게 된 지 불과 1년 만에 꿈같은 미국 유학길이 열렸으니, 정말 흥분되지 않을 수 없었습니다.

81

미국을 가려면 지금도 10시간 넘게 비행기를 타야하는데, 몹시 힘든 여정이셨겠어요.

유길준 말도 마십시오. 흥분은 딱 3일 만에 사라지고 다음부터는 고난의 연속이었습니다. 일본 방문 때는 늦어도 2~3일이면 땅에 발을 디딜 수 있었지만 미국은 거기에 10배 이상의 시간이 걸렸습니다. 태평양이라는 큰 바다를 건너는데…… 40일 정도 항해를 하면서 폭풍을 만나 두 번이나 죽을 고비도 넘기고, 배가 침몰할 뻔도 하고. 또 뱃멀미를 얼마나 했는지…… 제가 배 가장자리에서 멀미를 하고 있으면 민영익이 다가와서 저의 등을 쳐 주고는 했습니다. 물론 저도 가끔 민영익의 등을 두들겨 주었죠. 그럴 때면 잠시나마 서로를 보면서 웃기도 했습니다. 하지만 멀미와 죽음의 공포로 힘든 시간들을 보낸 만큼 황홀한 시간들도 있었지요. 태평양 한가운데서 바라보는 일출과 일몰은 말로 표현하기 힘들 정도로 환상적이었습니다. 자연의 거룩함과 위대함을 매일 같이 느낄 수 있었죠.

항해를 시작한 지 40여일 만에 미국 샌프란시스코에 도착하셨죠. 다시 땅을 밟은 기분이 어떠셨나요?

유길준 이제 살았구나 싶었습니다. 제가 발을 딛고 있는 세상이 흔들리지 않는 것만으로 너무 좋았습니다. 그때부터 땅에 대해 제가 가지고 있는 이미지는 '안정'입니다. 땅은, 배 위에서는 도저히 느낄 수 없는 평안함을 주었죠.

미국에 도착해서도 한참을 이동했겠군요.

유길준 우리가 배를 타고 도착한 곳은 미국 서부였기 때문에 대통령이 있는 동부까지 기차와 마차 등을 타고 이동했습니다. 그때 미국이 얼마나 큰 나라인지 알게 되었죠. 조선과는 비교도 할 수 없는 광대한 땅을 가진 나라가 바로 미국이라는 사실을 누군가의 이야기가 아니라 제 눈을 통해서 확인했던 겁니다.

아서 대통령과의 일화가 아주 재미있던데요?

유길준　무엇이 그를 웃게 했는지 당시에는 잘 몰랐습니다. 임금의 친서를 전달하며 전통 예법에 따라 큰절을 했는데, 대통령이 몹시 당황스러워하더군요. 관료들도 어찌할 바를 몰라 했고요.

하하하! 외교사절단이 큰절을 했으니 미국 대통령이 당황할 만하네요.

유길준　동서양의 문화 차이를 실감했습니다. 중국이나 일본에서는 황제나 천황을 만나면 큰절로 인사하는 것이 당연한데 서양에서는 악수를 청하더군요. 당시로서는 문화 충격이었습니다.

아, 대화는 어떻게 나누셨나요?

유길준　당시에는 영어를 우리말로 바로 옮길 수 있는 사람이 없었습니다. 그래서 우리가 이야기하면 일본어로 통역하고 일본어를 다시 영어로 통역해야 했습니다. 그나마 저는 일본어라도 할 수 있었으니 다행이었죠. 여하튼 시간도 오래 걸리고 온전한 대화도 불가능했던 것 같습니다.

언어에 욕심이 많은 선생님이라면 영어의 필요성을 느끼셨을 만하네요.

유길준　맞습니다. 영어의 필요성을 절감한 저는 단장이던 민영익에게 부

83

탁해 미국 유학을 허락받았습니다. 유학 비용을 국가에서 지원했으니 지금으로 치자면 국비 유학생이 맞겠군요. 그것도 최초의 미국 국비 유학생 말입니다.

대한민국 최초의 국비 유학생, 세계 일주를 하다

당시 선생님의 유학 생활은 현지인들에게도 큰 관심거리였다던데 맞나요?

유길준   1883년 11월이었나요? 산책을 하다 그만 길을 잃어서 경찰에게 길을 물어 집을 찾아 온 적이 있는데 그런 사소한 이야기들까지 몇몇 신문에 보도되고는 했습니다. 미국에 처음 도착했을 때는 한복 차림에 갓을 쓰고 있던 제가 시간이 지나자 상투도 자르고 양복도 입었으니 그 변화 과정이 신기하기도 했겠지요.

그런데 1883년 11월이면 미국에 도착한 지 3개월 밖에 되지 않는 짧은 시간 아닌가요? 의사소통은 어떻게?

유길준   미국에서 생활한 지 3개월쯤 되자 간단한 의사소통이 가능했습니다. 1년이 지나고부터는 영어로 생각하고 대화하는 것이 어렵지 않게 되었지요.

와! 어느 책에서 보니 선생님을 '언어의 천재'라고 표현하던데, 이제야 그 말이 이해가 되네요. 일본어에 이어 영어까지…… 영어 유치원이다, 조기 유학이다, 84 대한민국은 영어 때문에 아주 난리인데요. 음, 영어 잘하는 비법 하나만 알려

주시겠어요?

유길준 특별한 비법은 없습니다만, 그 나라 언어에 익숙해지기 위해서 그들의 언어에 저를 많이 노출시켰던 것 같습니다. 언어를 배울 때 체면이나 부끄러움 따위는 생각지 말아야겠죠. 틀렸다고 주눅 들어서는 안 됩니다. 틀리는 걸 당연하게 받아들이고 반복적으로 연습하면 언어는 자연스럽게 느는 것 같습니다. 또한 목적이 있으면 공부는 훨씬 쉬워지죠. 저에게 언어는 도구에 불과했습니다. 언어를 통해서 조선의 미래에 조금이라도 도움이 되기를 바랐습니다. 뚜렷한 목적이 있으니 남들보다 조금 더 빨리 언어를 습득하게 된 것 뿐이죠.

저는 사명감을 가지고 공부했습니다. 제가 배우고 느끼고 깨닫는 것에 조선의 미래가 있다고 확신했죠. 그 확신으로 조선의 앞날을 준비할 수 있다고 믿었습니다. 그들이 무슨 생각을 하며 사는지 알아야 했고, 또 어떤 미래를 꿈꾸는지 이해해야만 했습니다. 당시 조선은 서양 국가들과 조약을 맺기 시작했지만 서양에 대해서 제대로 알고 있는 사람은 거의 없었습니다. 그들을 이해하고, 조약 과정에서 실제 업무를 담당할 외교 전문가가 절실했죠. 그러기 위해서는 전 세계에서 통용되는 국제법을 알아야만 했습니다. 그러한 이유로 국제법을 공부하고자 했습니다.

조국을 위해서 국제법을 배우고자 하셨군요. 국제법은 얼마나 배우셨죠?

유길준 안타깝게도 입학 예정서만 받은 채 귀국했습니다. 1885년이었죠. 조선 정부에서 저를 필요로 했습니다. 다음 해에 하버드대학 법학과에 입학 예정이었는데 말이죠. 흠.

왜 갑자기 귀국을 요청한 건가요?

유길준   당시 조정은 갑신정변(1884년)으로 인해 중국, 일본과의 관계가 매우 복잡한 상황이었습니다. 임금께서는 당신의 옆에서 외교 문제를 잘 처리해 줄 외교 전문가 내지는 통역관을 필요로 하신 것 같았습니다. 저로써도 혼란스러운 마음에 더 이상 공부가 손에 잡히질 않더군요.

혼란스러우셨다니 무슨 말씀이시죠?

유길준   갑신정변이 일어난 과정도 몹시 궁금했고, 그 과정에서 저의 정치적 후원자였던 민영익이 정변 세력으로부터 죽임을 당할 뻔 했다는 사실이 저를 혼란스럽게 만들었습니다.

민영익과 저는 물론이고 갑신정변 5인(김옥균, 박영효, 홍영식, 서광범, 서재필)은 모두 같은 사명을 가지고 살아온 사람들이었습니다. 조선의 근대화를 위해 개화 정책을 펼쳐야 한다는 사명이었죠. 그런데 갑신정변 당시 민영익이 제거 대상이었다는 사실이 이해되지 않았습니다. 개인적인 친분을 떠나 개화파의 내분 소식에 놀랐고, 그들의 폭력성에도 거부감이 컸습니다. 아, 그리고 물론 현실적인 문제도 있었습니다. 경제적 지원을 해 주던 민영익이 다치면서 더 이상 미국에 머물기가 힘들었습니다. 이런 저런 상황들이 저를 움직이게 한 거죠. 무엇을 하든 조국에 가서 미력이나마 보태야겠다고 생각했습니다.

1885년 6월에 미국을 떠나셨는데, 태평양이 아닌 대서양을 건너 유럽으로 가셨네요? 왜 조선이 아닌 유럽으로 가신 거죠?

유길준   원래는 미국 서부로 가서 태평양을 건너 조선으로 돌아가려했습니다. 그런데 순간 지금이 아니면 평생 유럽을 볼 기회가 없을 것 같다는 생각이 들었습니다. 서양 세력의 원조인 유럽 국가들을 제 눈으로 직접 보고 싶었습니다. 그래야만 그들을 완전히 이해할 수 있을 것 같았죠. 반년 가까이 서방 세계를 경험하며 그들의 다양한 제도와 학문 등에 대해 기록했고, 느끼고 이해하려고 노력했습니다.

어떤 나라들을 방문하셨나요?

유길준   영국, 프랑스, 네덜란드, 스웨덴, 스위스, 그리스 등 유럽의 10여 개국과 이집트, 사우디아라비아, 인도, 필리핀 등을 방문했습니다.

선생님께서는 또 하나의 기록을 가지고 계신 것 같군요. 조선 최초의 세계 일주 여행자!

유길준   아뇨, 그건 아닙니다. 제가 시찰단으로 미국에 갈 때 같이 갔던 보빙사 일행이 저보다 앞서 대서양을 건너 아시아를 통해서 귀국했으니 제가 그들보다 2년 정도 늦은 셈이지요. 물론 그들보다 더 많은 나라를 자세하게 살펴보았던 것은 사실입니다. 미국을 떠난 지 6개월 만에 조선에 도착했으니까요.

유럽 여러 나라를 방문하며 많은 것을 느끼셨겠어요.

유길준   그동안 제가 얼마나 우물 안 개구리로 살아왔는지 확인하는 시간이었습니다. 책으로만 이상적인 국가관을 접했던 저에게는 현실을 직시하게 해 준 소중한 시간이었죠. 유럽은 산업혁명 이후 전 세계의 중심이 되었고, 그중에서도 유럽의 중심 국가들인 영국, 프랑스, 네덜란드, 독일 등

87

은 식민지 쟁탈전을 벌이고 있었습니다. 물론 앞선 국가는 단연 영국이었고 프랑스가 그 뒤를 맹추격하고 있었죠. 독일도 뒤늦게 산업화에 성공해서 식민지 쟁탈전에 뛰어들었고요. 또 유럽 국가들의 고민거리가 무섭게 성장하고 있는 미국이라는 것도 알게 되었습니다. 이들 모두 자국의 이익만을 위해서 움직인다는 공통점을 가지고 있었죠. 그들은 자국의 이익을 위해서는 힘이 약한 나라가 피해를 입는 것이 당연하다고 생각했습니다.

그럼 그 피해의 대상이 우리 조선일 수도 있다고 생각하셨나요?

유길준 물론입니다. 유럽 국가들에게 국가 차원의 선한 마음은 없습니다. 자국의 이익만이 있을 뿐이죠. 그런데 더 불안한 것은 우리 주변에 있는 일본이었습니다. 일본은 위치적으로는 동양이지만 서양의 사상을 가장 빨리 받아들인 나라입니다. 이들이 힘을 키우면 반드시 침범해 올 것이라는 불길한 확신이 들었죠. 또 전 세계가 식민지 쟁탈전을 벌이며 큰 전쟁을 치르게 될 거라는 불안감에도 휩싸였습니다.

일본의 동아시아 침략과 세계 전쟁이라…… 그 불길한 예상이 정확히 들어맞았군요. 일본은 우리나라를 1910년에 식민지로 삼았고 1930년대가 되면서 동아시아 전역에 자신들의 세력을 확대해 나갔죠. 유럽 국가들 사이에서는 식민지 쟁탈전이 벌어지면서 1차 세계대전이 터졌고요. 선생님의 두 가지 불길한 예언이 정확히 맞아떨어졌네요.

유길준 결국 1914년에 터지는 1차 세계대전도 이들 국가들의 식민지 쟁탈전의 결과물입니다. 과정이야 복잡하지만 결론만 놓고 보자면 더 이상 식민지를 얻을 수 없었던 독일이 기존의 식민지를 빼앗기 위해서 주변의 몇

몇 나라들을 끌어들여 벌인 전쟁이 바로 1차 세계대전이죠. 일본의 야욕이 처음으로 드러난 것이 1910년 한일강제병합이고요.

와, 노스트라다무스가 따로 없으신데요! 어쩜 그렇게 세계의 정세를 정확히 예측하신 거죠?

유길준　모든 역사에는 거부할 수 없는 큰 흐름이라는 것이 있습니다. 미국에서의 유학 생활과 유럽 여행을 하며 그 흐름을 읽은 것 같습니다. 저로서는 안타깝고 견디기 힘든 깨달음이었죠.

《서유견문》보다 《중립론》

역사의 큰 흐름 속에서 조선을 구할 수 있는 방법으로 '조선 중립국론'을 주창하셨죠?

유길준　약육강식의 생존 논리가 팽배했던 당시 상황에서 조국을 구할 방법은 두 가지 밖에 없다고 생각했습니다. 중립국을 선언함으로써 강대국으로부터 정치적 중립을 보장받는 방법과 우리가 힘을 키워 강대국이 되는 것. 그런데 강대국이 되는 길은 오랜 시간을 필요로 하지요. 일본과 중국이 가만히 보고만 있지는 않을 테니까. 그래서 제 나름대로 최선의 방법이라고 생각했던 것이 바로 조선 중립국론이었습니다.

'중립국'이란 무엇을 말하는 것인가요?

유길준　중립국이란 흔히 영세 중립국이라고도 하는데요, 한 나라가 다른 **89**

나라에 대해 전쟁을 일으키지 않을 뿐만 아니라 다른 나라 간의 전쟁에 대해서도 중립을 지킬 의무를 가진 국가를 말하는 것입니다. 이것은 영세중립조약이라는 국제법상 조약을 체결함으로써 가능해지는데 대표적인 나라가 현재의 스위스 같은 나라입니다. 스위스는 군사적으로 큰 힘을 가지고 있지는 않지만 정치적 협상을 통해 주변 전쟁으로부터 영원히 자유롭게 되었죠. 저는 우리 조선이 스위스와 같이 중립국이 되길 원했습니다. 또 그것만이 풍전등화 같은 조선의 운명에 바람막이가 되어 줄 것이라 믿었습니다.

그럼 중립국이 되기 위해서는 무얼 하면 됐나요?

유길준　정치력을 이용해 주변국들을 설득시켜야 했습니다.

흠, 너무 이상적으로 들리는데요.

유길준　아닙니다. 우리나라의 지정학적 위치를 이용해 설득한다면 충분히 가능성 있는 계획이었습니다. 일찍 개화에 성공해 무섭게 발전하고 있는 일본, 아시아의 영원한 맹주 중국, 동방 진출을 꿈꾸는 러시아, 러시아의 남하를 견제해야만 하는 영국과 프랑스, 태평양을 건너 아시아 진출을 노리는 미국 등에 꼭 필요한 나라가 바로 우리 조선이었습니다.

국가 간 외교에서 최선은 친선입니다. 다음은 중립이지요. 그리고 최악이 적대적 관계입니다. 당시 조선은 힘 있는 발언을 할 수 있는 나라가 아니었습니다. 그러나 설득은 할 수 있죠. '우리나라가 힘이 약해 상대국에 넘어가게 되면 군사적 위기감은 커지고, 너희 국가에도 좋을 것이 없다. 우리가 중립적 역할을 할 수 있도록 도와 달라……' 이렇게 끊임없이 주변 국가들을 설득했으면 아마 성공했을지도 모릅니다. 스위스도 1815년 주변 국가들에게 처음으로 중립국 승인을 받아 낼 때 이와 같은 전략을 사용했습니다. 19세기에 우리 조선이라는 나라를 원했던 일본, 중국, 러시아, 영국, 미국, 프랑스에게도 이러한 전략을 사용했더라면…… 일본에게는 중국을 견제하기 위해 조선이 중립국이 되어야 한다고 설득하고, 중국에게는 일본을 견제하기 위해 반드시 조선의 중립이 필요하다고 설득하고, 남하를 원하는 러시아에게는 영국과 프랑스를 핑계로, 영국과 프랑스에게는 러시아와 미국을 핑계로 서로를 설득시키면 아마 가능했을지도 모릅니다. 주변국들이 세력 균형을 이뤄야만 조선의 안전을 지킬 수 있었죠. 물론 어렵고 힘든 작업이지만 그 길 밖에는 없었습니다.

개인의 노력만으로는 힘든 일이었을 것 같은데요.
유길준 물론입니다. 유럽 여행 중에 이런 생각들을 정리하고 인도양을 건너 귀국했지요. 조선의 왕과 관리들을 설득하기 위해서…….

그런데 돌아오자마자 체포되셨으니…… 국왕의 명령에 의한 귀국이었는데 왜 그렇게 된 건가요?
유길준 귀국하기 전에 일본에서 김옥균을 만난 것이 문제가 되었죠. 저의 죄목은 갑신정변을 일으킨 반역자 김옥균을 만난 것이었습니다.

왜 굳이 일본까지 가서 김옥균 선생을 만나셨나요?
유길준 흠, 너무나 궁금한 게 많았습니다. 정변이 어떻게 일어나게 된 건지, 동지였던 민영익을 왜 죽이려 한 건지…… 또 앞으로 어떻게 개혁을 해

나가려는 건지 꼭 알아야 했습니다.

김옥균 선생은 뭐라고 하시던가요?

유길준   갑신정변을 일으킬 수밖에 없었던 배경과 당시 상황에 대해 들었습니다. 차관 도입 실패에 따른 개화파의 정치적 위축과 민영익 등 온건개화파와의 불편한 관계 등이 갑신정변의 도화선이 된 거죠. 특히 자신들의 이익을 좇아 보수화된 민영익 등과 더 이상 함께할 수 없다고 했습니다. 후쿠자와 선생도 우리가 알던 사람이 아니라고, 사회 계몽가였던 선생도 어느새 일본 제국주의의 앞잡이로 변해 버렸다고 한탄했습니다. 일본 입장에서는 근대화의 초석을 다진 사람일지 몰라도 조선의 입장에서는 참으로 위험한 존재라고 말입니다. 저 역시 그 의견에 동감했지요.

김옥균 선생을 만날 때 귀국 후에 문제가 될 수 있겠다는 생각은 하지 않으셨나요?

유길준   물론 생각하고 있었습니다. 그래서 김옥균도 저의 귀국을 만류했죠. 그러나 평생을 방랑자로 살 수는 없었습니다. 위험을 감수하고 조선으로 돌아왔죠. 어차피 김옥균을 만났다는 죄목은 저를 체포하기 위한 핑계일 뿐이었습니다. 실은 조선의 실권자인 원세개를 자극하지 않기 위해 타협안을 찾은 것이죠. 체포된 후 민영익의 별장인 취원장(현재의 서울 가회동)에서 7년 정도 연금 생활을 했습니다.

원세개 때문이라고요?

92   유길준   갑신정변을 진압한 청에 의한 내정 간섭이 극에 달해 있었죠. 고

청춘의
완터뷰

작 스물대여섯 남짓의 원세개가 조선에 막대한 영향력을 행사하고 있었습니다. 그런데 갑신정변을 일으킨 개화파와 같은 성향인 제가 등장했으니 정치적 부담이 되었을 겁니다. 그래서 생각해 낸 타협책이었던 셈이죠. 원래 감옥에 가거나 사형을 당할 수도 있었지만 그렇게는 하지 않고 연금정도로 고종과 원세개가 합의를 본 것입니다.

일본, 미국은 물론이고 세계 여러 나라를 둘러보고 온 선생님 입장에서는 정말 답답할 노릇이었겠군요. 그럼 연금되자마자 대표 저서인 《서유견문》을 쓰신 건가요?

유길준 네, 그렇습니다. 그런데 《서유견문》을 쓰기 전에 작은 소논문 형태의 《중립론》을 먼저 썼습니다. 조급한 마음에 잠도 거른 채 5일 만에 완성했죠.

조선 정부에서는 일대 파란이 일었겠군요.

유길준 아뇨. 밖에 알릴 길이 없었습니다. 몇몇 지인을 불렀지만 만나러 오는 사람도 없고. 답답한 노릇이었죠. 조국의 운명이 달린 중요한 기록이 바깥세상 한 번 보지 못했으니 말입니다.

우리나라 최초의 국제정치학 논문이라는 의의를 남기는 데 그쳤군요. 그런데 당시 독일 부영사 부들러도 '중립국론'을 주장한 것으로 아는데, 서로 아는 사이였나요?

유길준 만나 본 적도 없습니다. 제가 중립화론을 주장한 시기가 1885년 12월인데 그는 저보다 조금 빠른 그해 3월에 중립국론을 주장한 것으로

93

알고 있습니다.

그럼 부들러의 중립화 주장을 참조하신 건가요?

유길준   아닙니다. 저도 글을 쓰고 나서 한참 뒤에야 부들러의 존재를 알았습니다. 내용면에서도 부들러의 중립화와 저의 중립화는 다릅니다.

어떤 점이 다른가요?

유길준   부들러의 중립화는 청나라와 일본과의 충돌을 막기 위한 계책일 뿐 우리 조선을 위한 것은 아니었습니다. 그러나 저의 중립화 주장은 영국, 러시아, 청, 일본, 미국 등의 정치적 영향력으로부터 세력 균형을 이룸으로써 조선의 안전을 지키는 데 초점을 맞춘 것이었습니다.

이러한 주장을 조정에서 받아들였다면 을사조약이나 한일병합으로 인해 우리가 일본의 지배를 받는 일도 없고, 이념적 이유로 남과 북이 나뉘는 일도 없었을까요?

유길준   확언할 수는 없지만 아마 그렇게 되었을 겁니다. 우리가 중립국만 될 수 있었다면 영국이나 미국이 일본의 조선 침략을 그렇게 쉽게 용인하지는 않았을 겁니다. 또한 이념이 다르다고 해서 한 나라가 둘로 쪼개어 지지도 않았겠죠. 남북 분단은 자본주의와 공산주의의 이념 대립이기도 하지만 우리나라의 지정학적 위치가 주요한 원인이기도 합니다. 우리가 중립국만 되었다면 조선의 역사는 송두리째 바뀌었을 겁니다.

94   우리가 아무리 주장을 해도 제국주의로 무장되어 있는 한 주변 나라들이 그리

쉽게 용인해 주지는 않았을 것 같은데요?

유길준   맞습니다. 그들은 자국의 이익을 위해서만 움직이니까요. 그러나 목숨 걸고 한번 부딪혀 볼 가치가 있는 일이라 생각했습니다. 우리 민족의 미래가 걸린 일이었으니까요. 지금도 생각만 하면 가슴이 벅차오릅니다. 그만큼 아쉬움도 크고요.

통일, 인류 공존의 길

시간이 흘러 1892년, 연금이 풀린 후에는 친일의 길을 걸으셨다고 알려져 있습니다만, 소신이 바뀌신 건가요? 아니면 제가 잘못 알고 있는 건가요?

유길준   친일이라…… 혹시 친일파가 된 것 아니냐고 묻고 싶으신 건가요? 단도직입적으로 말씀 드리자면, 아닙니다. 역사 속 인물을 정의하고자 할 때 시간의 간격을 고려하지 않고 하나의 단어를 다른 시대 사람에게 적용하는 것은 위험한 일입니다. 제가 이완용, 송병준 등의 친일파와 같은 취급을 받다니 정말 참을 수 없는 일이군요.

그렇다면 선생님의 친일 행위에 대해 서술하고 있는 책들은 어떻게 봐야 할까요?

유길준   갑오, 을미개혁 때의 활동 때문에 그런 이야기들이 나온 것 같습니다. 하지만 아시다시피 저는 한일강제병합 이후 일본 정부에서 주는 남작의 작위는 물론이고 고위 관직에도 나가지 않았습니다. 정치에는 전혀 발을 들이지 않았죠. 개혁 작업을 펼치며 일본의 힘을 이용한다고 생각했 **95**

습니다. 1894년 1, 2차 갑오개혁 당시 발표된 개혁안에는 제가 작성했던 동학군의 개혁안과 갑신정변 당시의 개혁안이 상당수 들어가 있는데, 신분 해방, 과부의 재가 허용 등 모두 근대적 개혁안들입니다. 을미개혁 당시 단발령도 제가 주장해서 실시한 것이죠. 이러한 작업들은 근대화를 앞당기기 위한 개화 정책으로 반드시 필요했던 일입니다. 당시에는 일본의 힘을 빌리지 않고는 그러한 작업을 할 수가 없었죠. 조금 무리한 부분도 없지 않았지만 그렇게라도 하지 않으면 일본이 우리를 집어삼킬 거라고 생각했습니다. 저는 제 나름으로 일본을 이용한다고 생각했습니다.

단발령은 당시 유생들의 저항이 거셌던 것으로 아는데요.

유길준   말도 못했지요. 저는 젊은 시절 미국 유학을 하며 상투도 자르고 양복도 쉽게 입었기 때문에 어렵게 생각하지 않았는데, 조선의 유생들에게 상투는 목숨이나 마찬가지였으니까요. 제가 단발령을 발의했다는 사실이 알려지자 몇몇 유생들이 집 앞까지 찾아와 저를 흉기로 위협한 적도 있었습니다. 하지만 후회하지 않았습니다. 반드시 거쳐야 할 과정이라고 생각했으니까요.

그 이후의 삶은 어떠셨는지요?

유길준   1896년 아관파천을 전후해서 친러 내각이 수립되었기 때문에 일본으로 망명했다가 1907년에 순종황제께서 귀국을 허락해 주셔서 다시 조선으로 돌아왔습니다.

96   **일본이 을미개혁까지 주도했는데 왜 갑자기 친러 내각이 들어서게 된 건가요?**

유길준 1895년 청일전쟁이 일본의 승리로 끝나면서 조선의 주도권은 완전히 일본으로 넘어가게 됩니다. 더 나아가 일본은 청일전쟁의 사후 처리 과정에서 요동반도를 할양해 줄 것을 청에 요구했죠. 전쟁에서 패한 청의 입장에서는 빼앗기듯 요동반도를 일본에 넘기게 됩니다. 그런데 당시의 영토 문제는 양국 간의 이해로 끝나는 게 아니었습니다. 일본의 대륙 진출 야욕을 간파하고 있던 러시아로서는 이러한 상황을 잠자코 지켜볼 수만은 없었죠. 그래서 프랑스와 독일을 끌어들여 일본에게 압박을 가하게 됩니다. 이것이 이른바 러시아, 프랑스, 독일의 삼국간섭입니다. 청을 상대로 대승을 거둔 일본이지만 유럽의 강국들을 한꺼번에 상대하기는 무리였죠. 그래서 요동반도를 다시 청에게 넘겨줍니다. 그러자 상황을 지켜보던 민씨 일파는 일본을 버리고 러시아에 의탁하게 되죠. 조선 내에 러시아의 영향력이 크게 강화되면서 친러 내각이 들어서게 되었고, 그로 인해 러시아와 가까운 인사들이 대거 등용되었습니다.

그러한 배경 때문에 일본으로 떠날 수밖에 없으셨군요. 1896년에 떠나서 1907년에 돌아오셨으니까 무려 12년이라는 긴 시간을 타국에서 보낸 셈인데요. 망명 생활은 어떠셨나요?

유길준 젊은 시절 일본과 미국에서의 유학 생활은 너무나 행복했습니다. 매일매일 새로운 학문을 접하며 행복하고 감사한 시간을 보냈죠. 그런데 망명 생활은 그와는 정반대입니다. 하루하루가 지옥과 같이 끔찍하고 힘들었습니다. 친러 정권에 대한 쿠데타를 모의하다가 사전에 적발당해 일본 내 작은 섬으로 유배를 당하기도 했습니다. 일본 정부의 입장에서는 내심 쿠데타가 성공하길 바랐겠지만 실패하자 러시아와의 외교 문제로 비화될 것을 염려해 저를 희생양으로 삼은 것이죠.

국가 간의 관계란 참으로 오묘하지요. 겉으로는 웃지만 속으로는 서로를 찌르기 위해서 칼을 준비하고 있으니. 그러다가도 금방 친구도 됐다, 또 원수도 됐다 하니 말입니다.

1907년 조선으로 돌아오셔서 어떤 활동을 하셨나요?

유길준   1910년에 국권을 빼앗긴 후 정치는 하지 않고 집필 활동과 교육 사업, 사회 계몽 사업에만 집중했습니다. '모든 국민을 선비로 만든다'는 목표로 시작한 흥사단이 대표적이었죠.

'흥사단'이라면 안창호 선생님께서 만든 것 아닌가요?

유길준   보통 그렇게들 알고 있습니다만, 제가 국내에서 처음 설립했던 흥사단이 1910년 일본에 의해 강제 해산되자 안창호 선생이 1913년에 샌프란시스코에서 재창립하게 된 것이지요. 이 흥사단의 단원들은 안악사건* 이나 105인사건**, 3·1운동 등에 참여하며 조선의 독립에 큰 역할을 담당했습니다.

지병인 신장병으로 고생하시다가 1914년 파란만장했던 삶을 접으셨습니다. 살

---

*   1910년 11월 안명근安明根 등이 국권 회복을 위한 인재 양성을 목표로 서간도西間島에 무관학교를 설립하기 위한 자금을 모집하다가 황해도 신천 지방에서 관련 인사 160명과 함께 검거된 사건.

** 1910년 평안북도 선천宣川에서 안명근이 데라우치 총독을 암살하려다가 실패하자 일본은 이 사건을 날조하여 한국의 애국지사들을 대대적으로 탄압할 계획을 세운다. 신민회가 이 사건을 뒤에서 조종한 것처럼 조작한 일본은 유동열, 윤치호, 양기탁, 이승훈, 이동휘, 김구 등 6백여 명의 신민회 회원과 기독교인들을 검거해 모진 고문을 가한 끝에 대표적인 인물 105명을 기소했다. 이 사건으로 신민회는 큰 타격을 받고 해체된다.

**청춘의
완터뷰**

아오신 인생의 어느 한 순간으로 돌아갈 수 있다면 언제로 가 보고 싶으신가요?

유길준   저에게 역사가 '만약'을 허락한다면 저는 1885년 12월로 돌아가 겠습니다. 그래서 제가 주장한 한반도 중립화론을 실현시키기 위해 더욱 노력할 것입니다. 물론 힘든 일이겠지만, 그래도 그 당시라면, 주변국들을 잘 설득한다면 가능할 수도 있을 것 같습니다. 제가 조선의 미래에 얼마 나 보탬이 될는지 모르겠지만 미력이나마 힘을 보태고 싶군요. 혹시라도 성공한다면 지금의 조선은 아마 친일의 잔재 없이, 남과 북이 나뉘는 일 없이 하나가 되어 살고 있을지도 모르니까요.

음, 왠지 가슴이 먹먹해집니다. 마지막으로 서양 학문을 가장 먼저 공부하신 민족의 대선배로서, 외교 전문가로서, 역사의 큰 흐름을 읽으신 역사가로서, 100여 년 후 같은 땅에 살고 있는 후배들에게 한 말씀 부탁드립니다.

유길준   21세기가 되면서 '인류 공존'이라는 단어가 자주 들리는 것 같습 니다. 인류는 적자생존의 논리로 서로를 밟고 일어서야 할 대상이 아니라 함께 살아가야 할 생활공동체라는 뜻이겠죠. 여러분이 살고 있는 현재에 는 특히 환경 문제가 심각하다고 들었습니다. 그야말로 공동체 의식이 없 으면 해결하기 힘든 난제가 아닌가 생각합니다. 그러나 한 가지, 아무리 '지구촌', '인류 공존'을 외쳐도 잊지 말아야 할 것이 있습니다. 세상의 모 든 국가는 자국의 이익을 위해서 움직인다는 사실입니다. 특히 100년 전 한반도를 호시탐탐 노리던 미국, 러시아, 영국, 프랑스, 중국은 현재 UN 의 안전보장이사회 상임이사국으로 엄청난 권한을 행사하고 있다고 알고 있습니다. 노골적으로 말씀 드리면 100년 전이나 지금이나 한반도 주변 정세가 변한 건 하나도 없습니다. 그들은 우리가 잘 되길 진심으로 바라지 않아요. 냉혹한 현실에서 국가 간의 관계는 늘 전쟁 상황이지요. 그래서 우리 민족은 반드시 하나가 되어야 합니다. 남과 북의 통일을 원하는 나라는 우리나라뿐입니다. 다른 어떤 나라도, 특히 강대국은 우리의 통일을 원하지 않습니다. 정신을 똑바로 차리고 미래를 대비해야 합니다. 새가 두 날개를 펼쳐야만 온전히 날 수 있듯이 한반도의 밝은 미래는 남북한이 하나 되었을 때 비로소 가능한 것입니다. 국가 간의 관계에서 현실을 냉철히 바라보고 통일을 준비하십시오. 그것이 제가 드리는 마지막 말씀입니다.

좋은 말씀 진심으로 감사합니다.
유길준 저도 제 삶을 되돌아 볼 수 있었던 아주 소중한 시간이었습니다. 찾아와 주시고 이야기할 수 있는 기회를 주셔서 감사합니다.

청춘의
완터뷰

유길준과 인터뷰를 마치며

유길준의 친일은 우리가 아는 친일과 다르다. 그는 당시 조선을 위해 일본을 도구로서 이용한 개혁가이다.

만약 그가 주장한 한반도 중립화 주장이 받아들여졌다면, 국권을 침탈당한 35년의 시간과 여전히 정리되지 않은 친일의 잔재, 남북 분단이라는 아픈 상처를 가진 우리 역사가 조금은 달라지지 않았을까 감히 생각해 본다. 민족과 국가의 미래를 위해 가슴 아픈 선택을 하고, 현실과 동떨어진 주장을 할 수밖에 없었던 선각자의 슬픔을 우리는 다시 한 번 곱씹어 봐야 하는 게 아닐까?

유길준은 서구의 언어를 익히며, 앞선 학문을 배우며 기뻐했다. 변화될 세상을 상상하며 힘든 환경 속에서 묵묵히 공부했던 유길준은 세상에서 가장 행복한 청년이었을 것이다. 그 행복한 청년에게 주어진 세계 일주라는 행운은 또 하나의 기쁨이었을 터. 그러나 그 학문의 본질을 알게 되면서 느꼈을 선각자의 두려움, 공포, 안타까움은 나로서는 상상도 할 수 없을 만큼의 버거운 짐이었으리라 짐작해 본다. 민족의 앞날을 이미 예상하고 그럼에도 피할 수 없는 지식인으로서의 숙명을 받아들인 유길준의 발자취를 돌아보며 그의 외로움을 고스란히 느낀 시간이었다.

그 선각자가 우리에게 부르짖고 있다. 100여 년이 지난 지금도 그들은 변하지 않았다고. 오늘날 이 땅에 살고 있는 우리는 애써 귀를 닫고 그의 소리를 못 들은 척 하고 있는 건 아닐까. 유길준이 고군분투했던 시기의 대한민국을 생각하면, 지금 우리 정치는, 사회는…… 하!

이회영과의
인터뷰

이회영

이조판서를 지낸 이유승李裕承의 6형제 중 넷째 아들로 대한민국 초대 부통령을 지낸 이시영의 형이다. 묘소는 국립현충원에 있으며 국가정보원장을 지낸 이종찬과 정치인 이종걸이 그의 손자이다.

달성 서씨와 결혼
1885

• 일본인의 계획적인 삼포농장 훼손 사건으로 법정 투쟁 끝에 승소함
• 탁지부(오늘날의 재무부) 판임관으로 임명되었으나 고사함
1901

1867
서울시 남산골(현재 중구 저동)에서 이조판서 이유승의 넷째 아들로 출생

1896
항일 의병 자금 조달을 위해 개성 인근에서 삼포蔘圃농장 경영

1905
을사늑약 파기 운동과 을사오적 암살을 모의했으나 뜻을 이루지 못함

독립운동 자금을 모으기 위해 일시 귀국
1913

고종의 망명을 추진하기 위해 북경에 행궁을 구입하여 수리하던 중 고종 서거(1919년 1월)
1918

1912
신흥강습소(후에 신흥무관학교로 개칭)를 설립하여 형 이철영을 교장으로 뽑음

1915
국내 활동 중에 일본 경찰에 체포(8월)되었다가 그해 연말에 방면됨

1919
3·1운동 이후 중국 상해에 설립된 임시정부의 입법 기관인 임시의정원에 만주 대표로 참가하여 앞으로의 방향을 임시정부 형태가 아닌 독립운동 총본부로 할 것을 강력히 주장함

중국 만주 용정촌에
신학문 민족 교육 기관인
서전서숙을 설립하는 데 참여
1906

이은숙과 상동교회에서
한국 최초의 신식 결혼을 함
1908

1907
• 서울 상동학원 학감으로 취임
• 고종에게 헤이그 만국평화회의 대표
  파견을 건의함
• 최초의 항일 비밀 결사인 신민회 조직
• 달성 서씨와 사별

1910
조국이 합방되자 전 재산을 급히
처분하여 6형제와 가솔 40여 명과 함께
압록강을 넘어 만주 유화현 삼원보로 망명

아나키즘(무정부주의)을 받아들이고
중국 호남성에 이상마을을 설립하여
아나키스트 운동의 표본으로 삼음
1923

정화암, 백정기, 김성수, 중국인 왕아초,
화균실, 일본인 사노, 이토 등과 상해에
모여 항일구국연맹을 결성하고 비밀
행동 조직인 흑색공포단을 발족함
1931

• 건국훈장 독립장 추서
• 서울 종로구 신교동에 우당
  기념관 건립
1962

1924
김창숙, 신채호, 유자명, 김원봉과
적극적 항일운동을 위해
행동 조직인 의열단을 후원함

1932
침체된 무장 독립 투쟁의 불씨를
되살리기 위해 상해에서 대련으로
이동 중 상해 밀정에게 정보가 누설되어
일경에 검거된 후 모진 고문 끝에 순국

잠깐, 인터뷰 전에 먼저

상동교회尙洞敎會(1901~1944)

한국 감리교 최초의 의료 선교사인 목사 스크랜턴Scranton, W. B.이 서울 남대문로에 세운 교회이다. 1905년 을사조약이 체결되자 전덕기를 중심으로 한 조약 무효 투쟁이 전개되어, 이회영, 이준 등의 독립투사들이 자주 드나들었으며, 1907년에는 교회의 지하실에서 헤이그 특사 파견 모의가 이루어졌다. 같은 해에는 항일 비밀 결사인 신민회新民會가 교회에서 발족하였다. 민족 항일기 말 교회에 대한 탄압이 가혹해져, 1944년 3월 마침내 폐쇄되었다.

신채호(1880~1936)

조선 말기, 일제 강점기의 역사가 · 언론인 · 독립운동가이다. 호는 단재丹齋, 단생丹生, 일편단생 一片丹生. 1905년 성균관 박사가 되었으나 그해 을사조약이 체결되자 관직을 포기하고, 〈황성신문〉, 〈대한매일신보〉 등에 강직한 논설을 실어 민족의식을 북돋웠다. 1907년에는 신민회와 국채보상운동 등에 앞장섰고, 1910년 신민회 동지들과 중국 청도로 망명하여 권업회를 조직하고 〈권업신문〉 주필로 활동했다. 1919년 임시정부 수립에 참가하여 위원장 등을 역임하였으나, 1923년 상해에서 열린 국민대표회의에서 "소수 의견만으로 소집된 임시정부로는 항일운동을 전개할 수 없으며 국제연맹에 위임 통치를 주장한 이승만을 임시정부 대통령으로 추대하는 것은 부적절하다"고 주장하며 임시정부 해체 및 폭력혁명을 주장했다. 1927년 무정부주의 동방연맹을 창립, 자금 마련을 위한 활동 중 체포되어 여순감옥에서 옥사했다. 《조선상고사》, 《조선사연구초朝鮮史硏究草》 등의 저서를 남겼다.

아나키즘(anarchism)

모든 정치 조직과 권력을 부정하는 사상 및 운동을 뜻한다. 정부나 통치의 부재不在를 뜻하는 고대 그리스어 'an archos'에서 유래했다. 아나키즘은 무정부주의라고도 불리지만 아나키즘의 비판 대상은 국가 권력뿐 아니라 모든 사회적 권력, 자본, 종교 등에도 미치며, 정치적 지배 및 모든 영역의 지배를 부정하고 절대적 자유를 실현하고자 하는 운동이다.
한국의 현대 무정부주의 운동은 3 · 1운동 후 1920년경부터 중국과 일본으로 건너간 망명 인사들과 유학생, 노동자들 사이에서 싹트기 시작하여 국내로 번져 들어왔다. 우리나라의 대표적인 무정부주의자로는 이회영, 신채호, 박열 등이 있다.

신흥무관학교(1911~1919)

1911년 5월 14일 중국 길림성 유하현 삼원보에 설립된 학교로 독립군 양성을 목적으로 하였다. 1910년 나라가 국권을 빼앗기자 항일 무장 투쟁을 공식 노선으로 채택한 신민회는 만주에 무관학교를 설립하고 독립운동 기지를 건설할 것을 결의하여, 1910년 12월 이회영, 이시영 등 6형제를 시작으로 이듬해 2월 이동녕, 이상룡 등이 가산을 정리하고 서간도로 집단 이주하여 자치 기관인 경학사耕學社를 조직하고, 신흥강습소(1911)를 설립하였다. 학교 설립 자금은 이회영의 형인 이석영이 사재를 내놓아 마련했다. 이후 1913년 신흥중학교로 개칭하였다가 1919년에 신흥무관학교를 설립하였다. 1920년 가을, 일제의 가중되는 탄압과 잇단 사고 등으로 폐교될 때까지 수많은 독립군 지도자를 배출한 독립운동의 산실이다.

만인의 평등을 꿈꾼 아나키스트

우당 선생님! 이렇게 뵙게 되다니, 정말 영광입니다! 저는 고등학교에서 역사를 가르치고 있는 류성완이라고 합니다.

이회영　류성완 선생님, 반갑습니다. 저처럼 보잘것없는 사람을 만나러 와 주셔서 감사합니다.

보잘것없다니요! 가당치 않습니다. 선생님이야말로 '진정한 귀족'이라고 불리기에 손색없는 분이신 걸요.

이회영　어떤 기준에서 저를 그렇게 평가하시는지 모르겠습니다만 좋게 봐 주셨다니 감사합니다. 그런데 사실 저는 귀족이니 양반이니 하는 말을 그리 좋아하지는 않습니다.

조선 명문가 중의 명문가, '삼한갑족'*의 후예께서 그런 말씀을 하시니 조금 의

107

외인데요?

이회영　사실 저는 지금도 '왜 인간 대 인간이 불평등한 관계에서 삶을 시작해야 하는가'에 대한 의문을 풀지 못하고 있습니다.

어린 시절부터 개화사상을 적극적으로 받아들이셨다고 들었는데요, 아마도 그 영향으로 그와 같은 생각들을 하시는 게 아닌가요? 듣기로는 집안의 노비들을 풀어 주고 남의 집 노비들에게는 존댓말을 사용하셨다고요.

이회영　노비를 풀어 준 것도 사실이고, 다른 집의 나이 많은 노비에게 존댓말을 쓴 것도 사실입니다. 하나도 놀랄 것 없는 일입니다. 한 인간이 인간을 소유할 수 있다는 발상 자체가 이상한 것이지요. 노비제도야말로 힘으로 타인을 지배할 수 있다고 믿는 악한 본성의 발로라고 생각합니다.

역시 선생님은 저의 기대를 저버리지 않으시는군요. 시대를 앞서간 열린 사고의 소유자이셨음에 분명합니다. 여동생의 재혼을 성사시킨 일도 같은 선상에서 이해하면 될까요?

이회영　저에 대해서 상당히 많이 알아보고 오셨군요. 누이동생 이야기도 알고 계신 걸 보니…… 당시에는 여성의 재가가 허용되지 않았습니다. 특히 양반 가문에서는 상상도 못할 일이었지요. 소위 말하는 열녀의 삶이 여성의 고귀한 표본인 것처럼 온 사회가 그러한 삶을 강요했습니다. 하지만 그러한 풍속이야말로 한 인간의 삶을 송두리째 앗아가는 악습이지요. 남성들은 버젓이 아내를 두고도 첩이라는 이름으로 수많은 여성을 거느리면

＊　대대로 문벌이 높은 집안이라는 뜻. 이회영은 선조 때 영의정을 지낸 이항복의 10대손으로 이 가문에서 배출한 정승, 판서만 열 명이 넘는 조선 최고 명문 세가의 후손이었다.

청춘의
완터뷰

서 여성들은 혼인과 동시에 남자에게 온전히 종속당해야 하는 것이 참으로 불합리하다고 생각했습니다.

말씀하신 대로 쉽지 않으셨을 것 같은데요.

이회영　누이동생이 어린 나이에 남편을 잃고 평생을 과부로 살아야 하는 처지에 놓이자 마음이 아팠습니다. 제 누이에게도 행복한 삶을 누릴 자격이 있으니까요. 건강하지 못한 남편을 만났다는 이유로 평생을 혼자서 힘들게 살아갈 누이를 생각하니 잠이 오지 않았습니다. 궁리 끝에 묘안을 찾았지요. 누이가 죽은 것처럼 위장해 장례까지 치르고 남몰래 재혼을 시켰습니다. 살 곳을 마련해 주고 새로운 삶을 시작할 수 있도록 도왔지요.

거짓 장례라…… 첩보 영화의 한 장면 같은데요! 그 주인공이 조선 최고의 명문가 출신인 우당 선생님이라니, 당시 사회 분위기를 생각하면 정말 놀랄 일이 아닐 수 없네요. 그런데 우당 선생님도 결혼을 두 번하신 걸로 알고 있습니다. 두번째는 우리나라 최초의 신식 결혼식을 올리셨다죠?

이회영　본의 아니게 그렇게 되었습니다. 1885년 열아홉 나이에 달성 서씨인 아내와 혼례를 올리고, 규룡, 규원, 규학 삼형제를 얻었습니다. 그런데 갑작스럽게 아내가 세상을 떠났고, 1908년에 이은숙과 재혼을 했지요. 그때는 이미 기독교 신앙을 받아들인 다음이었기 때문에 당시 출석 중이던 상동교회에서 신식 결혼식을 올렸습니다.

상동교회라면 우리나라 독립운동의 모체가 된 곳 아닌가요?

이회영　상동교회는 1901년 기독교 선교사 스크랜턴이 설립했습니다. 명

동성당 근처 남창동에 위치한 상동교회에서는 수많은 민족 운동의 선구자들이 배출되었지요. 이동녕, 박용만, 이승만, 전덕기, 김구, 신채호, 이준, 이상설 등 구국운동을 주도한 민족의 선각자들이 바로 이곳에서 교육받았습니다. 소위 '상동파'라고 불렸지요. 이분들 모두가 교회를 다녔던 건 아니지만 상동교회에서 운영하던 공옥학교에 직접적으로나 간접적으로 영향을 끼쳤습니다. 바로 여기에서 항일 비밀 결사인 신민회가 구성되었지요.

당시 공옥학교의 교감이셨던 걸로 알고 있는데…… 그럼 신민회의 숨은 실력자가 바로 우당 선생님이시군요!

이회영 상동교회 인사들이 신민회를 주도했던 것은 맞습니다. 1907년에 제가 교감으로 있었던 것도 맞고요. 하지만 숨은 실력자로 평가받기는 송구합니다. 신민회는 독립협회 인사들, 유학파들, 무장 독립운동가들을 포함한 800여 명 이상의 애국지사들에 의해 만들어진 단체니까요.

신민회는 당시 대부분의 애국 단체들이 표방했던 독립운동 방식의 한계를 극복한 단체로 잘 알려져 있는데요. 예를 들면 무력 투쟁을 주장했고, 왕정복고를 반대했지요. 이 역시 우당 선생님의 철학에서 비롯된 것인가요?

이회영 물론입니다. 무력으로 빼앗긴 주권은 당연히 무력을 사용해서라도 되찾아야 한다고 생각했습니다. 그래서 무장 투쟁 노선을 취할 수밖에 없었지요. 또한 앞서 말씀 드렸던 것처럼 신분에 따른 반상의 구별이나 왕권 역시 없어져야 한다고 생각했습니다. 앞으로 우리가 세울 나라는 모든 백성이 평등한 나라여야 한다고 생각했지요. 그러한 생각과 가장 일치하는 단체가 바로 신민회였습니다.

신분 제도나 왕정복고에 반대하신 부분은 선생님의 평소 성향으로 보아 그럴 수 있다고 생각되지만 무장 투쟁은 조금 의외인데요. 굉장히 부드러운 분으로 보이는데……

이회영 (웃음) 날 때부터 부드럽고, 거친 사람이 어디 있겠습니까. 다 이 세상이 그리 만든 게지요. 저도 헤이그에 특사를 파견하기 전까지는 무장 투쟁에 회의적이었습니다. 그러나 네덜란드 만국평화회의에 참석한 헤이그 특사들, 이준, 이상설, 이위종이 일제의 방해로 회의장에 발도 못 들이게 되자 더 이상 이성적인 방법으로는 우리의 뜻을 이루기가 힘들다는 걸 깨달았지요. 을사조약의 부당성을 만국에 알리고 그 조약을 무효화하려고 노력했지만 다 수포로 돌아갔습니다.

절친한 사이였던 이준 선생께서는 이 계획이 실패하자 머나먼 타국 땅에서 분사憤死하신 것으로 알고 있습니다. 충격이 크셨겠어요.

이회영 헤이그 특사 파견을 처음 건의한 사람이 바로 저였습니다. 그때까지 저는 일본에만 문제가 있다고 착각하며 살았지요. 그래서 이를 세계 여러 나라에 알리기만 하면 을사조약도 무효화되고 우리의 독립도 이룰 수 있을 거라는 안일한 생각을 했습니다. 결국 저의 판단 착오로 황제께서는 폐위되고 저의 동지이지 절친한 벗이었던 이준은 타국에서 생을 마감하게 되었지요. 그러한 계기로 신민회를 조직하게 되었습니다.

아, 그런데, 헤이그 특사 파견을 처음 건의한 것도 선생님이시군요?   111

이회영　역사 선생님께서 놀라시는 걸 보니 후대 사람들에게 많이 알려진 얘기는 아닌가 보군요. 알리고자 한 일도 아니지만요. 당시 일본은 고종 황제의 일거수일투족을 감시했습니다. 황제를 만나 뵙기가 쉽지 않았죠. 저는 고종 황제의 매형이자 궁내부에서 요직을 맡고 있던 조정구를 통해 연락을 취했습니다. 참고로 조정구는 제 아들 이규학의 장인이기도 했지요. 제가 그를 통해 만국평화회의에 밀사를 파견할 것을 주청하자 황제께서는 기다렸다는 듯이 반겼습니다. 황제께서는 헐버트*를 통해 저에게 신임장을 전달하셨습니다. 저는 비밀 연락망을 통해 간도에 있던 이상설에게 황제의 신임장을 전달했지요. 그렇게 꾸려진 특사단인데, 일본의 방해 공작으로 그만…… 이 사건을 뒤늦게 알게 된 일본은 고종 황제를 강제 퇴위시키고 군대를 해산시켰지요.

당시 국내 민심은 어땠나요? 정말이지 나라의 운명이 풍전등화와 같은 상황이었겠군요.

이회영　(깊은 한숨) 황제의 퇴위 소식을 듣고 분개한 민중들이 불길처럼 타올랐습니다. 전국 각지에서 일본 경찰들과 충돌했고, 을사오적의 주역인 이완용의 집에 불을 지르기도 했지만 결국 일본군에 의해 수많은 청년들이 목숨을 잃고 사태는 진압되었지요. 어둡던 우리 민족의 미래가 완전한 암흑 속으로 빠져들어 가는 느낌이었습니다. 하지만 당장 흥분해서 울분을 토하기보다는 조금 더 장기적인 계획을 세우고 대응해야겠다는 생

＊　호머 헐버트Homer Bezaleel Hulbert(1863~1949): 미국인 선교사로 육영공원에서 외국어를 가르쳤다. 1905년 을사조약 직후에 조약의 부당성을 알리기 위해서 고종 황제의 밀서를 휴대하고 미국으로 건너가 미대통령과 만나려 했지만 실패했다. 그 후 다시 국내로 들어와 고종 황제의 신임장을 이회영에게 전달하여 헤이그 특사 파견에 큰 공을 세운다.

**청춘의
완터뷰**

각이 들었습니다. 우선 블라디보스토크로 가서 국제 미아 신세가 된 이상설을 만났지요. 이상설은 제 손을 잡으며 말했습니다. "헤이그밀사사건 이후로 이 몸은 이제 고국 강산에는 한 발도 들이지 못하는 신세가 아니오. 이제 나는 구미 등지를 두루 다니면서 이 한 몸 다 부서지도록 외교에 전력하여 나라를 일으키는 사업을 돕겠으니 그대는 국내의 일을 담당하여 정성을 다하고 부지런히 애써 우리 광복의 큰 뜻을 달성합시다!" 그리고 우리는 며칠간의 토의 끝에 네 가지 운동 방침을 정했습니다.

특사로 갔던 이상설과의 만남이라…… 뭔가 비장한 계획이 기대되는데요?

이회영   첫째, 지사들을 규합해 국민 교육을 장려할 것. 둘째, 만주에서 광복군을 양성할 것. 셋째, 비밀 결사를 조직할 것. 넷째, 운동 자금을 준비할 것.

아, 그렇게 조직된 비밀 결사가 신민회로군요!

이회영과 6형제, 구국에 모든 것을 걸다

1910년 12월 드디어 우당 선생님의 주도하에 6형제는 대가족을 이끌고 얼어붙은 압록강을 건너 만주로 망명하게 됩니다. 선생님의 연세가 당시 44세였는데요. 그때까지 누렸던 모든 것을 버리고 미지의 땅을 밟는 기분이 어떠셨나요?

이회영   말씀하신대로 우리 6형제는 집안의 모든 가산을 정리하고 한마음으로 민족의 주권을 다시 찾기 위해 만주로 떠났습니다. 저는 6형제 중   **113**

에 넷째였지요. 첫째 형님께서는 회갑을 바라보는 나이인 58세였고, 둘째, 셋째 형님도 56세, 48세로 적지 않는 나이였지만 기꺼이 뜻을 함께했습니다. 형님들에 비하면 저는 젊은 청년이었죠.

한 집안의 여섯 형제가 전 재산을 정리하고 온 가족을 이끌고 타향살이를 시작한다는 게 쉬운 일은 아니었을 텐데요. 참 멋진 형제분들이십니다. 설득하는 일이 힘드셨을 것 같아요.

이회영 설득이라니요, 당찮습니다. 설득도 필요 없었거니와 제가 설득한다고 마음에 없는 일을 하실 분들도 아니지요. 저는 한일강제병합 이후 형제들끼리 모이는 자리에서 만주로 이동하여 독립군을 양성하자는 의견을 냈습니다. 그러자 모두 기다렸다는 듯이 동의를 했지요. 조상님들의 제사 문제도 있고 하니 장남인 건영 형님은 남는 게 어떠냐고 말렸지만 오히려 형님께선 "왜적의 노예가 된 땅에서 드리는 제사를 조상님들이 즐겨 흠향하시겠느냐?"하고 저를 나무라시며 뜻을 함께하셨습니다.

정말이지 난형난제라는 말이 어울리는 한 장면이군요. 그런데 당시 우당 선생님의 재산이 상당했던 것으로 알고 있는데요. 그 재산을 모두 처분하는 과정도 순탄치 않았을 것 같군요.

이회영 아무래도 그랬지요. 급하게 처분하다 보니 제값을 받지 못하는 것은 당연하고, 무엇보다 일본의 감시를 피해야 했습니다. 그렇게 마련한 자금이 40만 원 정도 되었던 것 같습니다.

114 **당시 40만원이면 상당히 큰 금액이었을 텐데요. 정확히 어느 정도 가치인**

청춘의
완터뷰

지…….

이회영　대략 소 1만 3000마리를 살 수 있는 액수라면 이해가 되실까요?

소 한 마리가 600만 원 정도라고 치고, 10마리면 6천 만 원, 100마리면 6억, 1000마리면 60억, 1만 마리면…… 600억! 와, 약 800억 정도가 되는군요!

이회영　급하게 처분하느라 원래 받아야 할 액수의 절반 정도 밖에 못 받은 게 그렇습니다. 지금 서울 명동 일대의 토지 상당량이 우리 가문 소유였으니까요. 하지만 그렇게 준비했던 자금은 3~4년도 지나지 않아서 동이 났습니다. 만주에 학교를 짓기 위해 토지를 매매하고 학생들을 먹이고, 입히고, 훈련시켰으니 그만큼 버틴 것도 다행이지요. 그렇게 세운 학교가 바로 신흥무관학교입니다.

흠, 지금으로 환산하면 800억이 넘는 어마어마한 재산을 3~4년 만에 민족을 위해서 아낌없이 쓰셨군요. 조금 아깝다는 생각이 들만도 한데 말이죠…….

이회영　류 선생님께서 더 아까워하시는 것 같습니다만. (웃음) 내가 일해서 번 돈이 아니라 조상으로부터 물려받은 재산인데 우리 조상을 있게 해 준 우리나라, 우리 민족을 위해 사용하는 게 너무나 당연하지 않습니까. 물론 내가 피땀 흘려 번 돈이었대도 나는 백번이고 나라를 위해 썼을 겁니다.

저의 속물근성을 반성합니다. 선생님의 고귀한 뜻을 경제적 관점으로만 접근했던 저를 용서해 주세요.

이회영　아니요. 전혀 그렇지 않습니다. 사실 그 질문을 아주 많이 받았 **115**

으니까요. 그런데 류 선생님, 신흥무관학교에서 10년간 배출한 학생 수가 몇 명인지 아십니까?

글쎄요. 한 1000명 정도 되지 않을까요?

이회영   생각하신 것보다 조금 많은데요. 정확한 숫자는 파악이 힘들지만 대략 3500명 이상 됩니다. 무려 3500명…… 항일운동의 주역들이 거의 대부분 이 신흥무관학교와 관련이 있는 셈이지요. 이범석, 지청천, 신필균, 김원봉…… 이들 모두 신흥무관학교 출신들입니다. 1920년의 봉오동 전투, 청산리 전투가 다 이 학교 출신의 장교들이 만들어 낸 작품이지요. 결국 이들이 1940년대 한국광복군의 모체가 되었습니다. 정말로 가슴 벅찬 일이 아닐 수 없지요. 고작 800억으로 나라의 독립을 이뤄 낸 운동가들을 길러 냈으니 남아도 너무 많이 남는 장사 아닌가요?

맞습니다. 이 세상 어떤 장사보다 남는 장사를 하셨어요. 진심으로 존경합니다. 그런데 선생님, 신흥무관학교가 만들어진 것이 1911년인데요, 선생님께서는 1913년 비밀리에 국내로 들어오셨어요. 그 후 1918년까지 자주 만주와 조선을 오갔던 것으로 아는데 특별한 이유가 있으셨나요?

이회영   일단은 무관학교가 터를 잡았기 때문에 국내 인사들과 뜻을 같이 해서 거족적인 민족 저항운동을 일으켜야겠다고 판단했습니다. 그래서 위험을 무릅쓰고 만주와 조선을 오갔습니다.

그러한 결과로 1917년 아드님이신 이규학과 고종 황제의 조카딸이 혼인을 치르게 되었죠. 폐위되었다 하더라도 왕족과 사돈이 되셨습니다.

116

이회영   그런 건 중요한 게 아니었습니다. 그 뒤에는 사실 엄청난 역사적 사건이 숨어 있지요. 류 선생님 혹시 고종 황제께서 망명을 준비했다는 사실을 알고 계신가요? 그 계획을 기획한 사람이 바로 저였습니다. 저는 아들의 혼인을 기회로 삼아 고종 황제에게 저의 뜻을 전했습니다.

고종 황제의 반응은 어땠나요?

이회영   황제께서 "임금과 백성이 하나이다. 백성들이 이곳에 있는데 나 혼자 살겠다고 어찌 다른 나라로 가겠는가?" 하시기에 저는 "그 백성을 위해서 떠나셔야 합니다. 다시 돌아오기 위해서 반드시 떠나셔야 합니다. 중국 땅에서 '온 백성이 일어나 일제와 맞서 싸우라'는 개전 조칙을 내리신다면 온 백성이 불길처럼 일어나 싸우기 시작할 것입니다. 거기에 지금까지 준비한 우리의 군대가 일제의 전방을 공격한다면 우리의 빼앗긴 주권을 되찾을 수 있을 것입니다. 빼앗긴 나라를 다시 찾기 위해서는 반드시 지금 이 땅을 떠나 새로운 준비를 하셔야 합니다." 이렇게 말씀 드렸습니다.

고종 황제께서 망명을 수락하셨나요?

이회영   네. 민영달을 시켜 관리해 오던 비자금 5만원을 조카인 조남승을 통해 저에게 주셨습니다. 저는 그 돈으로 북경에 행궁을 구입하고 수리를 시작했지요. 그런데 망명일이 다가오자 일본에서 눈치를 챘던 것 같습니다. 고종 황제께서는 1919년 1월 21일에 의문의 죽음을 당하셨습니다.

일본이 한 짓이라고 단정하시는군요.

이회영 만약 고종 황제께서 망명에 성공했다면 일본은 큰 타격을 입었을 겁니다. 일본은 1905년의 을사늑약이나 1910년의 한일병합이 전부 우리 민족이 원해서 일본이 관리를 해 주고 있는 것이라고 국제 사회와 자국민들에게 알려 왔습니다. 그러한 상황에서 황제께서 망명하여 개전 조칙을 내린다면 우리나라를 일본에 헌납한 적이 없다는 가장 확실한 반증이 되는 셈이지요. 아직도 한일 양국이 을사조약의 무효함을 두고 설전을 벌인다고 들었습니다. 고종 황제의 망명만 성공했더라면 그 문제에 대해서 더는 왈가왈부 할 필요가 없었을 텐데 말입니다. 황제께서 잠자리에 드시기 전 식혜만 드시지 않았더라면 우리의 역사가 송두리째 바뀌었을지도 모르는데…… (한숨) 여하간 그때는 허망한 마음을 주체할 길이 없었지요.

그런데 아까부터 궁금한 게 하나 있는데요. 선생님께서는 신분제와 왕권을 인정하지 않는 공화주의자이자 자유주의자이신 걸로 알고 있는데 왜 고종 황제의 망명에 그렇게까지 집착하신 건지 모르겠습니다.

이회영 그 부분을 궁금해 하실 거라고 생각했습니다. 황제니 왕이니, 귀족이니 양반이니 하는 구분들이 모두 사라져야 한다는 생각에는 늘 변함이 없었습니다. 다만 당시 우리 민족의 단결을 꾀하는 데 반드시 필요하고 일제의 만행을 전 세계에 확실히 알릴 수 있는 유일한 인물이 바로 고종 황제였던 것만은 사실이지요.

당시 계획대로 망명에 성공하고 독립이 되었다면, 황제는 그 지위를 계속 유지했을까요?

이회영 아마도 과거처럼 왕으로서의 정치적 지위는 유지하기 힘들었을 겁니다. 지금의 영국처럼 입헌군주제를 바탕으로 한 의원내각제 정부가 들어섰을 가능성이 크지요. 하지만 그 당시에는 미래의 정치 체제에 대한 어떠한 구체적 계획도 세울 여유가 없었습니다.

흑색공포단의 레지스탕스들

고종 황제께서 서거하신 후 북경에서 본격적인 활동을 시작하셨죠.

이회영　헤이그 특사 실패 후에도 상실감이 컸지만 황제께서 서거하시자 더 이상의 이성적인 저항은 의미가 없다고 판단하게 되었습니다. 그래서 북경에 자리를 잡고 투쟁의 구심점이 되고자 했지요.

그런데 자료를 찾아보니 그 당시 선생님 댁에 머물며 나라의 장래를 고민한 인사들이 대단한 분들이더군요. 더 이상 말이 필요 없는 단재 신채호, 삼균주의*를 주장한 조소앙, 파리강화회의에 참석한 김규식, 이외에도 이을규, 유자명, 심훈 등 우리나라 독립운동사의 기둥 같은 분들과 함께하셨어요. 특히 일제에 대한 저항 정신을 너무나 잘 표현한 〈그날이 오면〉**, 농촌 계몽운동의 효시 격인

---

*　1931년 임시정부에서 조소앙에 의해 체계가 정립되어 임시정부의 기초 정당인 한국독립당의 당 강령이자 독립군의 기본 이념이 되었고, 1941년 11월 대한민국 건국강령에서 임시정부의 기본 이념 및 정책 노선으로 확정되었다. 개인과 개인, 민족과 민족, 국가와 국가 간의 완전 균등을 표방한 삼균주의는, 개인 간의 균등은 정치·경제·교육의 균등을 통하여 이룰 수 있고, 민족 간의 균등은 민족자결을 통하여 이룰 수 있으며, 국가 간의 균등은 식민정책과 자본제국주의를 부정하고 침략 전쟁 행위를 금지함으로써 이룰 수 있다고 하였다.

**　그날이 오면, 그날이 오면은
　　삼각산三角山이 일어나 더덩실 춤이라도 추고
　　한강 물이 뒤집혀 용솟음칠 그날이
　　이 목숨이 끊기기 전에 와 주기만 할 양이면,

119

《상록수》 등으로 알려진 심훈 선생께서도 몇 개월 머무셨다고 들었는데요.

이회영   멋진 아이였지요. 훈이의 본명은 대섭입니다. 3·1운동에 참여했다는 죄목으로 4개월가량 복역했다가 그해 북경으로 와서 제 집에 얼마간 머물렀지요.

심훈 선생께서는 우당 선생님을 가리켜 '투철한 독립운동가이자 나에게는 다정다감한 아버지와 같은 분'이라고 하셨다던데, 정말 잘 챙겨 주셨나 봅니다.

이회영   누구라도 그랬을 겁니다. 그때 훈이 나이가 19살이었습니다. 독립운동을 한다고 그 어린 나이에 타지에 나와 있는 모습이 어찌나 안쓰럽던지…… 그 친구가 있을 때만 해도 경제적으로 그렇게 힘들지는 않았을 때라 종종 고기를 사 들고 들어가 먹이기도 했지요. 그를 잘 키우는 것도 나라를 구하는 길이라고 생각했습니다. 서른여섯이라는 젊은 나이에 세상을 등지지만 않았어도 더 많은 일을 했을 사람인데, 그저 안타까울 뿐이지요.

나는 밤하늘에 날으는 까마귀와 같이
종로의 인경人磬을 머리로 들이받아 울리오리다.
두개골頭蓋骨은 깨어져 산산조각이 나도
기뻐서 죽사오매 오히려 무슨 한恨이 남으오리까.

그날이 와서, 오오 그날이 와서
육조六曹 앞 넓은 길을 울며 뛰며 뒹굴어도
그래도 넘치는 기쁨에 가슴이 미어질 듯하거든
드는 칼로 이 몸의 가죽이라도 벗겨서
커다란 북을 만들어 들쳐 메고는
여러분의 행렬에 앞장을 서오리다.
우렁찬 그 소리를 한 번이라도 듣기만 하면
그 자리에 거꾸러져도 눈을 감겠소이다.

북경에서 활동하시던 중 1919년 말 임시정부 구성을 위해 상해에서 열린 회의에 참여해 정부 수립에 반대하셨다고 들었는데요.

이회영 제 생각은 지금이나 그때나 변함이 없습니다. 당시에 정부를 구성할 필요는 없었습니다. 진정한 독립운동을 하기 위해서 정부를 구성하지 말자는 것이었지요. 정부라는 조직의 특성상 권력 다툼은 불을 보듯 뻔한 일이었습니다. 그래서 저는 정부 형태가 아닌 독립운동 총본부를 만들 것을 주장했지요. 물론 총본부도 조직이긴 하지만 상대적으로 권력 다툼은 덜할 테니까요. 저를 형처럼 따르던 신채호와 김창숙도 저의 의견에 절대적으로 동의했습니다.

그런데 선생님의 주장은 받아들여지지 않았죠.

이회영 네, 맞습니다. 많은 이들이 정부를 만들어야 한다고 주장했고, 결국 그렇게 되었지요. 그해 5월 저는 상해에서 다시 북경으로 돌아와 중국의 문학가이자 혁명가인 루쉰, 러시아의 혁명가 예로센코 등과 두루 친교를 나누며 지냈습니다.

특히 아나키스트로 알려진 예로센코에게 많은 영향을 받으셨다고 들었습니다.

이회영 예로센코는 네 살 때 홍역으로 시력을 잃었지만 굴하지 않고 아나키즘을 거의 독학으로 익힌 사람입니다. 자신의 신념을 일본, 중국, 인도 등을 떠돌며 전파한 정말이지 불굴의 아나키스트요, 이상주의자이지요. 그를 만나면서 제가 추구해야 하는 삶에 대해 다시 한 번 깊이 생각하게 되었습니다. 독립운동 인사들이 권력 다툼하는 모습을 보며 사회주의를 잠시 생각한 적도 있지만 예로센코의 영향으로 아나키스트의 삶을 살

121

게 된 셈이지요. 사회주의의 획일성, 권력을 부정하면서 또 다른 권력을 양산해 내는 이중성이 싫었습니다.

적지 않은 나이에 새로운 사상을 받아들이셨군요. 평생을 지켜 온 자신의 신념을 버린다는 것이 쉽지 않으셨을 텐데요.

이회영 저는 신념을 버린 적이 단 한 번도 없습니다. 만민은 평등하며 개인과 그 개인이 속한 사회의 자유는 그 어떤 경우에라도 보장되어야 한다고 믿었습니다. 그러한 이유로 우리 민족의 자유를 빼앗은 일제를 몰아내야 하고, 개인의 자유, 즉 인간 해방을 위해서 노력해야만 한다는 것이 저의 신념이었습니다. 그 신념을 지키기 위해 다양한 방법을 생각했을 뿐입니다. 노비를 해방한 것이나 기독교의 평등사상을 받아들인 것, 고종 황제의 망명을 추진하고 아나키즘을 받아들인 것, 이 모두가 저의 신념이며 제가 지향하는 삶이었습니다.

선생님 말씀 중에는 유독 '자유'라는 단어가 많이 등장하는데요. 선생님께서 생각하는 '자유'에 대해 정의를 내리신다면?

이회영 누군가가 나의 자유를 억압하고 침해할 때 그 억압과 침해에 맞서 싸우는 것이 진정한 자유라고 생각합니다. 자유를 위해 맞서 싸우다 자유를 위해서 죽을 자유가 진정한 자유이지요. 제 삶은 오롯이 그 자유를 위해 싸워 온 삶이라 할 수 있습니다.

그럼 자유가 억눌렸던 일제 강점기에는 일제에 맞서 싸우는 것이 자유였겠군요.

이회영 자유에 '당연히'라는 말은 없습니다. 각자의 생각이 다르듯 자유에 대한 해석도 다 다를 테니까요. 저는 제 신념대로 일제에 맞서는 선택을 했고 그렇지 않은 사람은 또 그 사람 나름의 선택을 한 것일 테지요.

그렇군요. 그런데 아나키즘이란 무정부주의를 뜻하는데 독립 후에는 어떻게 나라를 이끄실 생각이었는지요?

이회영 독립운동의 과정으로서, 개인의 자유와 해방이라는 기본적인 방향으로서 아나키즘을 받아들인 것이지 아나키즘으로 사회를 구성해야 한다는 생각은 하지 않았습니다. 자본주의와 사회주의에 대항하여 나온 사상인 아나키즘을 사회를 조직하는 데 적용하기에는 한계가 있다고 생각했으니까요. 독립 이후에는 끊임없는 대화와 타협을 통해 새로운 나라를 세우길 바랐지요.

1925년에 비밀 결사 조직인 다물단을 결성하셨어요. 1931년에는 한국, 중국, 일본 아나키스트들의 합작 단체인 항일구국연맹을 결성한 뒤 행동대 격인 '흑색공포단'을 조직해 일제를 공포에 떨게 만드셨다고요.

이회영 다물단은 의열단과 비슷한 성격의 조직이었습니다. 일제에 무력으로 저항하는 비밀 조직이었지요. 흑색공포단에서 '흑색'은 아나키즘을 대표하는 색깔입니다. 다물단원이자 의열단원이기도 했던 아나키스트 유자명의 영향으로 의열단은 무정부주의의 색깔을 많이 띠었지요.

단재 선생께서 직접 쓰신 '의열단 선언'으로 알려진 〈조선혁명선언〉은 근현대사를 배운 사람이라면 누구나 알고 있는데요. 신채호 선생이나 유자명 선생 같은

123

분들의 영향으로 아나키즘이 당시 무장 독립운동에 상당히 많은 영향을 미쳤군요.

이회영   맞습니다. 저보다 나이는 한참 아래였지만 매우 강직했던 단재나 자명은 생각과 행동이 저를 많이 닮은 친구들이었습니다. 사실 다물단 선언도 단재가 써 주었지만 여러 번 이동하는 가운데 분실이 되고 말았지요.

흑색공포단이 한·중·일 연합단체라는 말을 들었는데 사실인가요?

이회영   맞습니다. 저와 정화암, 백정기 등 일곱 명의 한국인과 왕아초, 화균실 등 일곱 명의 중국인, 사노, 이토 등의 일본인이 함께 만든 단체입니다.

일제에 대항해 싸운 단체에 일본인이 있었다는 게 의외인데요?

이회영   말씀하신대로 일본 제국주의에 대항한 단체이지 일본인 모두를 처단하기 위한 단체는 아니었습니다. 일본인들 중에서도 일본의 제국주의에 문제의식을 가진 사람들이 많았지요. 그러한 사람이라면 우리와 함께 하지 못할 이유가 없다고 생각했습니다. 사노와 이토는 분명히 일본인이지만 우리보다 일본 제국주의를 더 미워하고 증오한 사람들이었지요. 많은 독립운동가들이 사노와 이토의 존재를 껄끄러워했지만 저는 그들을 믿었고 끝까지 지지했습니다.

역시 우당 선생님이시네요. 태생보다는 개인의 인격과 사상이 더 중요하다는 말씀이시죠.

124 이회영   물론입니다. 일본인이라고 모두 다 우리의 적은 아닙니다. 아무

런 생각 없이, 비판 없이 살아가고 있는 이들이 진짜 적이지요.

윤봉길 의사의 상해 홍구^{虹口[홍커우]} 공원(루신 공원의 옛 명칭) 거사를 흑색공포단에서도 준비했다고 들었는데요. 그 일을 계기로 한인 애국단 및 중국 내 한국인의 독립운동이 일대 전환점을 맞았습니다. 만약 흑색공포단에서 그 거사를 성공했더라면 아마 현재의 대한민국에 살고 있는 이들에게 흑색공포단의 이름이 훨씬 더 친숙했을 텐데요.

이회영 아마도 그랬을 겁니다. 1932년 4월 상해사변을 일으킨 일제가 중국 본토를 향해 진격해 중국의 가장 중요한 도시였던 상해를 접수했지요. 일본은 승전을 축하하기 위해 1932년 4월 29일 홍구 공원에서 성대한 기념식을 치렀고요. 상황이 이러하니 저희도 가만히 있을 수 없었습니다. 정현섭과 백정기가 거사를 준비했고 재정 담당이었던 중국인 왕아초가 기념식의 입장권을 준비하기로 했지요. 그런데 입장권 전달이 늦어서 그만 기회를 놓쳤는데 매헌(윤봉길)이 너무나 멋지게 일을 해냈으니 기쁘지 않을 수 없었습니다. 아, 거사 이후 언론에서는 사건의 배후로 제가 지목되기도 했지요.

윤봉길의 거사에 대해 당시 중국의 실권자였던 장개석은 '중국인 100만 명이 하지 못한 일을 조선의 청년이 해냈다'며 극찬했죠. 그 일로 당시 어려움을 겪던 임시정부는 중국 국민당 정부의 지원을 받기도 했고요. 물론 국내외에 우리의 위상도 한껏 높아졌지요. 또한 거사를 배후 지시한 백범 선생은 순식간에 민족의 영웅으로 등장하게 되십니다. 솔직히 조금 아쉽다는 생각 안 하셨나요?

이회영 별말씀을 다 하십니다. 아쉽다니요. 우리가 못한 일을 그가 성공

125

했으니 진심으로 고맙고 감사할 따름이었죠. 백범과 저는 방법에 차이가 있었을 뿐 한마음으로 나라의 독립을 바라는 동지였습니다. 그는 저의 부족한 점을 채워 주는 좋은 친구였습니다.

이루지 못한 꿈을 꾸다

조선에서 함께 중국으로 넘어온 6형제의 삶이 궁금합니다만.

이회영　형님들은…….

…….

이회영　제가 살아온 삶에는 결단코 후회가 없지만 형님들과 가족들을 생각하면 백만 번 사죄해도 부족합니다. 이 못난 동생 때문에…….

기록을 보니 선생님의 바로 아래 동생이었던 다섯째 이시영 선생만이 광복 후 고향으로 돌아가신 것으로 나와 있군요.

이회영　형님들 대부분 아주 극심한 가난에 시달리다 돌아가셨습니다. 거의 굶어 죽다시피 돌아가셨지요. 셋째 철영 형님이 1925년에 돌아가셨고, 막내 호영이가 1933년 북경에서 행방불명이 되었습니다. 1934년에는 형제들 중 재산이 가장 많았던 석영 형님께서 상해 빈민촌 한가운데서 굶주림 끝에 돌아가셨지요. 장남이었던 건영 형님께서도 궁핍한 생활을 하시던 중 광복을 보지 못한 채 1940년 중국 땅에서 돌아가셨습니다. 그런데 무엇보다도 제 가슴을 아프게 하는 게 뭔 줄 아십니까?

글쎄요. 아무래도 형제분들께서 광복을 보지 못하고 돌아가신 것 아닐까요?

이회영　물론 그것도 아쉬운 일이지만 저를 가장 아프게 하는 건…… 형제 중 단 한 사람도 저를 원망하지 않았다는 겁니다.

1920년대 중반부터 형제들과는 떨어져서 생활하셨다고 들었는데 같이 계시면 위험했기 때문인가요? 그 이후로 형제분들과 만난 적은 없으신 건가요?

이회영　말씀하신대로 같이 있으면 신분 노출의 위험이 있었기 때문에 1925년 이후로는 뿔뿔이 흩어져 생활했습니다. 사실 그 이후로 거의 만나지 못했지요. 제가 세상을 떠난 해인 1932년 상해에서 석영 형님을 잠시 만났는데 빈민가에서 누더기 옷을 입고, 며칠은 굶은 것 같은 형님의 모습을 보니…… 형님께 죄송하다는 말만 반복했습니다. 그런데 형님이 오히려 저에게 고맙다고 말씀하셨지요. 한 번 사는 인생 귀하고 가치 있는 삶을 살았으니 그거면 된 거 아니냐고 하시며 저를 위로하셨습니다. 형제 중에 시영이만이 유일하게 임시정부에 참여하고 해방 후에 고향으로 돌아와 꾸준히 활동했지요.

선생님 가족들의 삶도 녹록지 않으셨겠어요.

이회영　많이 표현하진 못했지만 누구보다 미안했던 게 아내와 아이들이었지요. 형님들과 동생은 적어도 자신들이 선택한 길이었지만 제 자식들은 그러지도 못했으니까요. 좋은 가문에서 태어났지만 경제적으로는 노비보다도 못한 삶을 살았으니 어찌 미안한 마음이 들지 않았겠습니까. 북경에 있던 1925년에 독립운동가로 위장한 김달하를 처단하는 과정에서 당시 김달하의 딸과 같은 소학교를 다니고 있던 제 딸 규숙이 연루되 **127**

어 중국 공안 당국에 의해 1년여 동안 구금이 되는 사건이 있었습니다. 그 사건으로 아들 규학은 상해로 급히 도망쳤고, 그 와중에 규학이의 두 딸이 성홍열로 죽었지요. 그즈음 돌도 넘기지 못한 제 아들 이규오도 세상을 떠났습니다. 딸 현숙이 뇌막염에 걸려 사경을 헤맬 때도 돈이 없어 자선병원으로 데려갈 수밖에 없었지요. 근거지를 천진으로 옮긴 후에는 독립운동을 위해 어린 두 딸을 빈민구제원에 맡길 수밖에 없었습니다. 이렇게 나쁜 아버지가 또 어디 있겠습니까.

아내이신 이은숙 여사께서는 같은 고초를 겪으셨다고 들었어요.

이회영 아내는 독립운동에 필요한 자금이 부족해 힘들어 하는 제 모습을 보며 독립 자금을 마련해 보내 주겠다며 임신부의 몸으로 다시 조선으로 들어갔습니다. 하지만 국내 상황 역시 좋지 않았지요. 친인척들 대부분이 몰락하기도 했거니와 일제의 감시와 협박 때문에 도움을 주기도 쉽지 않은 상황이었습니다. 결국 아내는 기생집에서 빨래와 바느질을 하며 한 푼 두 푼 모은 돈을 제가 있는 중국으로 보내 주었지요. 명문가의 안주인이었던 사람이 못난 남편 만나 고생 참 많이 했지요. 그런데 21세기를 살고 있는 독립운동가의 후손들 역시 여전히 힘든 삶을 살고 있는 것 같아 마음이 아플 따름입니다.

아, 독립운동가의 후손들에게 적절한 보상이 이루어지지 않고 있다는 지적이시군요.

이회영 아닙니다. 독립운동에 대한 대가를 말하는 게 아닙니다. 적어도 친일파로 일제 강점기를 보낸 이들은 그 대가를 치렀어야 한다는 말입니다. 그들은 민족을 판 대가로 호의호식했고, 그 후손들은 친일파 조상을 둔 덕에 지금도 호의호식하고 있습니다. 그러나 독립운동가의 자손들은 그때나 지금이나 어려운 삶을 살아가고 있지요. 민족과 나라를 팔면 떵 떵거리고 살 수 있는 나라에서 또 다른 국난이 닥치면 누가 민족을 위해 나서겠습니까. 저는 해방된 조국이 어떤 이념을 선택하든, 어떤 정치 형태를 갖든 상관없었습니다. 그러나 잘못된 행동에 책임을 묻지 못한 과오는 시간이 흘러도 절대 씻을 수 없다는 것을 지금의 후손들에게 엄중히 경고하고 싶습니다.

다른 누구보다 우당 선생님께서 그렇게 말씀하시니 머리가 저절로 숙여집니다.

이회영 (오랜 침묵)

선생님께서는 예술 분야의 재능도 뛰어나셨다고 들었습니다. 단소와 퉁소 연주는 물론이고 특히 난을 치는 재주는 당대 최고였던 흥선대원군에 버금간다고 들었는데요.

이회영 난 치는 것을 즐긴 건 사실이지만 흥선대원군의 경지까지는 이르지 못했던 것 같습니다. 다만 독립운동을 위해서 그 재능을 조금 사용했지요.

독립운동을 위해 사용하셨다니요? 독립운동가들에게 난을 선물해 정신적인 무장을 시키셨다는 뜻인가요?

이회영 흠, 그런 것과는 거리가 좀 있습니다. 저는 당시 고가에 거래되던 대원군의 난 그림을 위조해서 팔았습니다. 그리고 그 돈을 독립운동을 위 **129**

해 사용했지요.

예에? 아니, 조선 최고 명망가의 자손께서 그림을 위조해 유통시키셨다고요?

이회영　제가 한 행동에 대해서 일말의 후회도 없습니다. 작으나마 저의 재능을 팔아서 조국의 독립에 도움이 되고자 했지요. 아, 흥선대원군의 낙관을 직접 파서 가지고 다녔는데, 그 점에 대해서는 이 자리를 빌려 대원군께 사죄의 말씀을 전해야겠군요.

1932년 겨울, 상해에서의 활동을 접으시고 대련으로 이동하셨습니다. 대련항에 도착 후 기다리고 있던 일본 경찰에 의해 체포되셨는데요. 상대적으로 안전했던 상해를 떠나 대련으로 가신 이유가 궁금합니다.

이회영　그 무렵 일본이 대륙 침략의 속내를 보이기 시작했지요. 1931년 만주사변을 시작으로, 다음 해 3월 만주국이라는 이름의 괴뢰국을 만들어 대륙 침략의 야욕을 노골적으로 드러냈습니다. 저는 만주로 들어가는 해상의 관문인 대련을 지나 만주로 가서 교두보를 확보하고자 했습니다. 만주는 신흥무관학교 때부터 독립군들의 성지였지요. 당시에도 많은 독립군들이 활동하고 있었지만 만주국의 출현으로 세력이 많이 위축되어 있었습니다. 특히 양세봉 장군이 이끈 동북의용군은 수백 명의 독립군이 있었지만 새로운 인재와 자금, 조직이 절실했습니다. 또한 일본군에게 아버지를 잃은 만주 군벌 장학량은 저에게 자금과 무기를 지원하기로 약속한 상태였지요.

130　아, 만주에서 활동하던 독립군 조직에 중국인 장학량이 자금과 무기를 대고, 독

립운동의 상징적 인물인 우당 선생님이 함께한다, 수많은 조선의 청년들을 움직일 수 있었겠군요!

이회영　정확히 보셨습니다. 저는 상해를 중심으로 활동하던 저의 조직을 북쪽으로 이동시켜 일본과 전면전을 펼쳐보고자 했습니다. 그 근거지로서 대련을 택한 것이지요.

그런데 아무래도 실현 가능성이 적어 보이는 건 어쩔 수 없네요. 흠, 일본군과의 전면전이라…….

이회영　그렇게 보이실 겁니다. 만주의 의용군에 조선 청년 수천을 더한댔자 수십만 일본군에는 비할 바가 아니지요. 그런데 류 선생님께서 간과한 것이 있습니다.

……?

이회영　바로 중국인들의 마음입니다. 1932년 당시 중국 내에서 가장 영향력 있는 인물은 장개석이었습니다. 그런데 그는 침략하는 일본군에 무저항주의라는 참으로 애매한 태도를 취합니다. 이에 중국인들 사이에서는 애국적 저항운동이 일어나고 있었지요. 만약 우리가 어느 정도 제대로 된 꼴만 갖추었더라면 아마 수백만의 중국인들이 우리와 뜻을 함께했을 겁니다. 그랬다면 만주는 물론이고 국내 진공까지 시도했을지도 모르지요.

그런 큰 뜻이 숨어 있는 줄은 미처 몰랐습니다. 그런데 안타깝게도 대련에 도착한 즉시 악명 높은 뤼순감옥으로 압송되셨지요.

이회영　그랬지요. 제가 간 곳이 뤼순감옥인 걸 알고 한편으로는 다행이

131

라고 생각했습니다.

?

이회영　거기에는 도마와 단재가 있었으니까요.

안중근 선생님과 신채호 선생님 말씀이시군요. 하지만 안중근 선생님은 그 당시 이미 돌아가신 것으로 알고 있는데요?

이회영　맞습니다. 도마는 1910년 그곳에서 형장의 이슬이 되었고, 단재는 3년째 복역중이었지요. 도마의 숭고한 영혼이 깃든 곳이며 오랜 친구인 단재가 함께하는 뤼순감옥이야말로 제 인생을 마감하는 장소로 아주 적격이라고 생각했습니다.

단재 선생님과는 아주 각별하셨죠?

이회영　저와는 뜻이 참 잘 통하는 친구였지요. 또한 뛰어난 글재주로 일제의 간담을 서늘케 하기도 했고. 자신의 신념대로 행동한 아주 멋진 친구였습니다.

자료를 살펴보니 단재 선생님은 36호실에, 우당 선생님은 13호실에 계셨는데요. 혹시 서로 얼굴을 보셨나요?

이회영　아뇨. 보지 못했습니다. 하지만 그가 제 곁에 있음을 느낄 수 있었습니다. 일제의 압력에도 굴하지 않는 그의 당당한 신념이 뤼순감옥에 메아리쳐 울리고 있었으니까요.

선생님께서는 대련에서 체포되신 지 5일 만에 재판도 없이 교수형을 당하셨지요.

이회영　조국을 떠나던 때부터 매일매일 죽음을 생각하며 살았습니다. 저에게 주어진 66년이라는 짧지 않은 인생을 가치 있게 살았으니 더 이상 여한은 없었습니다. 대련에서 뜻을 이루지 못한 것이야 천추의 한이지만 5일 만에 세상을 떴으니 모진 고문은 피할 수 있었지요.

휴······ 정말 뭐라 드릴 말씀이 없습니다. 그럼 이제 마지막 질문을 드릴게요. 선생님께서는 다시 돌아가고 싶은 삶의 한 순간이 있으신가요? 만약 그때로 돌아갈 수 있다면 무엇을 어떻게 바꾸고 싶으신가요?

이회영　다시 돌아갈 수만 있다면, 1910년으로 돌아가고 싶군요. 다시 돌아갈 수만 있다면, 우리 6형제뿐 아니라 더 먼 친척들까지 설득해서 더 많은 독립 자금을 마련해 만주로 떠나고 싶습니다. 그랬다면 조국에 독립을 안겨 줄 단 한 사람의 독립투사라도 더 양성할 수 있었을 테니까 말입니다.

오늘 나눈 말씀들 제 마음에 깊이 새기고 삶의 길잡이로 삼겠습니다.

이회영　학생들의 바른 역사관 정립을 위해 더욱 힘써 주시길 간곡히 부탁드립니다.

이.회.영.

수백억대 재산을 자식들에게 물려주며 세금을 적게 내기 위해 온갖 불법과 편법을 자행하는 이 시대의 재벌들, 수백억 재산을 민족의 독립을 위해 아낌없이 바친 이회영과 6형제…… 참 많이 비교된다.

'잘 산다'는 말의 뜻이 '소신을 지키며 바르게 산다'가 아닌, 경제적으로 부유하게 산다는 뜻이 되어 버린 시대. 우당 이회영이 보여 준 민족을 위해 헌신하는 삶의 모습은 부끄러운 시대를 살고 있는 우리를 더욱 부끄럽게 만든다.

한일강제병합 직후 '권력'이란 것을 가진 이들은 하나같이 자신의 구차한 안위를 위해 앞장서서 조국을 판 대가로 일본 제국주의가 하사하는 은사금 받기에 혈안이 되어 있었다. 그리고 그 자손들은 지금 우리와 같은 땅에서 숨 쉬며 하나같이 경제적 우위를 바탕으로 사회 지도층으로서 군림하고 있다. 다른 한쪽에는 우리나라 최고의 신분으로 태어나 출생과 동시에 누리게 된 경제적, 정치적, 사회적 특권을 과감히 버리고 조국을 위해 모든 것을 바친 뒤 역사 속으로 사라진 이들의 자손들이 있다.

나라를 팔아 모은 친일파 자손의 재산을 '재산권 침해'라는 이유로 환수할 수 없다는 사법부의 판결을 보며 그들 선조들이 자행한 '민족권 침해'에 대해서는 왜 일언반구도 없는지 나는 묻고 싶다. 전 재산을 팔아 나라의 독립에 쓴 선조를 두고도 그가 구한 나라에 살고 있는 그의 자손들의 삶이 왜 여전히 혹독한 겨울이어야 하는지 나는 묻고 싶다.

지금 이 나라가 존재할 수 있었던 이유, 이회영과 같은 독립운동가들의 헌신에 보답하는 적극적인 제도가 마련되지 않는 한 대한민국 사회에 더 이상 이회영과 같은 진정한 귀족의 등장은 기대하기 힘들 것이라고 감히 말하고 싶다.

여운형과의
인터뷰

여운형

아버지 여정현과 어머니 이씨 사이에서 넷째 아들로 태어났다.
호는 몽양夢陽이다.

1901
배재학당,
흥화학교 중퇴

1907
• 기독교 입교
• 경기도 양평에 광동학교 설립

1910
강릉 초당의숙에
교사로 초빙

1886
경기도 양평군
양서면에서 출생

1902
우무학당(관립 우체학교)
입학

1908
• 국채보상운동 지회 설립
및 순회 연설
• 조상 신주를 땅에 묻고
노비를 해방함

1911
• 일본 연호 사용 거부로
초당의숙에서 쫓겨남
• 평양장로회신학교 입학
(2년간 수학)

1930
서울지방법원에서
징역 3년을 선고 받음

1934
대한체육회
(전 조선체육회)
회장 취임

1944
일제의 패전을 예상하고
서울에서 조선건국동맹을
결성한 뒤 전국적으로
확대하여 농민동맹,
부인동맹 등을 결성함

1929
• 상해 복단대학 축구단을 이끌
고 싱가포르, 마닐라 등지에
서 영국과 미국 식민 정책을
통렬히 성토하는 강연을 함
• 상해에서 일본 경찰에 체포되
어 본국으로 압송

1933
1932년 출옥 후
〈조선중앙일보〉
사장직 취임

1936
베를린 올림픽
마라톤에서 우승한
손기정 선수의 일장기
말소 사건으로
〈조선중앙일보〉 폐간

1945
• 광복 후 조선건국준비위원회
를 조직하고 위원장에 취임
• 조선인민공화국 부주석으로
추대됨
• 건국동맹을 모태로 조선인민
당을 조직하여 당수직을 맡음

중국 남경에서 활동하며
금릉대학 영문과 입학
(3년간 수학)

1914

• 김규식을 파리 강화회의에 파견(1월)
• 임시정부 입법 기관인 임시의정원에서
  외무부 차장직 맡음
• 일본 정부의 초청으로 일본을 방문하여
  일제 고위 관리들과 여러 차례 회담하면
  서 일제의 자치제 제안을 반박하고 즉시
  독립을 주장

1919

레닌, 트로츠키와 회견 때
독립에 필요한 원조를 요청함

1922

1918

상해에서 신한청년당을
조직하여 광복 운동을 시작함

1920

• 상해를 방문한 미국 국회의원
  100여 명 앞에서 한국 독립을
  역설함
• 상해에 인성학교 설립

1924

중국국민당 가입

• 평양을 방문하여 조만식, 김일성과 만남
• 김규식 등과 함께 미·소 공동위원회 재개와
  성공을 목표로 좌우합작운동 전개
• 조선인민당 당수직을 사임하고 사회노동당
  준비위원회 위원장 등으로 활동하다 정계 은
  퇴 선언

1946

서울 우이동에서
공식 추모식이 열림

1965

건국훈장
대통령장 추서

2005

1947

• 우파 세력의 신탁 통치 반대 운동과 좌파 세
  력의 편협성을 비판하는 담화를 발표하면서
  정계에 복귀하여 근로인민당을 창당하고 김
  규식 등과 함께 통일정부 수립을 위해 노력
• 7월 19일 혜화동 로터리에서 괴한의 피격
  으로 사망
• 통일되는 날 장사를 지내기 위해 시신을 방
  부 처리함

1990

북한으로부터
조국통일상 추서

2008

건국훈장
대한민국장 추서

잠깐, 인터뷰 전에 먼저

신한청년당(1918~1922)

1918년 독립운동가들이 상해에 모여 조직한 단체로서 해외 독립운동 단체 중 가장 오래되었다. 여운형이 당수이며 장덕수, 선우혁, 조동호 등이 발기했다. 당의 강령은 대한독립, 사회개량, 세계대동이다. 1918년 12월 독립청원서를 미국의 윌슨 대통령에게 전달하고, 1919년 1월에는 김규식을 파리강화회의에 파견해 조선의 독립을 촉구했다. 또 일본과 러시아 등에 여운형 등을 보내 국제적인 네트워크를 형성했다. 이들의 활동은 일본 유학생들의 2·8독립선언에 영향을 미쳤으며 한국에서 3·1운동이 일어나는 데도 적지 않은 영향을 끼쳤다. 기관지로 〈신한청년〉을 창간하여 해외 동포들의 독립 정신을 고취하였다. 1918년 8월 초에 프랑스 조계 안에 임시 독립 사무소를 설치했는데, 이것은 뒤이어 결성된 상해 대한민국 임시정부의 모체가 되었다. 신한청년당과 임시정부의 외교 활동이 혼란을 일으키자 임시정부 측이 해산을 요청해 1922년 12월 자진 해산하였다.

장덕수(1894~1947)

독립운동가이자 교육자, 언론인이다. 일본 유학 후 귀국, 상해로 건너가 신한청년당과 상해 임시정부에 가담하였다가 귀국 후 체포되어 전라남도 신안군 하의도에 유배되었으나 일본의 초청을 받은 여운형의 통역을 맡으면서 풀려났다. 1928년 컬럼비아대학교에서 철학박사 학위를 받았고 1934년 대한민국 임시정부에서 재무위원직을 맡았다. 1936년 〈동아일보〉 부사장이 되었다가 베를린 올림픽 마라톤 우승자 손기정 선수 사진에서 일장기를 삭제하는 사건으로 사임하였다.
광복 후에는 송진우 등과 한국민주당을 창당하여 당 정치부장을 역임하였다. 1947년 12월 2일 자신의 집에서 현직 경찰 박광옥에게 암살당했다.

조선건국준비위원회(1945)

1945년 8·15광복과 함께 조직되었던 최초의 건국 준비 단체이다. 1945년 8월 초 일본의 패배가 확실해지자 조선총독 아베는 한국에 있는 일본인들의 생명과 재산을 보호해 줄 협상자를 찾고 있었고 당시 건국 준비를 위한 대표 기관과 정치 세력 형성의 필요성을 느끼고 있던 여운형이 그에 동조함으로써 협상이 이루어지게 되었다. 1945년 8월 15일 여운형과 안재홍 등은 즉각 건국치안대를 조직하고, 건국동맹 간부를 중심으로 조선건국동맹을 모체로 한 조선건국준비위원회(약칭 건준[建準])를 발족시켰다.
건준은 8월 17일 위원장에 여운형, 부위원장 안재홍, 총무부장 최근우, 재무부장 이규갑, 선전부장 조동호, 조직부장 정백, 무경부장 권태석 등을 임명한다. 9월 6일 경기여자중학교에서 열린 전국 인민대표자회의에서 조선인민공화국 임시 조직 법안 통과 후 조선인민공화국 수립을 발표하며 해체되었다. 10월 10일 미군정청에서 조선인민공화국의 승인을 거부하자 조선인민공화국은 자동 해체되었다.

김규식(1881~1950)

1881년 1월 29일 부산 동래에서 태어났다. 동래부사의 막료로 있던 아버지가 청나라 원세개의 내정 간섭을 비판하는 상소문을 올려 귀양을 가게 되고 어머니마저 사망하여 6세의 나이에 고아가 되었다. 이후 미국인 선교사인 언더우드 목사 부부 가정으로 입양되어 미국 프린스턴대학원에서 영문학 석사학위를 받는 등 서양식 근대 교육을 받았다. 특히 영어, 불어, 중국어, 일어, 라틴어 등 외국어 실력이 뛰어났던 것으로 알려져 있다. 1919년 여운형, 조소앙 등과 함께 신한청년당을 조직하여 대한민국 임시정부 대표 명의로 탄원서를 작성, 파리강화회의에 제출하였고, 대한민국 임시정부 외무총장직을 맡아 전권대사로 참석하여 일본의 조선 침략을 규탄하였다. 광복 이후 남북 분단을 우려한 뜻 있는 인사들과 함께 남북한 통일정부 수립을 위한 좌우합작운동을 벌였다. 김규식과 여운형 등이 중심이 되어 1946년 10월 '좌우합작 7원칙'을 발표하였다. 1948년 2월 이승만의 남한 단독 정부 수립안에 반대하고, 김구와 연합하여 남북 협상을 제안하는 등의 건국 기초 작업에 힘썼다. 1989년 대한민국장이 추서되었다.

여운형

거침없는 평등주의자

안녕하세요, 선생님! 이렇게 뵙게 되어서 반갑습니다.

여운형 저야 말로 반갑습니다. 몽양 여운형입니다.

선생님께서는 몽양이라는 호와 여운형이라는 이름 중에 무엇이 좋으신지요?

여운형 제 이름도 좋지만 몽양夢陽이라는 호가 정말 마음에 듭니다. 할아버지께서 지어 주셨는데, '태양이 떠오르는 꿈을 꾸고 낳았다'는 뜻이지요.

호에서부터 해방 정국의 민족 지도자다운 느낌이 물씬 풍기는군요. (웃음)

여운형 그렇습니까? 당시라면 그 말씀이 어느 정도 맞았을지 몰라도 지금 대한민국에서 제 이름을 기억하는 분들은 별로 없을 것 같은데요.

사실 역사라는 과목을 가르치는 교사로서 그 점이 몹시 안타까웠는데요. 오늘 139

이 자리가 몽양 선생님을 알리는 중요한 자리가 되기를 희망해 봅니다. 먼저 어린 시절 이야기를 좀 들려주시겠어요? 어린 시절부터 화를 자제하는 법을 아셨다고 들었는데요.

여운형　저는 양반 가문 출신이었지만 소론 계열이어서 권력의 주류와는 거리가 멀었습니다. 또 넷째로 태어났지만 위의 세 형님 모두 어린 나이에 일찍 세상을 떠났기 때문에 집안의 종손으로 성장했지요.

제 나이 10살 무렵에 부모님께서 아주 사소한 일로 심하게 다투신 적이 있었습니다. 주변 친지들이 말려야 할 정도로 큰 싸움이 되었지요. 어린 제가 생각하기에도 그 싸움의 원인은 너무나 사소한 것이었습니다. 그래서 화가 치밀어 오를 때는 입술을 깨물고 조금만 참으면 화가 많이 진정된다는 것을 명상을 통해 깨닫게 되었지요.

신분제에 대해서도 남다른 생각을 가지셨다고요.

여운형　한 번은 남의 과수원에서 과일을 서리하다가 들켜서 도망친 일이 있었습니다. 급히 도망치다 나뭇가지에 얼굴이 긁혔는데 남의 것을 훔치다 그렇게 되었으니 창피해서 아무 말도 못하고 있었지요. 그런데 제 얼굴을 본 아버지께서 자초지종을 물으시더니 저를 꾸짖는 게 아니라 과수원으로 달려가 저를 상하게 한 나무를 도끼로 찍어 버리시는 게 아니겠습니까. 누가 봐도 제가 잘못한 일인데 말입니다. 그때 많은 생각을 하게 되었지요. 양반과 상민, 천민으로 구분되는 계급의식에 대해서 말입니다.

양반 사회에서 양반으로 태어난 분께서 상민과 천민을 같은 인간으로 생각하셨다는 것 자체가 당시에는 대단한 일 아닌가요? 말을 타고 농촌을 지날 때 농부

들이 밥을 먹고 있으면 먼지라도 날릴까 항상 말에서 내려 조심스럽게 지나다 니셨다는 일화가 인상적이었습니다. 또 노비와 상민의 장례는 더욱 신경을 쓰셨을 뿐 아니라 상민 소년의 관을 직접 들고 장례에 참여하신 이야기도 들었습니다. 그리고 결국 선생님 가문의 노비들을 완전히 해방하셨죠?

여운형 1908년 아버님의 3년 상을 치른 해 3월이었습니다. 제 스스로 상투를 잘랐지요. 그리고 조상들을 모신 신주 단지를 땅 속에 묻고 집안의 노비 문서를 불태워 노비를 완전히 해방시켰습니다.

1908년이면 법적으로는 신분제가 사라진 이후 아닌가요? 1894년 갑오개혁으로 신분제도는 사라진 것으로 아는데요.

여운형 법적으로 노비제가 사라진 것은 갑오개혁 때가 맞습니다. 그런데 사회적, 관습적으로 사라지진 않았지요. 엄연히 노비들이 존재하고 있었습니다. 현실과 제도의 괴리는 늘 있게 마련이니까요.

노비를 해방할 당시 주변 친지들의 반응이 궁금하군요. 이미 굳어져 버린 관습을 하루아침에 벗어나기란 쉽지 않았을 텐데요.

여운형 말도 못했지요. 패륜아라는 소리도 듣고…… 어른들에게 간곡히 말씀을 드렸지요. "신주나 모시고 사당을 지키고 형식상 제사나 드리는 것이 조상에 대한 효도일까? 오히려 인간으로서 바르게 살아가는 것, 조상에 욕됨이 없게 하는 것이 진정으로 조상을 받드는 길이다. 또 인간은 날 때부터 자유·평등하며 생존권은 신성불가침이다. 선진 국가들에서는 인간적 권리가 존중되고 있는 이때에 우리나라만이 노예제도를 유지할 아무런 이유도 없다. 미국과 같은 나라에서는 링컨 대통령이 40여 년 전에 **141**

벌써 노예를 해방시켰다. 시대의 조류는 조만간 인간 세계의 여러 모습을 그대로 두지 않을 것이다. 낡은 껍데기를 벗지 못하면, 국가도 개인도 쓰러지고 만다. 양반과 유교 때문에 나라가 이 꼴이 되지 않았는가?"

결국 설득은 못했지만, (웃음) 상관없었습니다. 제가 선택한 행동이 옳다고 확신했으니까요.

노비를 풀어 주신 데에는 종교적인 이유도 있었나요?

여운형　저는 1907년에 기독교에 입문했습니다. 아버님이 돌아가시고 하나밖에 없는 동생(여운홍)이 유행성 열병에 걸려 생사를 오가고 있을 때 저는 오직 동생을 살리기 위해서 기도했습니다. 그런데 놀랍게도 죽음의 문턱을 오가던 동생이 기적처럼 살아났고, 그 이후 교회에 대한 관심이 더욱 높아졌지요. 그리고 애국 계몽운동에 참여하면서 기독교 단체인 신민회에 들어가게 되었고 기독교가 주장하는 평등사상에 확신을 갖게 되었습니다.

풀어 준 노비들에 대한 일화도 재미있게 들었는데요.

여운형　어느 날 동네에서 길을 가는데 우리 집의 노비였던 몇몇이 저에게 시비를 걸어 왔습니다. 인간은 평등하다고 생각하며 살았지만 그들의 예의 없는 행동에 순간 화가 치밀어 오르더군요. 하지만 어린 시절에 깨달은 대로 조금 참았다가 한마디 하고 자리를 떠났습니다.

시원하게 욕이라도 한마디 하셨나요?

여운형　(웃음) "예수는 내가 믿고 복은 네들이 다 받는구나!"라고 해 주었지요.

선생님의 이력을 보니 배재학당, 흥화학교, 우무학당, 평양장로회신학교, 중국의 금릉대학교 등 여러 학교에 입학은 했지만 졸업한 곳이 단 한 곳도 없으신데요. 특별한 이유가 있나요?

여운형 특별한 이유라기보다 당시 상황이 그랬던 것 같습니다. 1900년에 제가 처음 들어간 학교가 배재학당입니다. 배재학당은 미국인 선교사 아펜젤러가 세운 학교로 기독교 미션 스쿨이었지요. 그곳에서 많은 사람들을 만나고 서양 학문을 배우는 일이 매우 즐거웠습니다. 당시 학교에는 주일마다 교회에서 예배를 드리는 교칙이 있었는데 저는 친구들과 뒷동산에서 노느라 종종 예배를 빼먹었지요. 그러던 어느 날 담임선생님께 발각이 되었고 조금 심하게 체벌을 받았습니다.

체벌 때문에 학교를 떠나신 건가요?

여운형 전혀 아닙니다. 교칙을 어겼으니 벌을 받는 건 당연하지요. 그런데 교회를 빠졌느냐는 선생님의 질문에 정직하게 답한 저는 매를 맞고 교회에 가지도 않았으면서 갔다고 거짓말을 한 아이들은 체벌에서 제외가 되었던 겁니다. 부당하다고 생각한 저는 몇 차례 선생님을 찾아가 시정을 요구했지만 별다른 조치는 취해지지 않았지요. 그리고 저는 저항의 의미로 자퇴를 결정했습니다.

배제학당은 그렇다 치고, 그다음에 들어간 흥화학교와 우무학당은 어떤 이유로 졸업을 하지 않으신 건가요?

여운형 1901년 민영환 선생님께서 설립한 흥화학교에 들어갔지만 주체적인 삶을 살기 위해서는 자신만의 직업을 가져야 한다는 아버님의 추천

143

으로 다시 국가에서 운영하는 우무학당에 들어가게 되었습니다. 지금으로 말하면 관립우체학교였던 그 학교는 졸업과 동시에 상당히 많은 월급을 받는 일을 할 수 있었지요. 그러나 학교가 일본의 손에 넘어가면서 나오게 되었습니다.

아버지의 친구를 역적으로 표현했던 것이 이 학교와 관련 있나요?

여운형　맞습니다. 저는 학교가 일본의 손에 넘어가자 주변 학생들을 모아 반대 운동을 펼쳤습니다. 그것 때문인지는 몰라도 일본은 저에게 기술관 채용이라는 미끼를 던지며 유혹을 해왔습니다.

당시 양반이셨던 몽양 선생님에게 기술관이라는 직책이 그렇게 매력적이진 않았을 것 같군요.

여운형　아닙니다. 당시 우무국 기술관의 한 달 월급이 30만원 정도였는데, 당시로서는 상상하기 힘든 엄청난 금액이었습니다. 특히 아버지께서 그 자리를 아까워하셨죠. 제가 계속해서 그 자리를 거부하자 아버지의 친구 분이셨던 이 진사께서 찾아와 끝도 없이 권고하셨습니다. 한 두 번은 예의 바르게 사양했지만 경제 논리와 일본 제국의 힘에 대해 역설하며 설득이 계속되자 화가 나서 "이 진사는 역적"이라고 아버지께 말씀 드렸지요.

아버지의 친구를 역적으로 표현하시다니 정말 거침이 없으십니다. 자료를 보니 선생님께서는 술, 담배를 평생 하지 않으셨다고요?

여운형　어린 시절에는 참 즐겨했습니다. 그런데 1907년 국채보상운동에 참여하면서 술과 담배는 평생 다시 하지 않았습니다. 민족의 독립 전에는 술과 담배를 하지 않겠다고 다짐했지요.

그렇다면 1945년 독립 이후에는 하셨다는 말씀인가요?

여운형　1945년의 독립은 완전한 독립이 아니었잖습니까? 그래서 몇몇 친구들과 자리가 있었지만 통일 이후로 미루었죠. 물론 통일을 보지 못하고 세상을 떠났으니 결국 평생 하지 않은 셈이지요.

평양장로회신학교를 거쳐 남경에 있는 금릉대학까지 가시게 되었죠.

여운형　기독교 신앙을 받아들이고 그에 대한 갈급이 너무 컸습니다. 그래서 1911년 평양장로회신학교에 입학을 했지요. 그때부터 1913년까지 승동교회에서 전도사 활동도 병행했습니다. 하지만 일제의 간섭과 방해가 점점 심해져 집안의 재산을 정리하고 중국 유학길에 올랐지요. 거기서도 원래는 신학을 배우고자 했지만 신학과가 없어서 대신 영문학을 배웠습니다. 3년 정도 공부했는데 모든 과정을 수료한 게 아니었기 때문에 졸업장은 받지 못했습니다. 그때는 졸업을 하기 위해서가 아니라 그 학문이 조금이라도 민족의 독립에 도움이 되었으면 하는 마음에 공부를 했던 터라 굳이 졸업장에 얽매이지 않았습니다. 그 정도 배웠으면 충분하다고 생각했지요.

이념보다 위에 있는 것

선생님께서는 1918년 신한청년당을 조직하셨습니다. 이 조직은 파리강화회의 **145**

에 김규식을 파견하고, 장덕수와 이광수를 일본에 파견하여 2·8독립선언을 하도록 준비시켰죠. 몽양 선생님께서는 직접 만주로 가셔서 그곳의 독립지도자들과 무오독립선언을 하셨고요. 이러한 사실을 토대로 한 원로 사학자는 '신한청년당은 3·1운동의 진원이요 뿌리', '신한청년당의 대표는 여운형이다', 그러므로 '3·1운동의 뿌리는 여운형이다'라는 3단 논법에 의한 결론을 유도해 내더군요. 이러한 결론에 대해 선생님께서는 어떻게 생각하십니까?

여운형   우리 민족 최대의 저항운동이었던 3·1운동에 제가 도움이 되었다고 말씀해 주시니 무척 영광스럽습니다만, 3·1운동의 뿌리가 여운형이라는 결론에는 동의할 수가 없군요. 제가 신한청년당의 당수였던 것도 맞고, 당시 신한청년당이 3·1운동을 위해서 노력한 것도 사실이지만, 3·1운동의 주인이자 뿌리는 일제의 가혹한 탄압에 분연히 일어난 우리 민족, 민중이지요. 저 자신은 결코 거기에서 주인공일 수 없습니다.

1919년 상해 임시정부에서 외무부 차장직을 맡으셨고, 같은 해 11월에 일본 정부의 초청으로 동경을 방문하셨어요. 어떻게 일본 정부가 임시정부 요원을 초청할 수 있었는지 이해가 잘 안 되는데요. 또한 자칫하면 일본행이 선생님의 독립운동 이력에 치명적인 오점으로 남을 수도 있지 않을까 걱정도 되셨을 것 같은데요.

여운형   무슨 말씀인지 다 이해가 갑니다. 일본 정부가 저를 초청한 이유는 먼저, 대한민국 임시정부를 분열시키려는 것이었습니다. 또한 국제사회에 식민지의 대표와 대화하는 모습을 보여 줌으로써 일본의 제국주의 지배 논리를 합리화하려는 목적이 있었지요.

**청춘의
완터뷰**

그걸 알면서도 일본 정부의 요구를 받아들이신 이유가 궁금한데요.

여운형 　저는 신변을 보장하고 운신의 자유를 허락할 것과 언론을 통제하지 말 것, 통역은 우리 측 장덕수가 할 것, 그리고 돌아오는 길에 조선을 경유할 것 등 네 가지 조건을 걸었습니다. 일본은 이 조건을 모두 수락했고 이러한 조건 속에서 일본 정치의 수뇌부를 만나면 독립을 위한 국제적 여론을 환기시키기에 둘도 없는 좋은 기회가 될 것이라고 생각했습니다. 또 저의 신념과 자질을 시험해 볼 수 있는 계기라고 여겼지요.

선생님의 의도가 아무리 순수했다 하더라도 당시 상해에 있던 독립운동가들의 반대가 만만치 않았을 것 같은데요?

여운형 　찬반양론이 분분했지요. 임시정부의 원로들은 제가 일본행을 단행할 경우 무력을 사용해서라도 막겠다고 격렬히 반대했습니다. 하지만 안창호, 윤형진 등 청장년층 운동가들이 저를 지지해 주었지요. 특히 도산 안창호 선생님께서는 여비 300원을 마련해 주시기까지 했습니다.

장덕수 선생께 통역을 맡기신 이유가 있나요?

여운형 　장덕수는 저의 막역한 동지이자 독립투사이기도 했고, 와세다대학을 다니던 시절 웅변대회에서 일등을 할 정도의 훌륭한 연설 솜씨를 가지고 있었지요. 당시 조선에서 연금 생활을 하고 있었던지라 이 기회에 석방 시킬 수 있다면 일거양득이라고 생각했습니다.

동경 제국호텔에서 강연회를 할 당시 일본 장관이었던 고가가 이런 말을 했다고 들었습니다. "나 개인은 합병을 반대하였다. 그러나 이미 합병이 된 이상 개 　**147**

인의 의사는 소멸되었다. 한일합병은 회사합병과 같다. 한 회사가 실력이 부족하면 실력 있는 회사에 합하는 것이 쌍방에 이익이다!"

여운형　저는 이렇게 말했던 것으로 기억합니다. "한일합병을 회사합병에 비유하는 것은 억지다. 한일합병이 결코 우리 민족의 의사로 된 것이 아니요, 일본의 총칼 위협 밑에서 벌어진 소수 당국자, 즉 열도 못 되는 매국역적들의 소행이었지 당시 주권자의 진정한 의사가 아니었다. 합병 직후 각처에서 봉기한 의병운동과 최근 3·1운동이 이를 증명한다. 회사합병으로 말하면 작은 것은 큰 것에 반드시 손해를 입게 마련이다. 미국의 석유회사가 상업정책으로 무수한 작은 회사를 합병하여 치부致富하는 것이 그 실례이다. 우리는 자손만대의 번영과 행복을 위해, 동양 평화를 위해 기필코 독립을 쟁취할 것이다. 만일 동양 단결과 동양 평화의 필요를 아는 사람이라면 조선 독립을 가장 긴급한 문제로 삼아야 할 것이다."

강연회에서 논리로 몽양 선생님을 이길 수 없자 일본은 조선군사령관 우쓰노미야, 조선총독부 정무총감 미즈노, 체신대신 노다, 육군대신 다나카 등 군·정계의 거물들을 참석시켰다고 들었습니다. 그중에서 육군대신 다나카의 말이 몹시 위협적이었다고 들었는데요.

여운형　이렇게 말하더군요. "우리 일본은 천하무적인 3백만의 막강한 병력이 있다. 해군 함대는 사해를 휩쓸고 있다. 조선은 일본과의 전쟁에서 용기가 있는가? 만일 조선인들이 끝까지 반항한다면 2천만 정도의 조선인쯤이야 일시에 없애 버릴 수도 있다."

논리는 없고 무력은 앞서 있는 일본이 거의 협박에 가까운 언사를 했군요. 어떻

여운형　"그대도 글을 읽는 사람이면 '삼군지수^{三軍之帥}는 가탈^{可奪}이언만 필부지지^{匹夫之志}는 불가탈^{不可奪}'이라는 말(삼군의 장수는 빼앗을 수 있어도 하찮은 한 지아비의 뜻은 빼앗을 수 없다)의 진의를 알 것이다. 2천만 명을 일시에 죽일 수도 있고 여운형의 목을 순간에 벨 수도 있을 것이다. 그러나 2천만 명의 혼까지는 죽일 수 없을 것이요, 여운형의 마음까지 벨 수는 없을 것이다. 하물며 여운형이 지닌 굳은 조국애의 일편단심과 독립정신까지 벨 수야 있겠는가?"라고 말했습니다.

다나카도 물러나지 않고 "조선은 자치 정부를 수립하여 일본과 제휴하는 것이 현명할 것이다. 조선이 일본과 제휴하면 부귀를 누릴 것이요, 그렇지 아니하면 무자비한 탄압이 있을 뿐이다. 만세를 불러서 독립이 될 줄 아는가? 또 일본이 허락할 줄로 아는가?"라고 말했다죠.

여운형　"호화롭기를 세계에 자랑하던 타이타닉호가 대서양에서 물 위로 100분의 9밖에 안 보이는 빙산덩이를 무시하고 돌진하다가 빙산에 부딪혀 침몰하고 말았다. 물속 열 배 이상의 큰 덩이를 생각지 못한 결과이다. 그대들은 이와 같은 만용의 우를 타산지석으로 삼아야 할 것이다. 조선인이 부르짖는 독립 만세는 물 위로 나온 빙산의 일각이다. 이를 무시하면 세계 인류의 정의에 부딪혀 멸망의 구렁텅이에 빠지고 말 것이다"라고 응수해 주었습니다.

다나카가 발끈했겠는데요?

여운형　일본이 망하면 동양 전체가 망한다며 흥분한 그에게 말해 주었지

149

요. "조선 속담에 '초가삼간 다 탄대도 빈대 죽는 것이 시원하다'는 말이 있다. 동양이 다 망하여도 일본이 망하는 것을 통쾌히 생각하는 것이 우리 조선 민족의 솔직한 심정이다."

이건 상대가 안 되는 싸움이었군요. 논리면 논리, 분위기면 분위기, 모든 면에서 일본을 압도하셨네요. 당시 선생님을 수행했던 최근우는 그때의 상황을 이렇게 술회했더군요. "몽양과 다나카를 속으로 비교해 보니 저편은 연장자요, 주권국의 대신이요, 군국 권위의 총수인데, 여기는 나이 젊고 식민지인이요, 피압박민이다. 더구나 저편은 일본 강자의 열석列席이 아니던가. 그럼에도 불구하고 몽양은 그 좌석을 압도적으로 휘어잡고 분위기를 무섭게 내리누르며 정의로 싸우는데 나는 처음으로 통쾌함을 느꼈다. 정의가 무섭다는 것을 그때 목도했고 새삼 깨달았다."

마지막 기자 회견인 제국호텔에서의 연설에 유수의 신문사들이 '일본 전역을 흔들어 놓았다'고 평가했지요. 선생님의 일본행에 회의적이었던 임시정부는 독립신문 논설에 '독립운동사에 있어 유래 없는 성과'라고 대서특필했고요. 1919년 11월 28일 〈마이니치〉 신문에 실렸던 연설 내용을 다시 한 번 들려주시겠어요?

여운형 "주린 자가 먹을 것을 찾고 목마른 자가 마실 것을 찾는 일은 자기의 생존권을 위한 인간 자연의 원리이다. 이것을 막을 자가 있겠는가! 일본인이 생존권이 있는데 우리 한민족만이 홀로 생존권이 없을 수 있겠는가? 일본인이 생존권이 있다는 것을 한국인이 긍정하는 바요, 한국인이 민족적 자각으로 자유와 평등을 요구하는 것은 신이 허락하는 바이다. 일본 정부는 이것을 방해할 무슨 권리가 있는가! 세계는 약소민족 해방, 부인 해방, 노동자 해방 등 세계 개조를 부르짖고 있다. 이것은 일본을 포함한 세계적 운동이다. 한국의 독립운동은 세계의 대세요, 신의 뜻이요, 한민족의 각성이다!"

지금 이 시대에 들어도 전혀 빈틈없는 완벽한 연설입니다. 일본의 지식인들도 선생님의 교양과 학식에 탄복했다는 말이 이해가 가는군요. 그런데 선생님께서 일본을 떠나신 후에 일본 정계에 엄청난 후폭풍이 몰아쳤다고 들었어요.

여운형　당시 총리대신이었던 하라를 비롯한 7명의 대신들이 불령선인不逞鮮人* 1호 인물을 일본 땅에 불러들이고 독립을 외치게 했다는 야당 의원들의 비난에 답하기 위해 수십 번이나 의회 단상에 올랐다고 들었습니다.

일본에서 돌아오신 후 중국과 소련 등지에서 쉼 없이 활동하셨는데요. 조금 이해하기 힘든 일을 하셨어요. 기독교 사역자로 활동하셨던 선생님께서 공산당에 가입하셨고 그 때문에 평생 좌파의 이미지를 벗어나지 못하셨죠. 기독교 신앙의 바탕은 유일신이고 공산주의의 바탕은 무신론으로 서로 상충되는데, 기독교 신앙을 버리신 건가요?

여운형　아닙니다. 1907년 처음 기독교 신앙을 가진 이후부터 단 한 번도 기독교 사상을 떠나 본 적이 없습니다. 기독교 신앙과 반대되는 공산당에 관심을 가지고 가입했던 이유는 코민테른(국제 공산당)이 우리 민족의 독립에 도움을 줄 수 있다고 판단했기 때문입니다.

저는 1922년 전 세계 공산당의 총책인 레닌과 트로츠키를 만났습니다. 그

---

*　불온하고 불량한 조선 사람이라는 뜻으로 일제 강점기에 일본인들이 우리나라 사람을 낮잡아 부르던 말.　**151**

들에게 조선의 독립에 대해 말하자 "한국에서는 공산주의 혁명을 추진할 것이 아니라 민족주의 운동에 주력해야 한다"고 강한 어조로 충고하더군요. 전 세계적으로 세력을 키우고 있는 이들과 함께한다면 조선의 독립을 하루빨리 앞당길 수 있겠다고 생각했지요. 그러한 이유로 공산당에 가입한 것이지 종교적 신념이 바뀌었던 것은 아닙니다. 공산주의의 창시자인 마르크스는 종교란 지배층이 피지배층을 억압하기 위해 만들어 낸 허상에 불과하다고 주장하며 무신론, 즉 유물사관을 주장했지요. 신의 섭리에 의해서 역사가 진행되는 것이 아니라 보이는 물건의 발달에 따라서 역사가 진화하듯 발전한다는 것입니다. 저는 이러한 마르크스의 신념과 종교관을 인정한 것이 아니라 그들의 세력을 이용하고자 한 것입니다.

중국 국민당에도 가입하고 중국 공산당을 돕기도 하셨는데 이것도 같은 맥락인가요?

여운형　물론입니다. 중국의 국민당과 공산당에 두루 친분을 쌓아 두었습니다. 조선의 독립에 도움을 줄 수 있는 세력들이기 때문이었죠.

선생님에게 이념은 그리 중요한 것이 아니었군요.

여운형　한 인간이 가진 생각과 신념이 어찌 중요하지 않을 수 있겠습니까? 그러나 당시 우리 민족이 처한 현실 속에서 저는 개인의 신념과 이념보다 민족이 우선한다고 생각했습니다. 독립이라는 목적을 이룰 수 있다면 어떤 사상도 어떤 조직도 받아들일 수 있었습니다. 저에게 최우선은 민족이었으니까요.

활발하게 국외 활동을 하시다가 1929년 갑자기 국내로 들어오셨는데 어떤 계기가 있었나요?

여운형   별 다른 계기는 없고, 상해에서 일본 경찰에 잡혀서 국내로 송환되었지요.

당시 중국 상해는 조계지*가 아니었나요? 조계지에서 일본 경찰이 활동할 수 없었을 텐데요?

여운형   동남아시아 순방 당시 영국 제국주의에 대해 신랄하게 공격했던 적이 있었는데 아마 그 때문에 영국 정부에 미움을 샀던 것 같습니다. 1929년 7월 상해 대마로 야구장에서 야구 경기를 관람하고 있었는데 일본 경찰이 저를 겹겹이 포위했지요. 일본 경찰과 실랑이를 벌이던 중 누군가의 손에 귀를 맞아서 그 뒤로는 평생 한쪽 귀로만 듣게 되었습니다. 10여 분간 실랑이를 벌이다가 결국 영국 경찰에게 체포되었지요. 그들은 제가 정치인이기 때문에 일본에 넘기지 않겠다고 약속했지만, 하루 만에 일본 영사관에 넘겨졌습니다.

국내로 돌아와서 3년 가까이 복역하셨죠. "옥살이 3년에 나는 병쟁이가 되고 늙은이가 되어 버렸다"고 자탄하셨습니다.

여운형   1932년 7월에 출옥하기까지 많은 병에 시달렸지요. 한쪽 고막이 파열됐고, 옥중에서 밥을 먹다 돌을 깨물어서 이가 부러지고 잇몸 전체가 상했지요. 소화불량으로 살이 20kg이나 빠지고, 신경통에 의한 불면증으

---

*   19세기 후반 영국, 미국, 일본 등 8개국이 중국 침략의 근거지로 삼았던 개항 도시의 외국인 거주지로 외국이 행정권 등을 행사하였으며 한때는 스물여덟 곳에 이르렀으나 제2차 세계대전 이후 폐지되었다.   **153**

로 머리와 수염이 6개월 만에 하얗게 변해 버리고. 치질에 걸려 네 번이나 수술도 받았지요.

후유, 거의 종합병원 수준이군요. 당시 조선 총독부에서는 선생님을 회유하기 위해서 농지 500석을 제공하려 했다고 들었어요.

여운형　충청도의 농지 500석을 아무런 조건 없이 제공하겠다고 경무국장 이케다가 제의해 왔지요. 하지만 세상에 공짜가 어디 있습니까? 엄청난 대가가 따르게 될 거란 걸 알았지요. 물론 제 양심과 조국애도 그 농지에 묻어야 했을 테고요. 절대 그럴 수는 없었습니다.

1933년 〈조선중앙일보〉 사장에 취임하셨죠. 〈조선중앙일보〉는 어떤 신문이었나요?

여운형　제가 취임할 때만 해도 심각한 경영난에 시달리고 있었지요. 제가 사장이 되고 몇몇 민족 자본가들이 남몰래 투자해 주셔서 사옥도 늘리고 윤전기도 좋은 것으로 바꾸고 그랬습니다. 회사 전용 경비행기도 마련해서 백두산 탐방도 다녀오곤 했지요.

당시 백범 김구 선생님의 가족도 챙기셨다고 들었습니다.

여운형　챙겼다기보다는 출국을 도운 정도지요. 황해도에서 백범의 아들인 김인, 김산을 데리고 있던 백범의 모친께서 상해에 있는 아들에게 가려고 하는데 황해도 경찰부의 감시가 심해서 힘들어 한다는 연락을 받았습니다. 그래서 제가 인천에서 배를 타고 상해로 가는 방법을 주선했지요. 그런데 정보가 새어 나가는 바람에 경찰을 피해 신의주와 만주를 거쳐 상해로 가는 길을 도왔을 뿐입니다.

그 일로 경찰 조사까지 받으셨죠.

여운형　맞습니다. 그 사실이 발각되어 일제 경찰이 취조하기에 "설사 내가 김구 선생의 노모와 두 아들을 도왔다 할지라도 김구 본인이 아닌 이상 그 불쌍한 가족을 상해로 보내 준 것이 무슨 죄가 되느냐?"고 강력하게 항변했지요. 다행히 별 탈 없이 풀려났습니다.

선생님의 배포는 시간이 갈수록 더 커지시는군요. 손기정 선수의 일장기 말소 사건과도 깊은 관련이 있다고 들었는데요.

여운형　저는 식민지 조선을 구할 수 있는 건 청년들밖에 없다고 생각했습니다. 그 청년들의 맑은 정신을 일깨우는 데는 체육, 즉 스포츠가 중요한 역할을 할 거라고 보았지요. 그래서 1934년에 대한체육회 회장직을 맡게 되었습니다. 그런데 어느 날, 전부터 친분이 있던 손기정 선수가 찾아와 일본 측 대표 선수로 올림픽에 나가야 하는 것이냐며 자조 섞인 질문을 했지요. 그래서 제가 "너의 가슴에는 일장기를 달고 가지만 등에 한반도를 짊어지고 달린다는 것을 잊지 말아라"고 하며 대회 출전을 강력히 권했습니다.

그때 선생님의 한마디가 한국인 최초의 올림픽 금메달 획득이라는 결과를 가져왔군요. 그것도 올림픽의 꽃이라 불리는 마라톤에서요. 이 일로 〈조선중앙일보〉가 폐간을 당했는데요. 많은 사람들이 손기정 선수의 일장기 말소 사건이 〈동아일보〉에서 주도한 것이라고 알고 있죠.

여운형 많은 분들이 그렇게 알고 계시지요. 완전히 틀린 사실이라고 할 수는 없지만 진실은 아닙니다. 1936년 8월 13일자 〈조선중앙일보〉는 손기정 선수의 활약을 대서특필하며 그의 가슴에 선명한 일장기를 지우고 신문을 발행했지요. 그런데 당시 〈조선중앙일보〉의 인쇄기 성능이 좋지 않아서 일장기가 지워진 건지 아닌지 표가 나질 않았던 겁니다. 그래서 조선총독부의 검열을 통과했지요. 그 상황을 지켜보던 〈동아일보〉에서 8월 25일자 신문에 일장기를 말소한 사진과 기사를 실었고, 우리 것보다 훨씬 성능이 좋은 인쇄기를 가진 덕에(!) 사전 검열에 걸렸던 겁니다. 뒤이어 〈조선중앙일보〉가 이를 먼저 시도했음이 밝혀져 두 신문 모두 발행이 정지되었지요.

이 사건의 실질적 주인공은 〈동아일보〉가 아니라 〈조선중앙일보〉군요. 그런데 역사는 '동아일보 사건'으로 기록하고 있으니 "다 틀린 건 아니지만 진실은 아니다"는 선생님의 말씀이 이해가 되네요. 이 사건으로 언론인의 삶을 마감하셨는데요, 당시 사람들이 늘 서민의 곁에서 함께하시는 몽양 선생님을 가리켜 '감초사장'이라고 부를만큼 바쁜 시간을 보내셨죠?

여운형 그랬지요. 제 인생에서 가장 바쁜 시기를 보냈던 것 같습니다. 각종 체육대회 행사의 연사부터 학교 졸업식, 결혼식 주례까지, 저를 찾아주시는 분들이 참 많았습니다. 민족 운동가로서 민중과 함께하는 건 너무나 당연한 일 아니겠습니까?

**청춘의
완터뷰**

유연한 원칙주의자, 독립을 넘어 통일된 국가를 꿈꾸다

사장직에서 퇴임하신 이후 몇 차례 일본을 오가며 1941년에 일본이 폐망할 것을 확신하셨다고 들었습니다.

여운형　1941년은 우리나라 역사에서, 그리고 세계 역사에서 매우 중요한 해입니다. 제2차 세계대전의 종전을 알린 해이기 때문이죠.

저, 선생님, 제2차 세계대전은 1945년에 종전되었는데요.

여운형　아무렴 제가 그걸 모르겠습니까. 종전은 1945년이지만 실질적인 전쟁은 1941년에 끝난 것이나 마찬가지입니다. 독일이 독소불가침 조약을 어기고 소련을 기습 공격했을 때, 일본의 진주만 기습으로 태평양전쟁이 시작되었을 때 이미 저는 곧 우리 조국이 광복을 맞이하게 되리라는 걸 알았지요.

어떻게 그렇게 확신하셨죠?

여운형　두 나라 모두 자신들의 능력을 너무 과대평가하고 있었습니다. 기습 공격으로 전쟁이 시작되었을 때 당장의 분위기는 상대국의 수도를 곧 함락시킬 듯한 기세였지요. 그러나 호랑이가 제아무리 물어뜯어 상처를 낸다고 코끼리를 이길 수는 없듯이 종국에는 국력이 약한 독일과 일본이 질 수밖에 없는 싸움이었지요. 독일과 일본이 코끼리 같은 소련과 미국을 상대로 싸움을 시작했으니 곧 폐망할 것이라고 확신했습니다. 그래서 저는 독립 이후를 대비하기 시작했습니다.

157

1944년에 조직한 조선건국동맹과 농민동맹을 말씀하시는 거죠?

여운형 　맞습니다. 해방 직후 국내 정치는 혼란에 혼란을 거듭할 것이 뻔했지요. 치안과 행정, 사법을 관할하던 조선총독부가 일순간에 사라질 테니 말입니다. 무엇보다 치안이 가장 중요한 문제라고 생각했고 치안을 책임질 전국적 조직이 반드시 필요할 거라고 판단했습니다.

그래서 조선건국동맹을 바탕으로 건국준비위원회(이하 건준위)를 만드셨죠. 광복을 맞이하는 그날 아침 조선총독부의 정무총감 엔도와 만나신 걸로 알고 있습니다. 그와는 무슨 얘기를 나누셨나요?

여운형 　우리가 광복을 맞이하기 얼마 전 이미 일본의 수뇌부들은 자신들의 패전을 예감하고 있었습니다. 자신들을 포함한 조선에 거류 중인 일본인들의 안위를 걱정한 엔도는 제게 자신들이 무사히 일본으로 돌아갈 수 있도록 안전을 보장해 달라고 요청했지요. 저는 5개 보장 조항*을 전제로 수락했습니다.

그런데 당시 패망한 일본 관료와 그런 협상을 하셔야만 했는지 궁금합니다. 만약 그러한 협상이 없었다면 어땠을까요?

여운형 　아마도 엄청난 혼란이 있었을 겁니다. 35년간 일제 치하에 억눌려 있던 민중들이 일본인을 가만두지 않았을 테고 무기를 가진 일본군도 조

---

* 　하나. 전국에 있는 정치범, 경제범을 즉시 석방하라.
둘. 집단 생활지인 경성 인구의 3개월 분(8월~10월) 식량을 확보하라.
셋. 치안 유지와 건국을 위한 정치 운동에 아무런 구속과 간섭을 하지 말라.
넷. 조선의 추진력인 학생 훈련과 청년 조직에 간섭하지 말라.
다섯. 노동자와 농민을 건국 사업에 동원하는 일에 절대로 간섭하지 말라.

선인들을 상대로 보복성 학살을 자행했을 테지요. 또 혼란한 틈을 타 약탈과 범죄가 만연했을 겁니다. 그야말로 한반도 전체가 대혼란에 빠졌겠지요. 그러한 위험을 막고자 협상을 했던 것입니다.

그런데 중국과 동남아시아 등지에서는 일본인과 일본군이 항복을 하고 포로 대우를 받았죠. 오히려 선생님의 협상으로 조선 내 일본인들의 권리만 보장해 준셈이라는 비판도 있습니다.

여운형 그건 당시 상황을 제대한 파악하지 못한 데서 나온 말입니다. 일단 일본이 가장 먼저 식민지를 삼은 나라가 우리나라였고 제일 많은 일본군이 우리나라를 거쳐 본국인 일본으로 귀환하게 되어 있었지요. 동남아시아나 중국은 우리나라에 비해 거류 중인 일본군과 일본인의 수가 현저히 적었습니다. 우리나라와는 상황이 전혀 달랐지요.

음, 그리고⋯⋯ 선생님께서 총독부와 협상을 하면서 엄청난 돈을 받았다는 비난도 있는데, 알고 계신가요?

여운형 제가 그들로부터 돈을 받았다면 광복 후에 그렇게 가난하게 살았겠습니까? (웃음) 총독부의 정무총감 엔도가 광복 직전에 만난 사람은 제가 처음이 아니었습니다. 친일 인사 몇몇을 만나 일본의 사정을 이야기하고 협조를 구했으나 모두에게 일언지하에 거절당했지요. 아마도 자신들이 저지른 지금까지의 친일 행각만으로도 해방 후 안위를 보장할 수 없을 테니 몸을 사린 게지요. 결국 반일 인사로 찍혀 있는 저에게까지 찾아오게 되었고⋯⋯ 물론 저 역시 일본과 협상을 벌인다는 것이 그리 유쾌한일은 아니었습니다. 잘못될 경우 제 삶의 자취에 씻을 수 없는 오점이 될 **159**

수 있다는 것도 알았고…… 하지만 해방 후 혼란으로 인해 독립의 기운이 사그라들까 절박한 심정에 그들과 협상을 맺게 되었지요.

음, 목적에 도달하기 위해 누구보다 유연하고 탄력적인 사고를 하셨던 것 같습니다. 확고한 신념이 있었기에 가능한 일이었겠죠. 해방 다음 날인 1945년 8월 16일 많은 사람들이 자발적으로 선생님의 집 근처인 휘문중학교에 모였다고 들었습니다. 그곳에서 역사에 길이 남는 명연설을 하셨다고요. 대본도 없이 즉석에서 하신 연설에 많은 이들이 눈물까지 흘렸다고 하던데 조금 들려주실 수 있을까요?

여운형 "조선 민족 해방의 날이 왔다. 어제 15일에 엔도가 나를 불러가지고 '과거 두 민족이 합하였던 것이 조선에게 잘못됐던가는 다시 말하고 싶지 않다. 오늘날 나누는 때에 서로 좋게 나누는 것이 좋겠다. 오해로 피를 흘리고 불상사를 일으키지 않도록 민중을 지도하여 주기 바란다'고 하였다. 나는 다섯 가지 조건을 요구하였다. 우리 민족 해방의 첫 발을 내딛게 되었으니 우리가 지난날의 아프고 쓰리던 것을 이 자리에서 다 잊어버리고 이 땅에다 합리적·이상적 낙원을 건설하여야 한다. 이때는 개인적 영웅주의는 단연 없애고 끝까지 집단적으로 일사불란의 단결로 나아가자! 머지않아 연합군 군대가 입성할 터이며, 그들이 오면 우리 민족의 모양을 그대로 보게 될 터이니 우리들의 태도는 조금도 부끄럼이 없이 하자. 세계 각국은 우리를 주시할 것이다. 그리고 백기를 든 일본의 심흉을 잘 살피자. 물론 우리는 통쾌한 마음을 금할 수 없다. 그러나 그들에 대하여 우리들의 아량을 보이자. 세계 문화 건설에 백두산 밑에서 자라난 우리 민족의 힘을 바치자. 이미 전문·대학·중학생의 경비대원이 배치되었다. 이

제 곧 여러 곳으로부터 훌륭한 지도자가 들어오게 될 터이니 그들이 올 때까지 우리들의 힘은 적으나마 서로 협력하지 않으면 안 될 것이다!"

선생님의 그러한 노력으로 해방 후 보름 만에 전국에 145개의 건준위 전국 지부가 생겨나 나라의 치안과 행정을 맡아 보게 되었죠. 치안과 행정이 어느 정도 안정을 찾은 다음 당시 민족의 지도자였던 김구, 이승만, 박헌영, 송진우, 안재홍, 김규식 등과 뜻을 모으셨습니다.

여운형　네, 그랬지요. 제 자신의 이념을 떠나서 민족 지도자들이 한마음으로 하나 될 때 민족의 통일이 가능하다고 생각했습니다. 특히 광복 직후 북에 상주하게 된 소련군과 남에 상주하게 된 미군이 조선의 정치 세력을 인정하지 않았기 때문에 우리 민족 지도자들의 태도가 무척이나 중요했습니다.

당시 우리나라 민족 지도자의 이념을 이해하기 위해서는 좌파와 우파, 즉 사회주의 진영과 민족주의 진영에 대한 이해가 필요할 것 같은데요. 사회주의로 대표되는 좌파 인사에는 박헌영, 김일성이 있고, 민족주의로 대표되는 우파 인사에는 이승만, 김구, 송진우, 조만식, 김성수 등이 있습니다. 그리고 중도파 인사로는 몽양 선생님, 김규식, 안재홍 등이 있죠.

여운형　류 선생님도 역사를 공부하셨으니 잘 아시겠지만, 역사에는 크게 두 개의 흐름이 있지요. 원심력과 구심력이 그것입니다. 원심력이란 밖으로 펼쳐 나가 여러 개의 힘과 세력이 분리되는 것이고, 구심력이란 여러 개의 힘이 하나가 되기 위해 가운데로 집중되는 것이지요. 모든 역사는 이 원심력과 구심력의 반복입니다. 가까이는 중국의 역사가 그랬지요. 한나라, **161**

당나라와 같은 통일 제국이 구심력에 의해 세워지면 그 후에는 반드시 분열이 따랐습니다. 위진남북조 시대나 5대 10국 시대처럼 말입니다.

저는 중도파로서 좌파와 우파의 생각이 어떠하든 그들을 가운데로 끌어들이고 싶었습니다. 역사의 구심력이 작용하길 바랐지요. 그 당시, 만약 구심력이 원심력보다 강했다면…… (한숨) 지금 우리 민족에게 분단이라는 아픔은 없었겠지요.

그런데 실제로 선생님의 구심력에 호응한 인사들은 좌파 쪽 인사들이 많습니다. 남로당 총책인 박헌영 같은 사람이 대표적인데요. 왜 우파 쪽 인사들과는 교류가 적으셨던 건가요? 특히 백범 김구 선생과는 남다른 인연(모친의 출국을 도와준 일)도 있으신데요.

여운형 박헌영과는 개인적인 친분이 있었던 것은 아닙니다. 건준위에서 길지 않은 시간을 함께한 정치적 동지였지요. 백범과는…… 인간적으로는 가까웠지만 우리의 처한 위치 때문에 함께하지 못했습니다. 독립운동가인 백범 김구를 누구보다 존경하고 흠모했지만 광복 후에 중경 임시정부만의 정통성을 인정하자는 그의 임시정부 법통론에는 동의할 수 없었습니다. 저는 해외 여러 곳, 즉 미주, 연해주, 만주 등지와 국내의 여러 독립운동 단체들 모두와 함께 새로운 임시정부를 만들어야 한다고 생각했고 이를 주장했습니다. 이 일을 발단으로 김구를 비롯한 중경의 임시정부 인사들과는 멀어지게 되었지요.

그냥 임시정부를 인정하셨으면 어땠을까요? 그랬다면 소모적인 논쟁을 피할 수도 있었을 텐데요. 제삼자의 입장에서 보면, 기득권 세력의 권력 다툼으로 보

일 수도 있을 것 같고…….

여운형 소모적 논쟁이라…… 제가 임시정부를 인정했다면 당시의 정치적 논쟁을 피할 수 있었을까요? 저는 논쟁을 하고자 그들의 존재와 성과를 인정하지 않은 것이 아니라 소모적 논쟁을 피하고자, 애초부터 미래의 우리 민족과 조국의 나아갈 방향을 협의하고자 했던 겁니다. 저도 완벽하지는 못했지만 임시정부 인사들도 광복 후 국내의 혼란을 막을 준비가 되어 있지 않았으니, 그게 안타까울 뿐이지요.

1945년 8월 15일 광복 이후 남한에는 미군이, 북한에는 소련군이 들어오게 됩니다. 그러한 과정에서 가장 큰 사건은 아무래도 같은 해 12월에 있었던 모스크바 삼국외상회의(이하 모스크바 삼상회의)겠죠?

여운형 물론입니다. 1945년 12월 27일 승전국인 미국, 소련, 영국의 외상이 모스크바에 모여 한국에 임시 민주 정부를 수립하고, 미·영·중·소에 의한 최고 5년간의 한반도 신탁 통치를 결정하였지요.

그 결정이 지금의 한반도 분단을 가져왔다는 의견이 많은데요. 선생님께서도 그렇게 생각하세요?

여운형 아닙니다. 신탁 통치 결정에 의해 분단된 것이 아니라 그 결정에 제대로 대처하지 못해서 분단이 된 것입니다.

신탁 통치에 찬성하는 측과 반대하는 측, 그 둘의 싸움 때문에 분단이 되었다는 말씀이시군요.

여운형 이 싸움이 우리 민족의 운명을 바꾸어 놓았지요. 반탁을 주장하

163

는 우파와 신탁 통치를 지지하는 좌파의 치열한 싸움으로 대화와 타협은 사라지고, 민족이라는 틀은 흔들리기 시작했습니다. 더 나아가 이 싸움으로 인해 친일파 문제는 뒤로 숨고, 지금까지 미해결 난제로 남게 된 것이지요.

친일파 처리 문제와 신탁 통치 찬반 싸움이 어떤 연관이 있나요?

여운형 일반적으로 우파 세력에 많았던 친일파들은 해방 후에 몸을 낮추며 자신들의 과오에 대한 처분을 기다리고 있었습니다. 그런데 남한으로 들어온 미군정이 당장의 정치적 안정을 위해 행정 경험이 있는 친일파들을 등용한 겁니다. 그들은 일차적인 화살은 피했지만 언제든 친일 문제가 불거질 경우 처벌을 피할 수 없을 것이라는 불안감에 시달리고 있었지요. 그런데 신탁 통치 찬반 싸움이 생각보다 더 과열되자 이러한 논리를 펼쳤습니다. '내 친일은 과거의 잘못이지만 지금 당장 민족을 팔아먹자는 찬탁 좌파들보다는 덜 나쁘다. 지금 우리 민족이 처단할 대상은 과거의 친일파가 아니라 현재의 찬탁 세력이다.'

그런데 선생님께서는 신탁 통치에 대해 찬성도 반대도 하지 않으신 걸로 알고 있어요. 또 당시 최대 현안에 대해서도 입장을 밝히지 않으셨고요. 그에 대해 일각에서는 '민족 지도자답지 못했다'는 평가도 있는데, 거기에 대해서는 어떻게 생각하시는지요?

여운형 일단 저는 상황을 더 두고 보아야 한다고 생각했습니다. 당장이라도 우리 민족에 의한 독립 정부를 세우고 싶었지만 국제 정치 상황이 녹록지 않다는 걸 잘 알고 있었기 때문입니다. 또한 삼국 외상이 결정한 신탁 통치는 최대 5년이라는 기한이 명시되었고, 불완전하나마 임시정부를 구성할 수 있다는 점에서 삼상회의의 결정에 심정적인 동의를 하고 싶었습니다. 그런데 언론 등을 면밀히 검토한 후에 공식적인 입장을 내놓으려던 것이 찬반 싸움이 과열되자 쉽지 않게 된 것이지요. 그 당시 저에게 신탁 통지 찬반 논쟁보다 더 중요한 건 오로지 민족의 분열을 방지하는 것이었습니다.

혁명가는 침상에서 죽는 법이 없다

이듬해인 1946년 3월에 임시정부를 구성하기 위한 제1차 미·소 공동위원회가 개최되지만 두 달 만에 무기 휴회가 선언되었죠.

여운형　통일 임시정부 구성을 위한 정치 세력의 참여 자격이 문제가 되었지요. 소련과 미국의 생각이 전혀 달랐습니다. 소련은 이 논의(미·소 공동위원회)의 시작이 모스크바 삼상회의에서 시작된 이상 모스크바 삼상회의 지지 세력, 즉 좌익에만 통일 임시정부에 참여할 기회를 주자고 주장했고, 미국은 모든 정치 세력에게 자격을 부여하자며 팽팽하게 대립했습니다.

그게 그렇게 큰 문제인가요?

여운형　물론입니다. 소련의 주장대로 임시정부가 구성될 경우 모스크바 삼상회의의 결정을 반대하던 반탁 세력, 즉 우익 인사들은 배제되었을 테니까요. 소련의 주장대로라면 한반도 전체가 공산화될 가능성이 컸고 그건 미국이 원하는 방향이 아니었죠. 그러니 미국도 도저히 받아들일 수 없 **165**

었을 겁니다.

그런데 1945년 5월 미·소 공동위원회가 무기한 휴회를 선언한 지 한 달 만에 '정읍 발언'*이 나왔다고 하는데 어떤 내용이었죠?

여운형　1차 미·소 공동위원회가 결렬된 직후인 1946년 6월 3일 이승만이 삼남 지방(충청도, 전라도, 경상도)으로 유세를 가던 중 정읍에서 남한 단독 정부 수립을 주장하는 발언을 했지요.

그 발언에 대한 선생님의 생각은 어떠셨나요?

여운형　결단코 반대였습니다. 남한 단독 정부 구성은 민족 분열의 전주곡이자, 10년, 20년이 지나도 해소할 수 없는 분열의 원인이 될 것이 불 보듯 뻔했습니다. 저는 그때 알았습니다. 민족 통일의 암은 신탁 통치가 아니라 각 진영의 이해관계라는 것을요.

소련군이 진주하던 북한에는 김일성이라는 젊은 지도자가 상당한 세력을 형성하고 있었고, 미군이 진주한 남한은 북쪽에 비해 정치 판도가 복잡했습니다. 북한과 달리 좌익과 우익의 대립이 치열했지요. 남로당 총책인 박헌영, 임시정부 주석 출신인 백범, 상대적으로 부족한 세력을 만회하기 위해 미국과 친일 세력에 우호적이었던 이승만, 그리고 대중의 지지를 얻고 있던 저까지 모두 공존하고 있었고, 그 모두의 생각이 달랐습니다. 박헌

---

*　"이제 우리는 무기 휴회된 공위가 재개될 기색도 보이지 않으며, 통일 정부를 고대하나 여의케 되지 않으니 남방만이라도 임시정부 혹은 위원회 같은 것을 조직하여 38이북에서 소련이 철퇴하도록 세계 공론에 호소하여야 될 것이다. 여러분도 결심하여야 될 것이다. 그리고 민족 통일 기관 설치에 대하여 지금까지 노력하여 왔으나 이번에는 우리 민족의 대표적 통일 기관을 귀경한 후 즉시 설치하게 되었으니 각 지방에서도 중앙의 지시에 순응하여 조직적으로 활동하여 주기 바란다." (송남헌, 《해방삼년사1945~1948》, 까치, 1985.)

청춘의
완터뷰

영은 북한과 같은 공산 통일을 원했고, 이승만은 남한만이라도 단독 정부를 구성하는 것이 자신에게 유리하다고 판단했던 것 같지만 그에 대해 저와 백범 둘 다 반대를 했지요.

그러한 이유 때문에 좌우합작운동을 시작하셨군요. 선생님께서 주도하셨던 좌우합작운동에 대해 설명해 주시겠어요?

여운형 미 · 소 공동위원회가 휴회되고, 이승만의 정읍 발언을 들은 뒤 이대로 있어서는 안 되겠다는 역사적 절박감이 저를 조여 왔습니다. 그래서 다음과 같은 입장을 밝히며 좌우합작운동의 시작을 알렸지요. "우리 민족은 지정학적으로 남방 해양 세력이며 민주주의의 맹주인 미국과 북방 대륙 세력이며 공산주의의 사령탑인 소련에 접하고 있다. 때문에 자주 국가 건설과 유지 발전은 조선의 역사가 증명하는 바와 같이 좌우 협력에서만 가능하다."

좌우합작운동에 반대하는 세력이 많았던 것으로 알고 있는데요. 주로 어떤 세력이었나요?

여운형 일단 통일이 되면 정치적으로 불리해지는 세력, 다시 말해 남한 단독 정부를 원하는 세력이지 않았겠나 짐작해 볼 뿐입니다.

1946년 10월 좌익 세력이 제시한 5원칙과 우익 세력이 제시한 8원칙을 절충하여 '좌우합작 7원칙'*에 합의하게 됩니다. 어떤 마음으로 그 합의를 이끌어 내셨

---

* 1. 조선의 민주 독립을 보장한 모스크바 삼상회의의 결정에 의하여 남북을 통한 좌우합작으로 민주주의 임시정부를 수립할 것.

나요?

여운형 민족의 분단을 막고 통일 정부를 구성하기 위해서는 이 방법밖에 없다고 생각했습니다. 너무나 간절한 마음으로…… 이제껏 해 온 독립운동보다 더 중요한 일이라고 확신했습니다.

좌우합작위원회라고 하면 몽양 선생님과 함께 김규식 선생님이 떠오르는데요. 김규식 선생님에 대해서는 어떻게 평가하시는지요?

여운형 우사 김규식, 참 멋진 분이셨지요. 사석에서는 '형님' 하고 편히 불렀습니다. 독립운동 초기 저와 신한청년단 활동을 같이했을 정도로 인연이 깊고 임시정부 요인 중에서도 저와 뜻을 같이한 몇 안 되는 분들 중 한 분이셨죠. 선한 마음과 온순한 성품을 지닌 분입니다. 그런데 좌우를 연합하는 데는 의견 차이가 조금 있었습니다. 다른 건 몰라도 특히 공산주의에 대해서는 민감하다 싶을 정도로 싫어하셨지요. 민족의 연합에 대해서는 오히려 저보다 더 뜻이 깊었지만 공산주의는 극도로 꺼리셨습니다. 언젠가 그 이유에 대해서 물으니 이렇게 말씀하시더군요. "내가 러시아에 자주 다녀왔는데, 러시아 사람들은 참 선량하다. 그런데 그곳에서 레닌이

2. 미·소 공동위원회 속개를 요청하는 공동 성명을 발표할 것.
3. 토지 개혁에 있어 몰수, 유상 몰수, 체감 매수 등으로 토지를 농민에게 무상으로 분여하며, 시가지의 기지와 대건물을 적정 처리하고, 주요 산업을 국유화하며, 사회 노동 법령과 정치적 자유를 기본으로 지방자치제의 확립을 속히 실시하고, 통화 및 민생 문제 등을 급속히 처리하여 민주주의 건국 과업 완수에 매진할 것.
4. 친일파 및 민족 반역자를 처리할 조례를 본 합작위원회의 입법 기구에 제안, 입법 기구로 하여금 심리 결정하여 실시케 할 것.
5. 남북을 통하여 현 정권하에서 검거된 정치 운동자의 석방을 위해 노력하고, 아울러 남북 좌·우익의 테러적 행동을 일체 즉시로 제지토록 노력할 것.
6. 입법 기구에 있어서는 일체 그 권능과 구성 방법, 운영 등에 관한 대안을 본 합작위원회에서 작성하여 적극적으로 실행을 기도할 것.
7. 전국적으로 언론·집회·출판·교통·투표 등의 자유가 보장되도록 노력할 것.

168

청춘의
완터뷰

혁명을 일으켜 1917년부터 1922년까지 5년 동안 700만 명을 죽였다. 또한 알바니아라는 조그마한 나라에서 공산당이 혁명을 일으켰는데, 단 하루 만에 6만 명을 죽였다. 그런데 한국 사람들은 러시아 사람들과는 비교가 안 될 만큼 잔인하다. 만일 한국에서 공산당이 정권을 잡게 되면 피바다가 된다. 그러니까 절대로 공산당이 들어와선 안 된다."

청년 시절의 경험이 그의 삶의 절대적 신념이 되어 버린 것 같았습니다.

이러한 내부적 갈등 때문에 좌우합작운동이 실패했다고 생각하시는 건가요?

여운형 아닙니다. 내부적인 문제보다도 외부적인 문제가 더욱 컸습니다. 1947년 5월 무기한 연기되었던 미·소 공동위원회가 재개되었고, 우리의 소망은 이루어지는 것 같았습니다. 그런데 엉뚱한 곳에서 우리 민족의 앞길을 갈라놓는 사건이 벌어졌지요.

엉뚱한 곳이란 어디를 말씀하시는 건가요?

여운형 바로 미국입니다. 1947년 초 미국 대통령이었던 트루먼이 '트루먼독트린'을 발표하면서 협력과 화해 분위기였던 소련과 미국의 관계가 얼어붙게 되었지요. 그로 인해 그동안 좌우합작운동을 지지해 주었던 미군정이 남쪽의 공산주의 세력과 등을 지게 되었고, 결국 저의 마지막 소망은 산산조각 나고 말았습니다.

미국의 우경화도 영향이 있었겠지만, 많은 역사학자들이 좌우합작운동의 실패 원인을 운동의 구심점이었던 몽양 선생님의 갑작스러운 부재 때문으로 평가하더군요. 1947년 7월 19일, 서울 혜화동 로터리에서 배후를 알 수 없는 비밀 결 **169**

사 백의사^{白衣社}의 일원인 한지근에게 두 발의 총탄을 맞고 생을 마감하셨습니다. 어떤 이는 "1947년 7월 19일에 우리 민족의 분단은 결정되었다. 바로 몽양 선생님이 돌아가셨기 때문이다"라고 표현하기도 했죠. 그리고 1948년 4월 남북 협상을 위해 김구 선생께서 북으로 올라가셨어요.

여운형　그 뜻은 매우 높게 평가하지만 시기적으로 조금 늦은 행동이 아니었나 생각합니다. 그때는 이미 유엔에서 남한만의 단독 선거를 결정한 다음이 아니었습니까. 백범이 좌우합작운동에 함께해 주었다면 얼마나 좋았을까 아쉬운 마음뿐입니다.

몽양 선생님과 관련한 자료를 보니 또 하나의 가슴 아픈 기록을 가지고 계시더군요. 광복 후에 가장 많은 테러*를 당한 인물이시라고…… 외람되지만…….

여운형　열 번 정도 되었지요, 아마.

걱정하는 가족들에게 하신 말씀이 매우 인상적이었습니다. "나는 죽어도 이 길을 가겠다. 혁명가는 침상에서 죽는 법이 없다. 나는 거리에서 죽을 것이다."

여운형　말씀을 듣고 나니 기억이 납니다. 가족들에게 그렇게 말했지요.

---

* 1945년 8월 18일 오전 1시경, 서울 계동 자택 앞에서 괴한들의 곤봉에 피습.
1945년 9월 7일 저녁 무렵, 서울 원서동에서 계동으로 넘어오다 괴한들에 의해 밧줄로 묶인 것을 행인이 구출.
1945년 12월 초순, 백천 온천 여관에서 괴한에게 피습당하기 전 여관을 옮김.
1946년 1월, 서울 창신동 친구의 집에 괴한 5명 습격.
1946년 4월 18일 오후 9시, 서울 관수교에서 괴한들에 포위된 것을 행인이 구출.
1946년 5월 하순, 서울 종로에서 괴한들에 포위된 것을 격투 끝에 행인이 구출.
1946년 7월 17일, 서울 신당동 산에서 협박당하여 벼랑에서 낙하.
1946년 10월 7일 저녁 무렵, 자택 문전에서 납치되었으나 결박을 풀고 도망.
1947년 3월 17일 밤, 서울 계동 자택 침실 폭파. 외출 중으로 무사.
170 1947년 4월 3일, 서울 혜화동 로터리에서 승용차 피습.

지금 돌아보니 제가 한 말을 지킨 셈이 되었군요.

경호원을 붙여 주겠다는 미군정의 제안은 왜 거절하셨나요?
여운형　대중과 함께 살아온 정치가이자 혁명가인 여운형이 대중과 스스로 격리될 수는 없는 일 아닙니까.

벌써 마지막 질문이군요. 선생님께서 살아온 인생의 어느 한 순간으로 돌아갈 수 있다면 그곳으로 가서 무엇을 바꾸고 싶으신가요?
여운형　독립운동가로서 정치 혁명가로서 후회 없는 인생을 살았지만 다시 한 번 삶이 허락된다면, 1946년으로 돌아가고 싶군요. 내가 미래에서 왔는데, 우리 이러다가는 영영 분단이 된다고 협박이라도 해서 백범과 김일성을 설득해 보고 싶습니다. 어떻게든 통일 정부를 구성해서 지금의 분단 상황만큼은 막아 보고 싶습니다. 물론 쉽지는 않겠지만 그것 말고 다른 것은 필요가 없습니다. 적어도 저에게는……

오늘 함께해 주셔서 너무 감사합니다. 존경하던 몽양 선생님에 대해 더 많이 알게 되어서 너무나 행복한 시간이었어요.
여운형　이렇게 불완전하고 모자란 사람을 찾아와 주셔서 감사했습니다. 여러분은 꼭, 머지않은 시일에, 통일된 조국에서 살 수 있게 되기를 늘 기원하겠습니다.

어떤 이들은 여운형을 친일파라고 비난한다. 또 어떤 이들은 여운형에 대해 회색주의자, 기회주의 정치가라고 비난한다. 과연 그럴까?

그를 만나고 온 나의 판단은 절대 그렇지 않다는 것이다. 그는 스스로 권력을 잡기 위해 어떤 세력과도 야합한 적이 없으며 오직 나라의 독립과 더 나아가 민족 통일을 원했던 깨어 있는 민족 지도자였다.

그의 죽음에 대해 평생의 동지였던 김규식은 이렇게 말했다.

> 우리는 한 위대한 혁명 투사를 잃었을 뿐만 아니라, 유일한 목표인 새로운 국가 건설을 위하여 전 민족이 합작으로부터 완전 통일에 나아감으로 최후 목적을 달하기를 제창하여 이에 최종까지 노력하던 지도자를 상실하였다.
>
> 그러므로 나는 몽양 동지의 영별에 대하여 정실상의 감촉보다도 우리 민족의 자유를 획득하려는 공동 진영의 한 용장을 상실하였다고 본다. 곧 민족 전체의 크나큰 손실이다.
>
> _1947년 7월 22일, 김규식

광복 후 그 누구보다 민족의 앞날을 걱정했고 가장 적극적으로 혼란한 정국을 정리하기 위해 행동했으며 민족 분단이라는 절대적인 위기 앞에서 흩어진 정치 세력들을 한 곳으로 모으기 위해 구심점을 자처한 몽양. 좌우를 모두 포용하려다 양쪽 모두에게 비난을 받는 기구한 인생을 살았지만 오늘날 남한과 북한 모두에게 존경받는 민족 지도자는 몽양 여운형이 유일하다.

대한민국 역사상 가장 많은 테러를 당한 비운의 민족 지도자 몽양. 그의 장례식에 광복 후 최대 인파인 60만 명이 몰려와서 애도한 것은 그가 어떠한 삶을 살아왔는지 단적으로 보여주는 예이다.

"나는 귀족의 향수 냄새보다 노동자의 땀 냄새를 더 좋아한다."

몽양은 언제나 대중을 감동시키는 명연설가였지만 진정으로 대중이 감동한 이유는 그의 말이 아니라 행동이었다. 이제 그가 피우지 못한 민족 통일이란 꽃을 피울 이는 지금 한반도에 살고 있는 우리가 아닐까.

여.운.형.

조봉암과의 인터뷰

조봉암

아버지 조창규와 어머니 유씨 사이에서 넷째 아들로 출생했다.
본관은 창녕昌寧, 호는 죽산竹山이다.

1911
강화 공립보통학교 졸업

1915
강화 군청 면 서기,
대서 보조원 등으로 일함

1920
서울로 상경하여
YMCA 중학부에서 공부하다
독립운동 준비 혐의로
평양경찰서에 잡혀가
모진 고문을 당함

1899
9월 25일
인천 강화에서 출생

1913
농업보습학교 졸업

1919
3·1운동에 참가하였다가
주동자로 체포되어
서대문 형무소에서
1년간 복역

1921
일본 주오대학에서
정치학을 공부하며
아나키즘에 심취

1945
일본군 헌병사령부에 예비
검속되었다가 해방과 함께 석방되어
석방 당일 인천 보안대를 조직하고
다음 날 인천 건국준비위원회를 조직함

1948
• 5월 10일 단독 선거에 출마하여
제헌국회 의원으로 당선
• 제1회 국회 본회의에서 헌법 기초
위원으로 선임
• 초대 농림부장관에 임명되었으나
이듬해 2월 관사 수리비 유용 혐
의로 사직

1939
• 1년 감형되어 출옥 후 인천
비강조합 조합장으로 일함
• 김조이와 재혼

1946
• 5월 신문에 '존경하는 박헌영
동무에게' 게재
• 〈3천만 동포에게 고함〉, 〈공
산주의 모순 발견〉 등의 소책
자 저술

1950
• 제2대 국회의원에 당선
• 장택상과 함께 국회 부의장
으로 선출됨

7월에 귀국하여 같은 해 12월 모스크바 동방노력자공산대학에 입학하여 2년간 수학하다 폐결핵에 걸려 다음 해 9월 귀국

1992

• 조선공산당, 고려공산청년회의 간부가 됨
• 코민테른의 승인을 얻기 위해 모스크바로 떠남

1925

상해에서 한인청년동맹을 조직해 활동하다 1932년 체포되어 신의주 형무소에서 7년간 복역

1930

1924

• 사회주의 여성운동가 김조이와 결혼
• 조선청년총동맹을 조직하여 항일 활동
• 박헌영 등과 함께 〈조선일보〉 사회부 기자로 재직

1927

• 한국 유일 독립당인 상해 촉성회 조직에 참가
• 연인 김이옥과의 사이에서 딸 조호정 출생

제2대 대통령 선거에 입후보, 2위로 낙선

1952

• 민주당 창당 참여 성명을 발표하지만 결국 무위로 끝남
• 진보당 창당 준비위원회를 구성해 추진위원회 대표로 선임됨

1955

• 진보당 사건으로 검거되어 진보당 등록이 취소됨
• 1심에서 국가보안법 위반 혐의로 징역 5년 선고
• 항소심에서 사형 선고

1958

1954

당국의 방해로 제3대 국회의원 선거 후보 등록 실패

1956

• 진보당 전국 추진위원회 대표자 회의에서 대통령 후보로 지명됨
• 제3대 대통령 선거 입후보, 2위로 낙선
• 진보당 창당 위원장에 선출됨

1959

• 상고심에서 간첩죄로 사형 선고
• 대법원에서 조봉암의 재심 청구 기각
• 7월 31일 사형 집행

잠깐, 인터뷰 전에 먼저

박헌영(1900~1955) 호는 이정^{而丁}

충청남도 예산에서 태어났다. 1919년 상해로 건너가서 1921년 4월 국내 공산당 조직을 위해 귀국했다가 일본 경찰에 체포되어 징역 1년 6개월을 선고 받고 복역하였다. 출옥 후 〈동아일보〉와 〈조선일보〉에서 기자로 활동하였으며, 1925년 4월 조선공산당을 창당하였다.
1946년 12월 남조선노동당을 조직하였으며 초대 부위원장이 되었다. 신탁 통치 지지 등 공산주의 활동을 지휘하다가, 1946년 9월부터 미군정의 지명수배를 받자 북한으로 도피하였다. 1948년 9월 남조선노동당 당수의 자격으로 북한의 내각 부총리 겸 외무장관이 되었다. 1953년 김일성에 의한 남로당계 숙청 작업으로 체포된 후, 1955년 반당, 종파분자, 간첩 방조 등 7가지 죄목으로 사형당했다.

신익희(1894~1956) 호는 해공^{海公}

1894년 경기 광주에서 신단의 막내아들로 태어났다. 일본 유학 후 서울 중동학교에서 교편을 잡았다. 1919년 3·1운동 이후 상해로 망명하여 대한민국 임시 헌법을 기초하고 임시정부의 초대 대의원과 초대 내무차관을 지냈으며, 외무부장 등을 두루 맡았다. 광복과 더불어 1945년 12월 1일 임시정부 내무부장 자격으로 귀국하였다.
1948년 정부 수립과 함께 제헌국회에 진출했고, 대통령으로 뽑힌 초대 국회의장 이승만의 뒤를 이어 국회의장이 되었다. 1950년 제2대 국회의원에 당선되어 다시 국회의장이 되었다. 1955년 장면, 조병옥 등과 민주당을 창당하고, 1956년 야당의 대통령 후보로 출마하여 호남 지방 유세를 위해 전주로 가던 중 기차 안에서 뇌일혈로 사망했다.

이승만(1875~1965) 호는 우남^{雩南}

1875년 가난한 선비 집안의 외아들로 태어났다. 1898년 정부 전복을 획책하였다는 혐의로 독립협회 간부들과 함께 투옥되었다가 7년 만에 석방되었다. 그해 미국으로 건너가 1910년 프린스턴대학교에서 철학박사 학위를 받았다. 1945년 광복이 되자 귀국하여 독립촉성중앙협의회 총재, 대한국민대표민주의원 의장 등을 역임하면서 신탁 통치 반대, 좌우합작 반대, 남북 협상 거부 등 반탁, 반공 노선을 견지하였다. 1948년 제헌국회 의원 당선 이후 간접선거로 대통령에 취임하였고, 1952년 직선제 개헌을 통해 재선, 1956년 3선되었다. 1960년 3월 15일 여당과 정부가 전국적·조직적으로 부정 선거를 감행하여 4선 되었으나, 4·19 혁명으로 사임, 하와이에 망명해 있는 동안 사망하였다.

박기출(1909~1977)

1909년 부산에서 태어나 동래고등보통학교를 졸업한 후에 일본으로 건너가 규슈제국대학에서 의학박사 학위를 받았다. 부산에서 병원을 개업하고 광복 후 민족자주연맹과 통일독립연맹 경남위원장 등으로 활동하였다. 1956년 조봉암, 서상일 등과 진보당을 창당하여 부위원장이 되었고, 1958년 진보당 사건에 연루되어 구속되었다가 무죄로 풀려났다. 제2공화국 때인 1960년, 국회의원에 입후보하였으나 낙선하고, 입후보자 난동 사건에 연루되어 1년의 실형을 선고 받기도 했다. 1973년 일본으로 건너가 의사 생활을 하다가 귀국하여 대한의학협회 회장, 민족통일문제연구원 이사장 등을 역임하였다.

조봉암

열혈 청년, 호랑이 굴로 들어가다

선생님, 안녕하세요!

조봉암 안녕하십니까, 류성완 선생님. 이렇게 뵙게 되서 매우 기쁩니다. 악수나 한 번 하시지요.

오른쪽 손이…… 성한 손가락이 없으시군요.

조봉암 독립운동을 하다가 잡혀 추운 신의주 감옥에서 7년을 살다 보니 동상에 걸려 손가락을 자를 수밖에 없었습니다. 손가락 몇 개 없는 건 금방 익숙해졌지요. 정말 아픈 건 아직도 우리 민족이 하나가 되지 못하고 서로를 향해 총을 겨누고 있는 현실이군요.

1959년 7월 31일, 간첩 혐의로 사형을 당하셨습니다. 선생님의 죽음을 '사법 살인'이라고 해서 해외 언론은 물론이고 국내에서도 비난의 목소리가 매우 컸는 **179**

데요. 다행스럽게도 2011년 1월, 사건에 대한 재심 판결이 받아들여져서 최종 무죄 판결을 받으셨습니다. 소식 듣고 기분이 어떠셨어요?

조봉암 다행이고 감사했습니다. 한국 사회에서 간첩 혐의는 본인보다 살아남은 주변 사람들의 삶을 더 힘들게 하지요. 제 가족들과 동지들이 참으로 힘겹고 고달픈 삶을 살았습니다.

본격적인 인터뷰에 들어가기 전에 죽산 선생님의 어린 시절에 대해 듣고 싶습니다.

조봉암 경제적으로는 어려웠지만 남들과 별다를 것 없이 평범하고 평화로운 가정에서 자랐습니다. 어머니는 조금 무서운 편이셨지만 아버지는 평생을 남들과 시비 한 번 붙은 적 없는 매우 선한 분이셨어요. 저에게도 이거 해라 저거 하지 마라 특별히 강요하는 게 없으셨지요. 그래서 구김살 없이 건강하게 자랐습니다. 17살 때 농업보습학교를 졸업하고 강화군청에서 하루에 10전씩을 받으며 일하다가, 요즘 사람들은 아르바이트라고 부르지요? 그러다가 나중에는 월급 7원을 받는 면 서기가 됐습니다.

'주산 천재'라고 불릴 만큼 머리도 좋고 일을 잘하셨다고 들었어요. 열 명이 할 일을 혼자서 다하셨다죠? 계속 공무원을 하셨으면 힘든 일은 겪지 않으셨을 텐데요.

조봉암 (웃음) 그랬을까요? 제가 숫자 계산이 조금 빠르긴 했습니다. 많은 일을 하면서도 속도가 빨랐기 때문에 재무주임이 저를 아꼈지요. 여러 사람이 할 일을 거의 혼자 처리하다시피 했으니까요. 문제는 심술꾸러기 같은 서무주임이었는데, 자신의 지위를 이용해 그릇된 일을 지시하고 군

180

림하려 들던 사람이었습니다. 그런 사람에게 절대 고개 숙여서는 안 된다는 게 제 철학이었지요.

역시 독립운동가의 기질이 보이시는군요. 그런데 조금 이해가 안 되는 건, 선생님께서는 교회에서 세례도 받으셨고, 교회 일도 많이 하셨죠?

조봉암 네, 그랬지요. 그게 이상한가요?

아뇨, 보통은 전혀 이상할 게 없죠. 다만 선생님께서는 조선공산당 핵심 간부셨잖아요. 공산주의의 무신론과 기독교의 유일 신앙이 양립할 수 있는 건가요?

조봉암 음, 당시를 살지 않으셨으니 이해하기 힘드실 수도 있겠습니다. 저는 11살 때 교회에서 세례를 받고 열심히 교회에 다니면서 세상에 눈을 뜨게 되었습니다. 그때 저의 사상이 정립되는 데 가장 큰 역할을 하신 분이 바로 김광국 목사님이셨지요. 당시 우리 민족에게 빼앗긴 나라를 되찾는 것보다 더 중요한 일은 없었고, 저 역시 그 목적을 이루기 위해 공산주의를 택했던 겁니다. 그리고 삶의 마지막 순간까지 성경 말씀을 되새기며 죽음을 맞이했지요.

그런 심정으로 3·1운동에 참여하셨군요.

조봉암 부끄럽지만 처음부터 그런 거창한 마음을 먹었던 건 아니었습니다. 그냥 옆에서 하니까, 제가 존경하던 김광국 목사님께서 그렇게 말씀하시니까 강화도 전체를 돌며 독립 만세를 불렀지요. 그러다 잡혀서 1년간 감옥살이를 하게 되었는데 그 감옥에서의 1년이 제 삶을 완전히 바꾸어 놓았습니다. 스무 살이 될 때까지 나라니 민족이니 하는 것에는 관심 **181**

도 없고 그저 어떻게 하면 돈 많이 벌어서 어른들을 모시고 살아갈까 하는 생각뿐이었는데 감옥에서 비로소 '민족혼民族魂'이란 것을 깨닫게 된 게지요. 제 삶에서 민족이 가장 우선이라는 걸 알게 되었고, 먹고 살기 위해서 살 것이 아니라 나라를 위해서 민족의 장래를 위해서 싸우고 일하지 않으면 안 된다는 생각을 하게 된 겁니다. 바로 거기에 제 일생을 바칠 것을 결심했지요.

출소 후에 새롭게 배움을 시작하셨는데 늦은 공부라 힘드셨을 것 같아요.

조봉암   그때는 출소 후 한시라도 빨리 독립운동에 뛰어들어야 한다는 사명감이 저를 온통 지배하고 있었습니다. 기독교청년회YMCA 중학부에 들어가서 월남 이상재 선생님께 가르침을 얻었지요. 늦은 공부였지만 선생님께서는 조선 청년의 의지와 용기를 북돋아 주셨고, 독립운동에 대한 열정을 용광로의 불덩이처럼 끓게 해 주셨기 때문에 죽기 전까지 그 은혜를 잊지 못했습니다. 그러다가 평양경찰서로 잡혀 가게 됐지요.

공부하는 학생을 왜?

조봉암   독립운동을 하다 잡혀 고문을 받던 청년이 견디지 못하고 허위 자백을 한 게지요. 제가 폭탄 수십 개를 만들어서 독립운동을 준비하고 있다고 말했답니다.

음, 정말 준비하신 건 아니고요?

조봉암   (웃음) 말 그대로 허위 자백이었습니다. 당시 저는 배움에 모든 열정을 집중하고 있었으니까요. 모진 고문을 당하다가 15일 만에 풀려났고 얼마 뒤 일본으로 건너갔죠.

갑자기 일본행을 결정하신 이유는요?

조봉암 옛말에 "호랑이를 잡으려면 호랑이 굴에 들어가라"는 말이 있지 않습니까? 우리 민족을 핍박하는 일제에 대해 더 알아야겠다고 생각했지요. 그래서 무작정 도쿄행 배에 몸을 실었습니다. 당시 고향 친구였던 유찬식이 도쿄 물리학교를 다니고 있었는데 엿장수를 하며 고학을 하던 그 친구를 따라 저도 같이 엿을 팔며 학비를 마련했지요. 밑천 없이 손쉽게 할 수 있는 일이다 보니 당시 많은 한국인 유학생들이 그렇게 했습니다. 그런데 장사 수완이 별로였던 저는 친구들에 비해 수입이 영 신통치 않았지요. 그렇게 힘들게 돈을 모아 일본 중앙대학 전문부 정경과에 입학했습니다.

각고의 노력 끝에 대학에 들어가셨는데 호랑이를 잡을 방법은 찾으셨나요?

조봉암 저는 사실 정규학과 공부보다 각종 사상 서적을 읽으며 공부의 재미에 흠뻑 빠져 있었습니다. 지식에 주리고 목마르던 상황이었기 때문에 손에 잡히는 것은 무엇이든 닥치는 대로 읽었지요. 특히 당시 일본에서 유행하던 사회주의와 아나키즘 서적을 많이 읽었습니다. 그러면서 사회주의를 연구하게 되었고, 사회주의 운동을 하게 되었지요.

일본 제국주의를 잡을 방법으로 사회주의를 선택하신 거로군요. 호랑이를 잡을 방법으로 말이죠?

조봉암 맞습니다. 일본 제국주의를 이길 방법은 전 세계적으로 계급투쟁의 바람을 일으키고 있는 사회주의뿐이라고 확신했습니다. 그래서 조선

183

유학생들의 비밀 결사인 흑도회에 참여하게 되었고 그곳에서 사회주의 사상을 배우게 되었습니다.

호랑이 잡는 법을 깨닫고 난 다음에는 목숨을 걸고 활동했습니다. 흑도회가 해체되고, 1922년에 국내로 들어와 조선 공산주의 운동의 일파인 화요회에 가입해 회원이 되었지요. 1925년에는 조선공산당 조직에 핵심 요인으로 참여하기도 했습니다.

1927년에는 독립운동 지도자 24명과 함께 상해에서 한국 유일의 독립당인 촉성회를 조직하여 집행위원직을 맡으셨고, 1929년에는 조선 독립운동자동맹을 결성하는 데 핵심 역할을 담당하셨죠. 그러다가 1932년 상해의 프랑스 조계지에서 일본 경찰들에 의해 체포당하셨는데요. 프랑스 조계 지역은 비교적 안전한 곳이 아니었나요?

조봉암   프랑스 조계는 독립운동가들에게 비교적 안전한 지대였습니다. 대한민국 임시정부가 이곳에 수립되고 정부청사를 둔 것도 그런 이유였지요. 그런데 독립운동가들이 상해에 둥지를 틀자 일제는 프랑스 정부에 의뢰해 조선의 독립운동가들을 검거해 일본 측에 넘기도록 요구했고 프랑스에서는 그 요구를 받아들인 거였죠. 일본 경찰과 프랑스 공무국 형사대 대원들에 의해 잡힌 저는 12일 동안 프랑스 공무국에서 조사를 받고 일본 경찰에 넘겨졌습니다. 1932년 12월 3일, 손발이 꽁꽁 묶인 채 인천항으로 압송되어 7년 만에 고국 땅, 내 고향 땅을 밟았습니다.

그리고 그 악명 높은 신의주 검사국으로 이송되셨죠.

184   조봉암   바로 공판을 하지 않고 1년 가까이 지난 다음 해 9월에야 1차 공

판이 열렸습니다. 12월 항일운동에 연루된 혐의로 7년 형을 선고 받았지요.

그런데 항소하지 않고 1심 판결을 그대로 수용하셨어요. 특별한 이유라도 있으셨나요?

조봉암　일본인이 진행하는 재판에 아무런 기대를 할 수 없었으니까요.

신의주 형무소 생활은 어떠셨나요?

조봉암　류 선생님께서 7년간 감옥살이를 한다고 한 번 상상해 보시겠어요? 류 선생님 나이가 제가 형무소에 들어갔을 때 나이와 비슷해 보이는데요. 일생 중 가장 많은 일을 할 수 있는 30대에서 40대 사이의 7년 동안을 감옥에서 보낸다…… 일단 신의주는 너무 추웠습니다. 동상으로 손가락 일곱 마디가 잘려 나갈 정도였으니까요. 정말 추웠습니다.

7년 형을 선고 받았지만 일왕의 세자가 태어나 이른바 은사를 받고 1년이 감형되었지요. 하지만 경찰 조사와 예심 기간을 합치면 어김없이 7년 옥살이를 했습니다. 신의주 감옥에서 보낸 6년의 시간 동안 거의 독방 생활을 했지요. 신의주 자체가 다른 지역보다 유난히 춥기도 하지만 독방이 바깥보다 훨씬 더 추웠기 때문에 그 추위는 말로 표현하기 어렵습니다. 더욱이 이미 고문으로 상한 손가락 일곱 마디가 동상으로 잘려 나간 부위는…… (한숨) 하지만 수감 생활보다 더 견디기 힘든 건 가족을 보지 못하는 아픔이었습니다. 독립운동을 하며 외국을 떠돌고 감옥에 수감되어 있는 동안 부모님과 형님께서 저 세상으로 떠나셨고, 연인이었던 김이옥도 어린 딸 아이 하나만을 남기고 세상을 등졌지요. 세상이 원망스럽고

나 자신이 밉고 그랬습니다.

출소 후의 삶은 어떠셨나요?

조봉암　출소 후에는 강화도가 아닌 인천에 자리를 잡았습니다. 엄마 없이 친척집에 얹혀살고 있는 딸을 데리고 와서 키웠지요. 그리고 얼마 후 본처인 김조이와 재결합했습니다.

그런데 선생님께서 출감하신 1939년 7월부터 예비 검속(혐의자를 미리 잡아 놓는 일)에 걸려 다시 검거된 1945년 1월까지의 시간을 두고 선생님을 비난하는 사람들이 있습니다. 더 이상 독립운동이나 사회주의 운동을 하지 않는 '유휴분자'라고 몰아세우는 사람들도 많았는데요. 알고 계셨나요?

조봉암　네, 잘 알고 있었습니다. 그 이후 제가 정치 활동을 할 때 몇몇 이들이 그때의 저를 두고 비난하고는 했지요. 그 당시 저는 정미소에서 일을 하거나 농업에 종사하고 있었습니다. 일제와 치열하게 싸웠던 인물이 출소 후에 생업에만 매달린 것이 쉽게 이해가 되지는 않으실 테지요. 출소 후 일제의 심한 감시가 늘 뒤따랐고 때문에 적극적인 활동이 힘들었습니다. 생업에 종사하며 그동안 함께하지 못했던 가족과의 시간도 갖고 그랬지요.

1945년 1월 조선총독부 당국에 의해 전격 검거되셨는데요. 이유가 무엇이었죠?

조봉암　정확한 이유는 아직도 잘 모르겠습니다만 제가 일제의 불령선인으로 지목되었기 때문일 겁니다.

불령선인이라면 일본 제국주의자들이 자기네 말을 듣지 않는 조선 사람들을 낮잡아 부르던 말이었죠? 아무리 그래도 그렇지, 사람을 그렇게 막 잡아갈 수 있었던 건가요?

조봉암 1944년 11월에 미군이 일본 본토를 공습했고 이제 일본의 패전은 시간 문제였지요. 일제는 패전에 대비해 조선인 수만 명을 무자비하게 학살할 계획을 세우고 있었습니다. 조선인 10만 명을 학살하네, 전국의 형무소에 수감된 독립운동가들과 예비 검속된 인사 모두를 죽이네 하는 이야기가 흘러나왔지요. 아마도 패전 이후를 생각한 처사였을 겁니다. 그런데 예상보다 빨리 히로시마와 나가사키에 원자폭탄이 투하되면서 일제는 그들의 계획보다 서둘러 항복을 하게 되었고, 학살 음모도 그렇게 음모로 끝이 나고 말았지요. 아마 광복이 며칠만 늦었어도 수만 명의 우국지사들이 목숨을 잃었을 겁니다. 시간이 지나서야 알게 된 사실이지만 8월 17일에 일제는 불령선인으로 지목된 사람들을 굴에 모조리 쳐 넣고 전원 몰살시킬 계획이었다고 하더군요. 그런데 제가 풀려난 것이 8월 15일이니 이거야말로 구사일생이죠.

선생님께서 쓰신 책을 보니 8월 15일에 처형을 당하는 줄 알았다고 하시던데 무슨 일이 있었던 건가요?

조봉암 헌병대 유치장에 있던 저는 8월 15일 아침에 같이 수감되어 있던 20여 명과 함께 수갑을 찬 채 트럭에 실려 어디론가 끌려갔습니다. 그때 드디어 마지막 순간이 왔구나, 혼자 생각했지요. 제가 끌려간 곳은 용산 유치장이었는데 끌려온 사람들 대부분이 항일 운동가들이었습니다. 오후 4시 정각이 되자 헌병대 사령관이 몽양 여운형 선생님과 함께 들어왔습니다. 몽양 선생님의 말씀을 듣고 우리 민족이 행방된 것과 거기에 있던 모든 사람이 자유의 몸이 된 것을 알았지요.

21세, 그야말로 아름다운 청춘에 3·1운동에 참여했던 선생님께서 어느덧 47세 중년의 몸으로 해방을 맞이하셨습니다. 당시 기분이 어떠셨나요?

조봉암 　그 감격을 어떻게 말로 표현할 수 있겠습니까. 몇 만 볼트 전류가 온몸을 돌고 도는 기분이었습니다. 저는 해방만 되면 모든 일이 다 끝날 줄 알았는데…… 더 치열한 싸움은 이제부터 시작이라는 걸 그때는 몰랐지요.

낙동강 오리알에서 이승만의 정적으로

광복 후 선생님께서는 건국준비위원회 인천지부를 조직하고 인천 부윤(지금의 시장市長) 선거에 무소속으로 출마하는 등 이전과는 다른 활발한 정치 활동을 시작하셨어요. 그중에서도 조선공산당 최고 우두머리인 박헌영과의 결별은 상당히 눈에 띄는 행보였는데요. 박헌영과의 결별은 박헌영 개인을 넘어서 박헌영으로 대표되는 조선공산당과의 결별을 의미하기 때문이었죠. 어떤 이유에서 공산주의와 결별을 결심하시게 된 건가요?

조봉암 　류 선생님께서도 아시겠지만 조선공산당은 제가 주도적으로 창설하고 이끌어 온 당입니다. 그리고 일제의 모진 탄압을 피해 해외로 망명하여 사회주의 이념을 통한 독립운동을 전개하다가 7년이라는 긴 옥고를 치르며 얻어 낸 광복이었지요. 그런데 해방 뒤 조선공산당은 민족의 장래를 고민하기보다는 소련의 지령에 따라서만 움직였습니다. 더 나아가 박헌영은 당의 인사 문제를 원칙도 없이 처리하는 등 봉건적이고 종파적인 행태를 보였기 때문에 더 이상 함께할 수 없었습니다.

그 유명한 '존경하는 박헌영 동무에게'*라는 공개서한을 보낸 게 이 무렵인 것으로 아는데요.

조봉암   그 편지가 1946년 5월 7일 우익 계열의 〈한성일보〉 등 각 신문에 보도되면서 많이 곤혹스러웠습니다.

죽산 선생님께서 언론사로 직접 보내신 게 아니었나요?

조봉암   전혀 아닙니다. 그 서한이 작성된 건 1946년 3월 경이었습니다. 그런데 인천지부 미군 방첩대가 무슨 까닭인지 갑작스럽게 민전(민주주의민족전선) 인천지부를 수색했고, 당시 제가 지니고 있었던 편지 초고를 압수했지요. 저는 당연히 반환을 요구했고 방첩대는 개인의 편지이니 3일 이내에 반환하겠다고 약속했습니다. 그런데 그 약속은 지켜지지 않았고 5월에 언론사를 통해서 보도가 된 겁니다. 편지의 내용도 상당 부분 왜곡된 채 말이지요. 저는 당연히 당 내의 문제를 세상에 공개함으로써 당의 위

---

*   "내가 붓을 들어서 동무에게 편지를 쓴 것은 1926년 상해에서 동무에게 암호 편지를 쓴 것 외에 이것이 처음인 것 같소. 내가 얼마나 동무를 존경하고 또 과거 10여 년간 동무가 얼마나 영웅적 사업을 계속했는가 하는 것에 대한 혁명가로서의 숭정의 발로는 아첨이라고 생각할까 해서 한마디도 쓰지 않겠고 동무의 꾸준한 건강과 건투를 빌 뿐이오. 나는 8·15 그날부터 오늘까지 인천에 틀어박혀서 당, 노조, 정치 등 모든 문제에 있어서 입을 봉하고 오직 당부의 지시하에서 내가 할 수 있는 일을 최대의 정열을 가지고 정성껏 해 왔소. 나는 그렇게 하는 것이 나 자신을 위해서, 당을 위해서, 나아가서는 조선 혁명을 위해서 가장 옳은 길이고 옳은 태도라고 믿는 까닭이오. 그런데 오늘 붓을 들어서 무슨 문제를 논의하고 의견^{意見}을 진술하게 된 것은 결코 이 태도가 달라져서 그런 것이 아니요."

편지는 서문에 이어 1. 민족통일전선 및 대중투쟁 문제와 그 운영 2. 당 인사 문제 3. 반중앙파에 대해서 4. 나 자신의 비판 등의 내용으로 구성되었다.

189

신을 추락시켰다는 비난을 받았습니다. 의도치 않은 일이었지만 모두 제 불찰이었지요.

1946년 6월 박헌영에 의해 당에서 제명이 되셨죠. 평생 당을 위해서 살아온 선생님 입장에서 참 막막하고 힘드셨을 것 같아요.

조봉암 물론 힘들었습니다. 제가 평생을 바쳐 쌓아 올린 모든 것이 무너져 버리는 것 같았지요. 하지만 저에게는 확신이 있었습니다. 당시 공산당과 극우 세력을 모두 합쳐 봐야 5퍼센트밖에 되지 않았기에 95퍼센트의 중간층을 포용하는 대중 정당을 만들어야겠다고 생각했지요. 일체의 계급 독재와 자본 독재를 부정하는 대중 정당 말입니다. 이 일이 저에게는 민주사회주의 노선을 바탕으로 하는 민족 운동을 전개하는 데 큰 계기가 된 셈이지요.

1946년은 우리나라 현대사에서 지각 변동이 가장 극심했던 해였습니다. 제1차 미·소 공동위원회가 열렸지만 얼마 지나지 않아 휴회되었고, 그 틈을 이용해 이승만이 남한 단독 정부 수립을 주장하는 '정읍 발언'(6월)을 했죠. 분단의 위기를 느낀 여운형, 김규식, 안재홍 등이 '좌우합작위원회'(7월)를 구성했고, 뒤이어 박헌영을 비롯한 공산주의자들에 대한 미군정의 체포령이 내려지고, 대구, 경북 지역에서 대구항쟁(10월)이 일어나는 등 그야말로 격동의 시기였는데요. 그때 선생님께서는 어떤 활동을 하셨는지요.

조봉암 앞에서도 말씀드렸듯이 저는 95퍼센트의 대중을 위한 중도 대중 정당을 만들고 싶었습니다. 그러한 제 뜻을 앞서 실천하고 계셨던 분들이 바로 여운형과 김규식 선생이었지요. 그들이 한창 진행 중이던 좌우합작운동에 참여하기 위해 무척이나 애를 썼습니다.

그런데 결국 참여하지는 못하셨죠. 중도 좌파인 여운형 선생과 중도 우파인 김규식 선생이 함께한 좌우합작운동에 좌파에서 전향을 선언한 선생님의 존재는 그 운동의 외연을 확대시킬 수 있는 좋은 기회였을 텐데요.

조봉암　몽양 여운형 선생께서는 저와 함께하고 싶어 하셨습니다. 하지만 김규식 선생께서는 한때 제가 공산주의자였다는 이유로 저를 반대하셨죠. 만나 주지도 않으셨고요.

정치 활동의 폭이 좁아지셨겠군요.

조봉암　좁아진 건 사실이지만 심장이 뛰는 한 멈출 수는 없었습니다. 그래서 한글학자 이극로 선생과 함께 민주주의독립전선을 만들어 좌우합작운동을 시도했지요. 그러던 중 1947년 7월 19일 여운형 선생께서 암살을 당하셨고 통합 운동은 큰 타격을 받게 된 겁니다. 선생님께서 조금만 더 버텨 주셨더라면, 그렇게 허망하게 분단이 되지는 않았을 텐데…….

그런 중에도 선생님께서는 쉼 없이 활발히 활동하셨죠.

조봉암　당시는 제2차 미·소 공동위원회마저 결렬되면서 남한 단독 정부론이 부각되던 때였습니다. 그래서 민족주의 진영에서는 4개의 연합 단체, 14개 정당, 25개 사회 단체 및 개인으로 구성된 민족자주연맹이라는 단체를 만들어 단독 정부 수립을 막고자 했습니다. 민족자주연맹은 제가 해방 후 줄기차게 주장해 온 '무산계급 사회 반대, 독점자본주의 사회 반대'를 슬로건으로 내걸고 운동을 시작했습니다.

191

그런데 정작 선생님께서는 김규식 선생의 좌익 배제 원칙에 따라 그 단체에서 배제되셨어요. 아무래도 종래의 사상이나 이념을 바꾸고 전향한 이들에 대한 시선이 고울 수는 없었겠죠. 그러한 전력이 이후에도 여러 번 덫이 되어 선생님의 발목을 잡은 걸로 알고 있는데요.

조봉암　국회의원, 농림부장관, 대통령 후보 생활 등 모든 정치적 활동에 저의 공산주의 이력은 큰 걸림돌이었습니다. 제가 공산주의를 선택한 이유가 민족의 독립을 위해서였다는 사실은 중요하지 않았죠. 아마도 그때부터가 6·25전쟁 이후 한국 정치 사회에 등장하는 색깔론의 시작이었던 것 같습니다.

전향했다는 이유로 1948년 남북 협상 때 김구, 김규식 선생님과 함께 북한에 다녀오시지도 못했죠. 그리고 5·10총선거에 참여하셨는데 역시 부정적인 시선이 많았던 걸로 알고 있어요.

조봉암　제가 단독 정부 수립을 위한 5·10총선거에 참여하겠다는 의사를 밝히자 단독 정부 수립에 반대하는 인사들이 테러 위협을 가해 왔습니다. 선거 기간 중에는 테러 위협 때문에 집에도 들어가지 못하고 친구 집에서 생활하기도 했지요.

당시 제 머릿속은 한국민주당, 즉 한민당 계열의 일방적인 독주를 막아야 한다는 생각뿐이었습니다. 물론 5·10총선거에 참여한다는 것 자체가 남북 분단의 시작이 되리라는 걸 몰랐던 건 아니지만, 남북 협상이 실패한 이상 남한만이라도 민주주의가 바로 선 나라를 만들어야 한다는 사명감에 불타고 있었지요. 아마 제가 조금 더 혈기왕성한 나이에 다시 그런 상황을 맞게 된다면 저 역시 김구 선생님처럼 총선거에 반대했을지 모르겠습니다. 그러나 당시 저는 한시라도 빨리 나라가 안정되어야 좀 더 가까운 미래에 좀 더 나은 모습의 국가를 만들 수 있을 거라고 생각했던 것 같습니다. 저에게는 앞으로의 우리의 모습이 더 중요했습니다.

우여곡절 끝에, 5·10총선거를 통해 우리나라 최초의 국회의원으로 당선되셨어요. 당시 당선된 198명의 국회의원 중 서상일, 이훈구, 허정, 이윤영, 윤길중, 유진오 등 30여 명과 함께 헌법기초위원으로도 활동하셨는데요. 윤길중, 유진오 등 전문위원이 기초한 내용을 심의하는 역할을 하셨다고 들었습니다. 윤길중은 "조봉암은 제2차 세계대전 후 진보적인 각국 헌법의 추세를 도입하려는 나의 소신을 적극적으로 밀어주었다. 예를 들어 기본권, 특히 인권 조항에서 영장 없이 체포되지 않을 권리 등을 포함시키고자 했는데, 많은 의원들이 그건 형사소송법 사항이라고 반대했으나 조봉암 의원이 다른 의원들을 설득해 통과시켰다"라고 고백하기도 했죠. 당시 상황을 생각하면 인권 문제에 있어서 매우 앞서갔다는 생각이 드네요.

조봉암　조선총독부의 역할이 컸지요. (웃음) 1945년 1월 죄목도 모른 채 총독부에 끌려가며, 내 나라 내 민족만 빼앗기지 않았더라면 이런 억울한 일은 당하지 않았을 거라고 한탄하며 가슴을 쳤습니다. 그러니 인권 문제에 관심을 가질 수밖에요. 저는 헌법을 만들며 인권 조항뿐만 아니라 권력 분립, 토지 개혁, 경제 조항 신설, 무엇보다 이승만 세력이 추구하는 대통령 권한 비대화에 제동을 걸기 위해 노력했습니다.

이승만 세력이 추구하는 대통령 권한 비대화란 무엇을 의미하는지 쉽게 설명해 주시겠어요?

193

조봉암 우리나라 최초의 통치 체제는 내각책임제였습니다. 그런데 이승만 세력의 압력으로 그 초안이 대통령중심제로 바뀌고 말았지요.

당시 국회 속기록에 이 문제를 아주 신랄하게 비판하셨어요. 내용을 보면, "이 초안(대통령중심제)을 만들려는 대통령은 과거에는 몰라도 지금의 전 세계에서는 예를 볼 수 없을 만치 제왕 이상의 강대한 권한을 장악한 대통령입니다. 그 대통령은 조약체결권, 비준권, 선전포고권, 국방군통수권, 국무위원 임명권, 사면 감형권, 계엄 선포권과 국회에서 결의한 내용의 재심을 요구할 권리 등 굉장한 권력을 갖고 있는 것입니다. (중략) 인민이 선거한 대통령이라도 어느 한 사람에게 그러한 강대한 권력을 부여하면 독재가 될 폐단이 있을 것을 염려한 것인데 국회에서 선출한 대통령에게 이 초안과 같은 무서운 권력을 준다는 것을 우리 인민의 대다수는 상상도 못할 일입니다."
이때부터 이승만과는 정치적 라이벌이 된 건가요?

조봉암 일제 강점의 역사를 가진 우리가 이렇게 강력한 대통령제를 택할 경우 생길 위험성에 대해 이야기했을 뿐입니다. 특히 초대 대통령은 국민이 직접 뽑은 대통령이 아니라 국회의원들에 의해 간접 선거로 선출되었기 때문에 더욱 경계해야 할 일들이 많다고 생각한 것이지요.

선생님의 이력 중 가장 특이한 점이 바로 이승만 정부의 초대 내각에 참여하신 건데요. 그것도 당시 최대 현안인 농지 개혁을 처리해야 하는 농림부장관에 취임하셨죠.

조봉암 이승만이 대통령이 되는 데 가장 크게 반대했던 사람이 바로 접니다. 원래 저는 서재필 선생이나 김규식 선생이 대통령이 되어야 한다고 생

194

각하고 있었지요. 그런데 이승만이 대통령이 되었고 저에게 농림부장관직을 맡아 달라고 간곡하게 부탁해 왔습니다. 그래서 제가 이유를 물으니, 북한에서는 이미 농지 개혁이 시행되었고 우리 국민들의 최대 관심사 또한 농지 개혁인데 자신을 밀어 준 한국민주당 세력의 반대가 극심해 쉽지 않을 것 같으니 제발 맡아 달라는 것이었습니다. 저는 농지에 대한 대대적인 개혁을 지지해 준다면 힘써 보겠노라 했고 결국 동의를 얻어 초대 농림부장관에 취임하게 되었지요.

그런데 한편에서는 이승만의 초대 내각이 지나치게 친일 우익 쪽에 편향되어 있어서 미군정 측이 독립운동가들과 좌익 진영의 몫으로 추천했다는 이야기도 있어요.

조봉암   그럴 수도 있었겠지요. 하지만 저에게 정치적 의도는 중요치 않았습니다. 당시 국민들이 가장 원하던 것이 자기 땅에서 직접 농사를 짓는 것이었고 그런 농민들에게 땅을 나누어 주는 중차대한 임무를 맡은 데 대해 무한한 책임감과 기쁨을 느끼고 있었습니다.

초대 농림부장관으로서 어떤 활동을 하셨나요?

조봉암   농지개혁법과 양곡매입법의 제정을 서두르는 한편 농민의 조직화를 위해 농업협동조합운동을 전개했습니다.

양곡매입법에 대해 설명해 주시겠어요?

조봉암   일제가 침략 전쟁을 시작하면서 군량미 확보를 위해 만든 공출제도와 양곡배급제가 1940년대 후반까지도 그대로 시행되면서 농민들의 원

195

성이 자자했지요. 이를 바로잡기 위해 국가가 양곡을 모두 사들이고 적당한 가격에 전 국민에게 배급하는 제도가 양곡매입법입니다.

그런데 이 농지개혁법과 양곡매입법 모두 지주 중심의 정당이었던 한민당으로부터 맹렬한 공격을 당했죠. 특히 죽산 선생님의 이러한 노력이 농민들로부터 열광적인 지지를 얻자 차기 집권을 노리던 한민당은 사사건건 시비를 걸었고 결국 관사 수리비 유용 등의 혐의로 선생님을 고발하게 됩니다. 1949년 2월, 취임 6개월 만에 장관직을 사임하셨죠.

조봉암 　관사 수리비 유용 등의 혐의는 아시는 대로 시간이 지나고 전부 무혐의로 밝혀졌지요. 그들은 농림부 직원들이 10여만 환을 들여 장관 관사를 수리한 것을 마치 제가 공금을 유용해 사택을 호화롭게 수리한 것처럼 꾸미고 심지어 국회 감찰위원회와 검찰까지 동원해 저를 압박했습니다. 정황상 터무니없는 모략이었기에 국회에서도 부결 처리되었고, 1, 2, 3심 모두 무죄로 판결이 났지요. 하지만 이 사건으로 급물살을 타고 진행되던 농업 개혁에는 제동이 걸렸고 결국 중단이 되고 말았습니다.

선생님의 뜻이 아주 중단됐다고만은 할 수 없을 것 같은데요. 제가 조사한 바로는 선생님께서 준비하신 농지 개혁 초안을 바탕으로 1949년 6월 농지개혁법이 제정됐으니까요.

조봉암 　당시의 농지 개혁은 이미 북한에서 시작되어 이승만 정부에서도 더 이상 미룰 수 없는 상황이었습니다. 그래서 울며 겨자 먹기 심정으로 농지 개혁을 시작한 거죠. 하지만 그 내용은 기대에 한참 못 미쳤습니다. 해방이 되던 1945년 당시 소작지 면적은 144만여 정보*였습니다. 그런데 5

년 만에 실시된 농지 개혁으로 분배된 토지는 55만 정보에 그쳤으니 1945년 당시의 소작지 중 28퍼센트만 분배되고 72퍼센트는 이미 사적으로 팔아 버렸던 겁니다. 더욱이 농지 개혁의 본래 목적은 자작농 양성에 있었는데 분배 농지의 세금 및 상환액이 너무 과중한 나머지 분배받은 농지를 다시 파는 농민도 많아졌지요. 제가 원래 계획했던 농지 개혁의 모습은 그런 게 아니었습니다. (한숨) 현대사의 비뚤어진 단면이 아니고 무엇이겠습니까.

갈지 못하면 살 수 없다!

2년간의 제헌국회 국회의원 활동을 성공적으로 마치고 1950년 5월 30일 재선에 성공하셨죠?

조봉암 　지금의 국회의원 임기는 4년이지요? 제가 당선되었던 초대 국회의원직은 임기가 2년이었습니다. 1948년 5월에 초선 의원으로 당선되었고, 2년 뒤인 1950년 2대 국회의원 선거에서 무소속으로 인천 병구에 출마하여 무난하게 재선에 성공했습니다.

조금 특이한 점은 분명히 죽산 선생님은 무소속이셨는데, 정당의 중심인물들만이 될 수 있다는 국회부의장에 당선되셨어요.

조봉암 　운이 좋았습니다. 2대 국회의원 선거에서는 초대 국회의원 선거에

---

* 1정보는 3,000평으로 약 9,917.4m²에 해당한다.

불참했던 김규식 선생의 민족자주연맹, 조소앙의 사회당, 장건상의 근로인민당 등 민족주의 계열이 대거 참여하여 상당수가 원내에 진출했기 때문에 제헌국회 때보다 2대 국회 때의 활동 여건이 훨씬 좋았습니다. 그 덕에 무소속 출신으로 국회부의장이라는 막중한 책임이 있는 자리에 오를 수 있었지요.

그런데 안타깝게도 2대 국회가 개원한 지 일주일도 되지 않아서 한국전쟁이 일어났죠.

조봉암　그랬지요. 당시 국회는 6월 26일 밤중에 긴급 소집되어 다음날 새벽까지 난상 토론을 벌인 끝에 수도 사수를 결의했습니다. 그런데 이승만 대통령은 국회의 결의는 아랑곳하지 않고 "국군이 적을 격퇴하고 있으니 국민은 안심하라"는 라디오 녹음 방송을 남긴 채 6월 27일 한밤중에 서울을 버리고 달아나 버렸지요. 전쟁은 터졌고 적군은 수도를 향해서 진격해 오는데 대통령은 사라진, 참으로 어처구니없는 상황이었습니다.

당시 죽산 선생님의 침착하면서도 책임감 있는 행동이 많은 사람들에게 큰 감명을 주었다고 하던데요?

조봉암　대통령이 수도를 떠났다는 소식을 듣고 국회로 달려가 보니 수십 명의 의원들이 안절부절못하고 있었습니다. 국회사무처로 가서 여비를 받아 의원들에게 나누어 주고 피난토록 했고 국회사무처와 정부의 중요 문서를 옮기도록 지시했지요. 한강철교 폭파 직전인 6월 27일 새벽에 서울을 탈출할 수 있었습니다.

청춘의
완터뷰

그런데 안타깝게도 사모님께서 한국전쟁 당시 납북되셨다고 들었습니다.

조봉암　못난 남편을 만나 평생 고생만 한 아내 김조이에게는 진심으로 미안합니다. 전쟁이 터지고 이틀 만에 대통령이 버리고 떠난 서울에 남아 국회의원들을 피신시키고 중요 문서들을 옮기는 데 온 신경을 집중한 나머지 제 아내와 딸을 미처 챙기지 못했지요. 서울을 점령한 북한 인민군은 '반역자 조봉암을 처단하라'는 벽보를 여기저기 붙이며 저를 찾는 데 혈안이 되었고, 친척집에 숨어 있던 아내는 악착같이 저의 행방을 찾는 특수요원에게 검거되어 납북이 되었지요. 그게 제가 아는 아내의 마지막 행적입니다…… 이 자리를 빌어서라도 아내에게 용서를 구하고 싶군요.

위로의 말씀을 드립니다. 많이 힘드셨을 텐데 선생님께서는 주저앉지 않으시고 부산에서 정치적인 활동을 이어 가셨죠. 대통령에 대한 원망이 그 누구보다 컸을 것 같은데요.

조봉암　많은 분들의 예상과는 달리 부산 피난 시절 저는 이대통령과 비교적 가깝게 지냈습니다. 원망스러운 마음이야 당연히 있었지만 당시에는 힘을 한군데로 모아야 하는 전시 상황이었기 때문에 최대한 대통령을 지원하려고 했습니다. 종종 대통령을 찾아가 정무를 보고하기도 했고 대통령께서도 저를 자주 불러 국정을 협의했지요. 그런데 대통령 주변의 사람들이 저를 견제하며 모함하기 시작했고, 무엇보다 수많은 청년들을 죽게 한 국민방위군사건*과 공비 소탕을 구실 삼아 한 마을에서 600여 명의 양민을 학살한 거창사건 등을 보며 저는 이대통령의 정책 수행 능력에 문제

---

* 1·4 후퇴 때 국민방위군 간부들이 약 25억 원의 국고금과 물자를 부정 착복하여 식량과 피복 등 보급품을 제대로 지급하지 못해 방위군 내 천여 명의 아사자와 병자를 발생시킨 사건이다.

가 있음을 깨닫게 되었습니다. 그러던 중 부산 정치 파동이 터졌지요.

부산 정치 파동이라 하면…….

조봉암   1952년 여름, 이대통령이 제2대 대통령 선거에서 재집권하기 위해
경찰과 헌병대 등 무력을 동원해 직선제개헌안을 반대하는 국회의원들을
잡아 가두고 국회의원 50여 명이 탄 버스를 크레인으로 끌고 가 버리
고…… 나머지 국회의원들에게 기립 투표 방식을 강요해 개헌안을 통과
시킨 사건이지요. 이것이 1차 개헌인데 발췌개헌이라고도 합니다.

**그 결과 한국전쟁이 끝나지도 않은 상황에서 제2대 대통령 선거를 직접선거로
치르게 되었죠. 그리고 선생님께서는 매우 위험한 결정을 내리셨습니다. 제2대
대통령 후보로 출마하셨죠. 부산 정치 파동까지 일으키며 정권에 강한 집착을
보였던 이승만 쪽에서 선생님을 그냥 둘 리 만무한데 말이죠.**

조봉암   결과적으로 그렇게 되어 버렸지요. 하지만 저에게는 당시 대통령
후보로 나갈 수밖에 없는 이유가 있었습니다. 제2대 대통령 선거 후보로
나서는 사람이, (한숨) 이승만뿐이었습니다. 특히나 야당에서는 단 한 사
람도 나서는 이가 없었지요. 헌병대가 국회의원이 탄 버스를 버젓이 끌고
가 버리는 사태가 벌어지는 상황에 그 누가 나설 수 있겠습니까. 명색이
민주 국가에서 대통령 선거에 단일 후보가 나서는 일은 없어야 한다고 생
각한 저는 당시 국회의장이었던 신익희 선생에게 출마를 권고했지만 그는
이미 대세는 기울었다며 사양했습니다. 당시 부통령이었던 이시영을 찾아
갔지만 그 역시 대세론을 펴며 나서지 않았지요.

200

그런데 결과적으로 이시영 선생은 선거에 출마했죠?

조봉암 저도 의외였습니다. 제가 선거 등록을 마치자 이시영 부통령도 대통령 선거에 입후보하더군요.

이시영 선생이 출마한 이유는 무엇이었을까요?

조봉암 저도 정확히 알 수는 없지만 나름 추측해 보자면, 이승만 계열은 부산 정치 파동 과정에서 자유당을 창당해 지지 기반을 넓히면서 실질적인 여당 역할을 하고 있었고 민주국민당은 야당 세력으로 자리 잡아 가고 있었지요. 그런데 만약 민주국민당에서 대통령 후보를 내지 않는다면 야당의 정통성이 저에게로 넘어갈 수도 있다는 위기의식이 있었던 것 같습니다.

선거 운동 과정은 어땠나요?

조봉암 저는 '앞으로 4년, 이대로 살 수 없다!', '이 꼴 저 꼴 다 봤다, 혁신으로 바로잡자!'는 구호로 선거를 시작했습니다. 평화통일, 국민의료제도, 국가보장교육제도, 노동자들의 경영 참여, 농촌 고리채 지불 유예 등의 공약을 내걸었지요. 하지만 제2대 대통령 선거는 말 그대로 최악의 진흙탕이었습니다. 아무리 전쟁 중에 치러진 선거라지만 명색이 대통령 선거인데 선거 운동 기간이 10일에 불과했고 더욱이 자유당과 민국당 양쪽으로부터 협공을 받아 선거 자금은커녕 선거 운동원 모으기도 힘들었지요. 그나마 운동원으로 나선 몇몇 사람들은 선거 벽보를 붙이다가 몰매를 맞고 유치장에 끌려가기도 했습니다. 게다가 정부는 강연회를 열 장소도 허락해 주지 않았고 유권자들이 모이면 무력을 사용해 해산시키곤 했습니다. 투표와 개표 과정에서 위법 행위를 저지른 건 말할 필요도 없고…….

개표 결과는 어땠죠?

조봉암   이승만 후보가 523만여 표를 얻었고, 저는 79만여 표를 얻었습니다. 부통령이었던 이시영 후보는 그보다 조금 낮았고요.

자료를 보니 전쟁 중 임시 수도였던 부산에서 이승만 후보와 득표수가 비슷했네요. 몇몇 학자들은 부산 지역의 득표 결과를 근거로 당시 선거가 엄청난 부정 선거였다고 결론짓기도 합니다. 아무런 연고도 없는 부산에서 아주 근소한 표차가 났다면 전국적으로는 최소한 더 적은 표 차가 나거나 선생님의 승리도 충분히 가능했을 텐데 전혀 반대의 결과가 나왔으니, 전국적으로 엄청난 부정 선거가 이루어진 증거라는 것이죠.

조봉암   저 역시 수긍하기 어려운 결과였지만, 전시 상황 중에 경찰과 검찰, 군부까지 모두 장악한 이승만 세력의 부정 선거를 명확히 증명하기란 애초에 불가능한 일이었지요.

그럼에도 불구하고 전국에 조봉암이라는 강력한 정치인을 인식시킬 수 있었던 의미 있는 선거였죠.

조봉암   그 말씀도 맞지만 제 정치 인생에 역경이 시작된 선거이기도 합니다. 선거가 끝나고 저는 여야의 협공 대상이 되었지요. 이승만 세력은 저의 출마를 당돌한 도전이라고 받아들였고, 야당의 중심이던 민국당에서는 현실적인 적으로 저를 경계하기 시작했으니까요. 더욱이 공산주의자라는 이력은 전쟁이 끝나면 공격받기 참으로 좋은 조건이었지요.

1954년 민의원(국회의원)선거 당시 어떤 세력이 선생님의 후보 등록을 교묘히 방해했다고 들었는데요. 그것을 협공의 결과로 볼 수 있을까요?

조봉암   1954년 국회의원 선거 후보 등록 사건은 시작에 불과했습니다. 선거일은 1954년 5월 20일이었죠. 인천 지역 출마를 위해 준비해 놓은 후보자 등록 서류를 괴한들이 탈취해 가는 사건이 생기자 저는 인천을 포기하고 피난 시절 인연을 맺은 부산 '을' 구에 후보 등록을 준비했지요. 하지만 역시 깡패들의 협박과 방해로 등록을 할 수 없었습니다. 마지막으로 당시 여당의 2인자로 자리를 잡아 가던 이기붕과 맞붙기로 결정했지요. 선거 등록 마지막 날 서울 서대문구에서 200여 명의 추천인 서명을 받아 서류를 접수했습니다. 저의 서류를 받아 든 직원이 추천인 서류를 들고 안으로 들어갔는데 감감무소식이었죠. 알고 보니 당시 다른 방에 있던 서대문 경찰서 간부들이 저를 추천해 준 사람들 명단을 가로채 그들에게 형사를 보내 추천을 취소하도록 만든 겁니다. 결국 접수 시간이 지났고 저는 추천인 서류 미비를 이유로 후보 등록을 거부당했지요.

불과 2년 전 대통령 선거에서 2위까지 하신 분이 국회의원 선거에 후보 등록도 못할 정도로 탄압의 대상이 되셨군요. 폭력배와 경찰들이 대놓고 유력 정치인을 탄압하는데 당시 야당에서도 보고만 있었다니, 정말 한심하군요. 자유당의 독주를 막아 보자고 야당 정치인들이 모인 호헌동지회에도 끝내 참여하지 못하셨죠.

조봉암   참 가슴 아픈 일입니다. 초대 농림부장관과 국회부의장까지 지냈던 저인데, 공산주의자라는 낙인을 지울 수가 없었지요. 저의 호헌동지회 참여를 두고 잡음이 끊이지 않자 자진해서 빠졌습니다.

그리고 진보당이 결성되었죠.

조봉암　1956년 1월 진보당추진위원회가 결성되었지요. 그해 5월 15일에 대통령 선거가 있었는데 진보당이 정식으로 창당되지 않은 상태였기 때문에 무소속으로 출마했습니다. 진보당은 같은 해 11월이 되어서야 정식 창당을 할 수 있었지요.

그렇게 고생을 하셨으면서 왜 다시 출마를 선언하신 건지 궁금합니다.

조봉암　시간이 지나면서 이승만 대통령은 처음에 자신이 목표했던 모습과 점점 멀어졌고 다른 사람이 되어 갔습니다. 1954년 사사오입* 개헌을 통해 추한 권력욕을 여실히 보여 주었죠. 호헌동지회와 함께 통합된 야당을 만들겠다는 의지를 다졌지만 함께할 수 없어 기운이 빠졌던 차에 서상일 선생과 몇몇 분들께서 신당 창당 의견을 내셨고, '새 인류의 새 이상으로 만인 공존의 복지사회 건설'을 목표로 하는 혁신 정당을 만들자는 주장이 합치되어 진보당추진위원회가 만들어진 겁니다. 그리고 위원회의 추천으로 대통령 선거에 입후보하게 되었지요.

당시 진보당추진위원회의 선거 공약 10항을 살펴보니 마치 1950년대 선거 공**

---

* 1954년 5월 20일, 국회의원 선거에서 원내 다수를 차지한 자유당은 이승만의 종신 집권을 가능케 하기 위해 "초대 대통령에 한해 중임 제한을 없앤다"는 것을 주요 골자로 국회에 제2차 헌법개정안을 제출하였다. 그러나 같은 해 11월 27일, 국회 표결 결과 '재적의원 203명 중 2/3가 찬성해야 한다'는 원칙에 따른 가결정족수 136명에서 한 명이 모자란 찬성 135(135.33⋯⋯)표, 반대 60표, 기권 7표라는 결과가 나오자 자유당은 당시 대한수학회 회장이던 최윤식 교수까지 내세워 135.33⋯⋯ 명은 반올림하면 136명이 된다는 해괴한 주장을 하며 가결을 선포하였다.

** 1. 진보 세력이 주도권을 장악하여 유엔 보장 아래 민주 방식에 의한 평화통일을 성취한다.
　 2. 외교를 쇄신하고 집단 안전 보장을 확립하여 국방 문제를 해결하고 군비 부담을 경감한다.
204　 3. 집권자가 국민 앞에서 책임지는 정치 체제를 확립한다.

약이 아니라 2010년대의 선거 공약을 보는 것 같았습니다. 그와 동시에 우리나라가 경제적으로는 많이 성장했지만 복지 면에서는 지난 50년간 정체되어 있었구나 하는 생각도 들었고요. 또, 죽산 선생님께서 만약 대통령에 당선되셨다면 복지 국가가 조금 더 앞당겨지지 않았을까 하는 생각도 했습니다.

조봉암   그렇게 생각해 주시니 감사합니다. 한편으로, 복지 국가라는 명제를 여전히 무거운 과제로 떠안고 사는 조국의 현실이 가슴 아프군요.

선생님께서 대통령 후보로 나오자 야당의 반응은 어땠나요?

조봉암   1956년 3월 31일 진보당 전국추진위원 대표자회의에서 대통령 후보로 저를, 부통령 후보로 서상일을 지명했으나 서상일이 고사해 박기출을 부통령 후보로 하고 서상일은 선거대책위원장이 되었습니다. 후보 등록 전부터 민주당을 비롯한 재야 각계에서 야당 연합 전선에 관한 문제가 제기되었지요. 당시 막강한 권력을 행사하던 이승만 대통령의 퇴진을 위해서 야권 단일 후보가 절실하다는 점에 저 역시 공감하고 있었고요.

단일 후보라…… 선생님께서도 대통령 후보로 출마한 이상 욕심이 있으셨을 텐데요. 이승만 정권만 종식시킬 수 있다면 무조건 양보하실 마음이 있으셨던 건가요?

---

4. 서민 생활에 대한 정부의 유해무익한 간섭, 허가 제도를 일소한다.
5. 행정 기구를 대폭 감소하고 공무원의 생활을 완전히 보장한다.
6. 종래의 대중적 수탈 정책을 폐지하고 생산·분배·소비에 걸친 종합적인 농민협동조합을 조직한다.
7. 농촌 고리채를 일정 기간 지불 유예하여 현물세를 폐지하고 자율적인 농민협동조합을 조직한다.
8. 노동자의 자유로운 단결권과 단체교섭권을 보장한다.
9. 상이군경 유족 등의 생활을 국가적으로 보장한다.
10. 교육의 완전한 국가보장제를 실시하고 학제를 개혁하여 연한을 단축한다.

조봉암 이승만 정권의 종식이 저의 최대 목표였지만 그렇다고 무조건 양보하겠다는 건 아니었습니다. 저는 당시 "진보당이 지향하는 정강에 어떠한 야당이라도 호응해 온다면 정·부통령 후보 지명 백지화는 물론 나 자신의 입후보를 취소할 용의가 있다"는 성명을 발표했습니다. 또한 연합을 위한 거국 내각 성립과 함께 3대 원칙을 제시했지요. 첫째, 책임 정치 수립, 둘째, 수탈 없는 계획경제체제 실현, 셋째, 민주적·평화적 통일 성취가 그것입니다.

당시 야당인 민주당에서는 어떤 반응을 보였나요?

조봉암 민주당은 당연히 수용하는 태도를 보였지요. 특히 민주당의 대통령 후보였던 해공 신익희 선생은 저와의 단일화에 매우 적극적이었습니다.

신익희 선생과는 친분이 있으셨나요?

조봉암 일제 강점기 때는 함께 독립운동을 했고 광복 후에는 국회의장과 국회부의장으로 같이 활동했었기 때문에 아주 잘 아는 사이지요. 민주당과 저희는 구체적인 후보 단일화 협의를 위해 4자 회담을 열기로 했습니다. 민주당 대통령 후보 신익희, 부통령 후보 장면, 우리 쪽에서는 저와 박기출 이렇게 넷이었지요. 그런데 4자 회담 직전에 장면 측에서 불참을 통보해 3자 회담으로 축소해서 진행되었습니다.

장면 측에서는 왜 갑작스럽게 불참한 것일까요?

조봉암 정확히 알 수는 없지만 4자 회담이 진행되면 대통령 후보에 신익희, 부통령 후보에 저, 조봉암의 구도로 가게 될 거라는 불안감이 있었던 게 아닐까 생각됩니다.

3자 회담에서 충격적인 발언을 하셨다고요.

조봉암   대통령 후보로 신익희 선생을 지지하고 저는 사퇴하겠다고 발표했습니다. 다만 부통령 후보로는 장면이 아닌 박기출을 지지한다고 발언했지요. 그 때문에 당시 민주당 내부에서는 계파 싸움이 한참 동안 계속되었습니다. 신익희 선생 입장에서도 일방적으로 한 후보에게 사퇴를 종용할 수 없는 일이니 결국 부통령 후보 문제는 차후로 미루게 되었지요.

그런데 왜 3자 회담 이후에도 독자적인 선거 운동을 계속하셨죠?

조봉암   독자적으로 선거 운동을 하다가 선거일 직전에 단일화를 하는 것이 유리하다고 판단했습니다. 1956년 5월 6일, 대선을 9일 앞둔 시점에 단일화를 공식 선언하기로 합의했지요.

당시 정권 교체 열기가 대단했다고 들었는데요.

조봉암   저에 대해서도 우호적이었고, 특히 5월 3일 신익희 후보의 한강 백사장 연설 때 30만 인파가 모인 것은 자유당 독재 정권의 종말을 예고하는 것 같았지요.

그런데 바로 이틀 뒤 5월 5일에 신익희 후보가 갑작스럽게 사망했죠.

조봉암   (한숨) 한국 민주주의의 시련은 그칠 줄을 몰랐습니다. 그렇게 건강하시던 분이 열차에서 급서하시다니…… 말할 수 없이 안타까웠지요.

그렇지만 아직 사퇴하지 않은 선생님이 계셨잖아요. 정권 교체의 국민적 열망에 더해진 신익희 선생에 대한 애도의 분위기는 아무래도 선생님 측에 유리하게 작용했을 것 같은데요.

조봉암　판세가 저에게 유리해진 만큼 불안감이 커진 당시 정권의 선거 탄압은 극에 달했습니다. 경찰들이 운동원을 영장 없이 감금하기도 했고, 괴한들이 운동원을 잡아가 고문, 폭행하는 일도 잦았습니다. 결국 우리는 박기출 부통령 후보를 사퇴시키고 민주당의 장면 후보를 지지할 테니 연합하여 선거를 치르자고 민주당에 제안했지요. 그런데 선거 3일 전, 민주당이 뜻밖의 성명을 발표했습니다. "남은 두 대통령 후보의 행상이나 노선으로 보아 우리는 그 어느 편도 지지할 수 없다. 우리도 부득이 정권 교체를 단념하고 부통령 선거에만 전력을 기울인다."

그리고 이미 망자가 된 신익희 후보에게 추모 표를 던져 달라고 공공연히 호소했지요.

아니, 정권 교체의 국민적 열망을 잘 알고 있었을 텐데 왜 그랬던 거죠?

조봉암　아마 당시 민주당에서는 저를 대통령 후보로 세워 정권 교체를 이루는 것보다 차라리 이승만 정권을 연장하는 편이 자신들의 기득권을 지키는 데 유리하다고 생각했던 것 같습니다. 그러한 이유로 장면을 부통령에 당선시킨 다음 고령인 이승만의 유고를 대비하겠다는 전략을 짠 것일 테지요. 원래 진보는 분열로 망한다고 하지 않습니까?

1956년도 대선하면 유명한 선거 구호들이 떠오르는데요. 당시 민주당에서는
208　"못 살겠다 갈아 보자"라는 시대의 명 구호를 만들었죠. 그러자 여당인 자유당

에서는 "갈아 봤자 소용없다", "구관이 명관이다" 등으로 대응했습니다. 선생님의 구호는 무엇이었죠?

조봉암 저희 쪽 구호는 "갈지 못하면 살 수 없다", "혁신만이 살길이다" 등이었습니다. 그것이 정권 획득의 목적이자 통일 한국의 미래라고 생각했으니까요.

신익희 후보 사망 이후 선거 과정은 어땠나요? 불안을 느낀 당시 정권의 관료들이 순순히 보고만 있지는 않았을 것 같은데요.

조봉암 당시 국민들의 정권 교체 열망은 대단했습니다. 거기에 신익희 선생의 갑작스러운 죽음으로 당시 정부 관료들의 불안은 극에 달했지요. 불안감이 큰 만큼 저에 대한 탄압의 강도는 더 세졌고 말입니다.

부정선거의 피해자, 사법살인의 희생양이 되다

사실 이 인터뷰에 앞서 선생님에 대한 자료들을 찾다가 큰 의문이 하나 생겼는데요. 선생님께서는 1956년 대통령 선거 운동 과정에서 광주 유세 이후 소리도 없이 잠적하셨습니다. 왜 그러셨나요?

조봉암 이 자리에 응하며 그 질문만은 나오지 않기를 바랐는데 역시나 듣게 되는군요. 솔직히 무서웠습니다. 제 목숨도 목숨이지만 제가 없어지면 단일 후보로 선거가 치러질 테고…… 선거를 치른 후에 맞닥뜨리게 될 조국의 현실이 암담했습니다. (한숨) 신익희 선생 서거 이후 우리 쪽에 대한 경찰과 폭력배의 행동은 상상을 초월했습니다. 우리 일행이 광주에 도착했을 때는 경찰이 우리 차량을 막고 통과시키지 않아서 그냥 돌아올 수밖에 없었지요. 전 방위로 직접적인 테러 위협이 가해졌습니다. 선거 준비 참모들과 대책 회의 결과 조직원들이 선거 운동을 하고 저는 은신해 있는 것이 좋겠다는 결론이 나왔고 서울 모처에 은신하게 되었지요.

직접적으로 생명의 위협을 느낀 선생님의 심정을 제가 다 이해할 수는 없겠지만, 국민들의 열망을 누구보다 잘 알고 계셨던 선생님께서…… 그때 만약 신익희 선생님의 장례를 국민장으로 치르고 민주당과 진보당 양당의 후보로 신익희 선생을 추대하기로 합의했었다고 밝힌 뒤, 조봉암이 대통령에 당선되면 연립 내각을 조직하겠으니 민주당은 물론 자유당의 모든 애국지사들은 협력해 달라는 성명서를 발표했다면 어땠을까요? 그리고 "신익희 선생의 죽음이 헛되지 않도록 죽을 각오로 끝까지 싸우겠다. 전 국민은 모두 나와 지금의 국정을 혁신케 하자!"고 간절히 호소했다면 어땠을까요?

조봉암 류 선생님께서 정치가 기질이 있으시군요. (웃음) 그때에는 너무 급박하게 돌아가는 상황들과 복잡하게 얽힌 관계들 때문에 깊이 생각할 여력이 없었던 것 같습니다. 이제 와서 생각하니 정말 부끄럽고 한스러울 따름이군요.

한편으론 은신해 있더라도 선거에서 이길 수 있다는 확신이 있으셨던 건 아닌가요?

조봉암 확신까지는 아니지만 승리할 가능성이 높다고 생각했던 것 같습니다. 하지만 문제는 개표였지요. 개표 과정에서 어느 정도 부정은 있을 거라고 예상했지만, 제가 당시 자유당 정권을 너무 만만하게 생각했습니

210

청춘의 완터뷰

다. 아시다시피 상상을 초월하는 부정 선거가 전국 곳곳에서 이루어졌지요.

선거 결과 이승만 504만 표, 조봉암 216만 표, 신익희 추모 표(무효표) 185만 표로, 당시 이승만이 80% 이상의 득표율을 기록할 것이라는 예상과 달리 52% 득표율에 그쳤습니다. 이는 4년 전보다 무려 22%나 떨어진 수치였는데요. 정상적인 개표가 이루어졌다면 그 득표율도 반의 반으로 줄었을 거라는 분석도 있었습니다. 당시 부산 영도구 자유당 위원장이었던 이영언 씨는 "개표 상황을 본 순간 너무나 큰 표 차에 등골이 오싹해졌다. 이것저것 할 것 없이 모두 죽산 표뿐이었다. 공무원들도 이승만에게 투표하지 않은 것 같다. 조봉암 표를 가운데 넣고 위아래에 이 박사 표를 한 장씩 붙여 100표 한 묶음의 샌드위치 표를 만들었는데, 위아래에만 붙이기에도 이 박사 표가 모자랄 지경이었다. 이 같은 실정으로 미루어 볼 때 조봉암은 유효 득표의 70~80%는 틀림없이 획득했던 것으로 생각되며, 조봉암의 총 득표는 아마 600만을 넘고 이승만의 득표는 100만 표를 전후했을 것으로 생각된다"고 말했습니다.

조봉암 (침묵)

민주당 관계자의 증언도 있는데요. 당시 민주당 최고 위원이었던 조병옥은 "이번 제3대 대통령 선거에 있어서, 내 판단에는 만일 자유 분위기의 선거가 행해졌더라면 이 대통령이 받은 표는 200만 표 내외에 지나지 못했으리라 판단한다"고 말했습니다. 그런데 납득되지 않는 점이 하나 있습니다. 선생님께서는 낙선하셨지만 민주당의 부통령 후보였던 장면은 당선이 됐죠? 그래서 어떤 이들은 부통령에 장면이 당선된 것이 개표 과정에 부정은 없었다는 증거라고 주장

211

하는데요.

조봉암 　야당은 모두 같은 편이라는 생각을 갖고 보면 그렇게 볼 수도 있겠지요. 그러나 당시 민주당은 죽은 후보에게 추모 표를 달라던 당입니다. 자신들의 기득권을 챙기기 바빴던 자유당과 민주당은 '거래'를 했습니다. 일부 지역에서 부통령 투·개표가 공정하게 진행되도록 보장할 테니 대통령 투·개표에 민주당 참관인은 눈을 감아 달라는 식의 협잡이 있었던 게지요.

이러한 공정치 못한 과정이 있었기 때문에 '선거에는 이기고 개표에선 졌다'는 말이 나왔던 거로군요. 그럼에도 불구하고 제3대 대통령 선거 유효 득표의 30%를 차지할 정도의 정치적 입지를 보여 주셨기 때문에 이승만 정부에서도 무시하지 못할 정치 세력으로 성장하셨죠.

조봉암 　정치적 세력이 커진 만큼 생명의 위협도 커졌지요.

1956년 5월 제3대 대통령 선거가 끝나고 그해 11월에 우리나라의 첫 진보 정당인 진보당이 창당됐죠. 그리고 그 당의 대표가 되었어요. 진보당 결당대회에서 하신 개회사 일부를 발췌했습니다.

"그 시대에 맞고, 그 사회에 맞고, 그 인정에 맞도록 제도를 만들고 정책을 고침으로써 사람이 사람을 착취하는 일을 없애고 인간의 존엄성을 무시하는 일을 없애고 모든 사람의 자유가 완전히 보장되고 모든 사람이 착취당하는 일 없이 응분의 노력과 사회적 보장에 의해 다 같이 평화롭게 행복하게 잘 살 수 있는 세상, 이것을 가리켜 한국의 진보주의라 해도 좋을 것입니다."

조봉암 　제 인생에서 가장 감격적인 순간이었던 것 같습니다. 창당 준비 과정에서 심한 방해 공작이 있었지만 저와 뜻을 같이하는 사람들과 정당을 만들었다는 것 자체가 감동이었습니다. 제가 진심으로 원했던 평화통일과 수탈 없는 계획경제를 이룩할 수 있는 기초를 만든 셈이니까요.

선생님께서 60여 년 전에 만드셨던 진보당의 정견을 요즘 말로 바꿔 보면 '전 국민을 위한 복지사회 건설(을 위한 정당)', '정책 중심(의 정당)' 등으로 요약이 가능할 것 같은데요.

조봉암 　네, 정확히 맞습니다. 당시에는 '피해 대중'이라는 용어를 사용했었습니다. 자본 독재의 폐해와 공산 독재의 폐해, 그리고 6·25전쟁 당시 양민 학살 등으로 피해를 입은 국민 전체를 표현하는 용어였지요. 지금은 '국민'이라는 용어가 더 어울릴 것 같군요. 전 그들을 위한 정치를 하고 싶었습니다. 농촌을 살리고, 노동자의 권리를 보호해 주고, 교육과 의료 혜택이 전 국민에게 돌아가는 그런 정치 말입니다.

그런 선생님의 꿈을 무참히 짓밟는 사건이 터졌죠. 1958년 1월 12일 진보당 간부들이 경찰에 긴급 체포됩니다. 선생님께서는 다행히 그날 구속을 피하셨는데요. 상황이 좋지 않으니 일단 일본으로 피하라는 지인들의 권유가 있었다는 게 사실인가요?

조봉암 　사실입니다. 하지만 도저히 받아들일 수 없었지요. 잘못한 게 없었으니까요. 저에게 간첩죄와 국가보안법 위반 혐의를 씌웠지만 저는 결백했고 제가 경찰서에 가지 않으면 이미 잡혀간 간부들이 더욱 난처할 것이라고 판단했기 때문에 다음 날 서울시경에 자진 출두했습니다.

이것이 광복 이후 최대 정치 사건이라는 진보당 사건의 시작이군요. 제2야당의 당수와 간부 전원이 체포된 이 사건의 공판 과정이 궁금한데요.

조봉암   1958년 3월 13일이 첫 공판일이었던 걸로 기억하는데요. 검사가 저에게 '평화통일을 주장했으므로 간첩'이라고 하기에 제가 "공산 괴뢰가 먹는 밥을 밥이라고 부르면 우리가 먹는 밥은 밥이라고 부르지 말아야 한단 말인가? 공산 괴뢰가 통일하기를 원한다고 떠들면 우리는 통일을 원치 않는다고 해야 한단 말인가!"라고 따지고 물었지요. 검사는 전혀 논리적이지 못한 태도로 일관했습니다.

그런데 양명산의 등장으로 5월 공판부터는 상황이 불리해졌어요. 양명산은 자신이 간첩이며 북에서 받은 돈과 지령을 조봉암에게 전달했다고 주장했죠.

조봉암   제가 양명산에게 돈을 받은 건 사실입니다. 자신을 사업가로 소개한 양명산이 저에게 진보당의 정책 노선을 지지한다며 정당에 정치 자금을 기부하고 싶다는 의사를 전했고 감사한 마음으로 받아 투명하게 처리했습니다. 또한 당시 양명산의 북한 통행을 도왔던 북파공작원 출신 엄숙진도 자신이 모르게 북으로부터 돈을 가져오는 건 불가능한 일이라고 증언하기도 했습니다.

20여 차례의 공판 이후 검찰에서는 사형을 구형했지만 당시 재판부는 간첩 혐의에 대해서는 무죄, 국가보안법 혐의에 대해서는 5년 형을 판결했습니다. 그리고 1958년 9월 시작된 2심 공판에서는 양명산이 진술을 번복했죠.

조봉암   양명산은 2심 첫 공판부터 자신의 진술을 번복했습니다. '죽산 선생은 간첩이 아니며 받은 돈도 순수한 정치 자금이 맞고, 자신도 간첩이 아니다'라고 주장했습니다. 특무대(지금의 기무사)의 고문에 못 이겨 허위로 진술한 것이라고 강하게 주장했지요.

양명산이 1심 때와 전혀 다른 진술을 한 이유가 무엇이었을까요?

조봉암 아마도 특무대나 검찰에서 양명산을 1심 재판 전에 회유했던 것 같습니다. '조봉암만 간첩으로 만들면 너는 풀어 줄 테니 거짓으로 증언하라'는 식으로 말이죠. 그런데 1심에서 양명산이 사형을 선고받거든요. 양명산은 자신이 속은 것을 깨닫자 진실을 말하기로 결심했던 것 같습니다.

그러나 양명산의 증언은 증거로 채택되지 않았고, 선생님께서는 2심에서 사형을 선고받으셨습니다. 항소하셨지만 1959년 2월 최종 결심 공판도 같은 결과였죠.

조봉암 이미 어느 정도 예상은 하고 있었습니다. 결과가 정해진 재판이었지요. 당시 이승만 대통령이 재판에 대해 국무회의에서 세 번씩이나 언급했다고 하니 관료들이 어떻게 움직일지는 이미 정해진 것 아니겠습니까.

재심 기각 18시간 만인 1959년 7월 31일, 사형이 집행됐습니다. 기록을 찾아보니 마지막으로 이런 말씀을 남기셨어요. "나에게 죄가 있다면 많은 사람이 고루 잘 살 수 있는 정치 운동을 한 것뿐이오. 그런데도 나는 이승만 박사와 싸우다 졌으니, 승자로부터 패자가 이렇게 죽임을 당하는 것은 흔히 있을 수 있는 일이나 다만 나의 죽음이 헛되지 않고 이 나라의 민주주의 발전에 도움이 되길 바라며, 그 희생물로는 내가 마지막이 되길 바랄 뿐이오."

이렇게 말씀하신 지 어느덧 반세기가 지났습니다. 선생님의 바람이 어느 정도 이뤄졌다고 생각하시는지요?

조봉암 글쎄요. 많이 아쉬울 따름입니다. 제가 죽은 다음 해에 4·19혁명이라는 우리나라 역사상 가장 위대한 민주주의 혁명이 있었지만 그 후 30여 년을 군부 독재에 시달려야만 했으니까요. 그리고 제가 1950년대 추구했던 정책 중심 정당체제나 복지국가 등의 개념이 아직 멀게만 느껴지고, 상대 정파에게 치졸하게 보복하는 모습, 상대 정당이나 정파에 절대해서는 안 될 이념 공세, 즉 색깔론이 아직도 21세기의 한국 사회에 존재한다는 것 자체가 안타깝습니다. 무엇보다 평화통일을 그토록 주장했지만 여전히 남북이 나뉘어 대치하고 있는 상황이 가슴 아프군요.

그래도 희망은 있었습니다. 대법원 전원합의체*가 2011년 1월 20일 이승만 정권 시절 북한 간첩으로 몰려 사형당한 선생님의 재심이 있은 지 반세기 만에 무죄 판결을 내렸죠. 명백한 사건의 진실을 밝히는 데 반세기나 걸렸다는 것이 슬프긴 하지만 그래도 최종 무죄 판결을 받으신 데 대해 다시 한 번 축하드립니다. 그리고 이렇게 긴 인터뷰에 응해 주셔서 진심으로 감사합니다. 학생들이 바른 역사관을 가질 수 있도록 저부터 최선을 다해 노력하겠습니다.

조봉암 제가 더 감사합니다. 제가 꿈꾸었지만 결국 볼 수 없었던 나라를 만들기 위해 노력해 주십시오. 부족한 사람을 만나러 와 주셔서 기뻤습니다.

---

* 전원합의체(대법관회의)는 대법원에 있는 사법행정상의 최고의결기관이며 대법관은 전원합의체의 구성원이 된다. 전원합의체는 대법원장과 대법관 13명으로 구성되며 대법관 전원의 3분의 2이상 출석과 출석 인원 과반의 찬성으로 의결한다.

죽산이 사법살인으로 세상을 떠난 지 어언 반세기가 지났다. 이제 그를 만나고 난 후의 우리는 이러한 질문에 답해야만 할 것이다.

우리 시대는 정적을 비참하게 죽이지 않는지.
우리 시대는 평화통일을 위해 노력하고 있는지.
우리 시대는 정책 중심의 정당들로 이루어져 있는지.
우리 시대는 자본 독재로부터 자유로운지.
우리 시대는 인간의 존엄성을 무시하지 않는지.
우리 시대는 모든 국민에게 평등한 교육과 의료 혜택을 제공하는지.
우리 시대는 노력하면 평화롭고 행복하게 살 수 있는 시대인지……

반세기 전 죽산이 던진 물음에 우리는 얼마나 당당히 답할 수 있을까?
"우리가 독립운동을 할 때 돈이 준비되어서 한 것도 아니고 가능성이 있어서 한 것도 아니다. 옳은 일이기에 또 아니하고서는 안 될 일이기에 목숨을 걸고 싸웠지 아니하냐?"
죽산 조봉암. 그는 자신이 생각하는 옳은 일, 아니하고는 안 될 일을 위해 목숨을 걸고 싸웠다. 그리고 그 시대의 우리는 법의 이름으로 그를 죽였다.
우리에게 잘 알려진 이탈리아 출신의 철학자이자 수학자, 천문학자인 브루노^{Giordano} ^{Bruno}(1548~1600)는 지동설을 주장하고 반교회적인 범신론을 논하며 교황청와 대립하다가 비극적 죽음을 맞았다. 당시 교황 클레멘스 8세는 그에게 '회개할 줄 모르는 고집 센 이단자'라며 화형을 선고했고 그 처형장에서 브루노는 "선고를 받는 나보다 선고를 내리는 당신들의 두려움이 더 클 것이오"라는 말을 남기고 입에 재갈이 물린 채 불에 타 죽었다. 그가 죽고 300년이 지난 1899년, 대문호 빅토르 위고가 주도하여 동상을 건립한다. 사상의 자유를 위해 싸운 브루노의 동상에는 이런 글귀가 새겨져 있다.

217

브루노에게, 그대가 불에 태워짐으로써 그 시대가 성스러워졌노라.

나는 죽산의 묘지를 찾아 이렇게 말하고 왔다.

죽산이여, 그대가 그 시대에 형장의 이슬로 사라졌기에
이 시대에 우리가 민주주의의 나무를 키우고 있노라.

장준하와의
인터뷰

장준하

기독교 목사인 아버지 장석인과 어머니 김경문 사이에서 3남 1녀 중 맏아들로 태어났다.

1932
부친이 교사로 있는
평양 숭실중학교에 입학

1938
• 신성중학교 졸업
• 신안소학교 교사로 부임

1942
동경 일본신학교로 전학

1918
8월 27일
평안북도 의주군 고성면
연하동에서 출생

1933
신성중학교 교목으로
전근을 가게 된
부친을 따라 전학

1941
• 친구 김익준의 권유로
일본 유학 결심
• 일본 동양대학(東洋大學도
요대학) 철학과 입학

1944
• 1월 5일 신안소학교 시절
제자였던 김희숙과 결혼
• 1월 20일 일본군 학도병
으로 징집되어 중국 서주
스카다 부대에 배속
• 7월 7일 스카다 부대 탈출

1960
〈사상계〉에
3·15부정선거와
관련한 집권당의 횡포를
신랄하게 규탄함

1962
막사이사이(Magsaysay)
언론문학상 수상

1967
제7대 총선에서
서울 동대문(을)구에
옥중 출마하여 당선

1959
보안법 파동으로 〈사상계〉
창간 7주년 기념호에
백지 머리말을 실어
자유당 정권 비판

1961
장면 내각의
국토건설본부
기획부장으로 활동

1965
• 〈사상계〉를 통해 한·일협정
조인을 정면으로 반대함
• 민중당 주최 국민규탄대회에
서 "밀수 왕초 박정희" 발언으
로 구속됨

1971
• 자서전 《돌베개》 출간
• 제8대 총선에 국민당
후보로 동대문(을)구에
서 출마하였으나 낙선

- 1월 중경에 있는 대한민국 임시정부 광복군에 편입
- 4월 OSS(미국 전략사무국) 제1기 훈련반 편입
- 특수 게릴라 훈련을 마치고 광복군 육군 대위가 되었으나 8월 15일 일본의 항복으로 국내 잠입 작전 취소
- 8월 18일 독립군 신분으로 미군기를 타고 서울에 들어왔으나 일본군의 거부로 다시 중국으로 돌아감
- 11월 23일 임시정부 요인들과 함께 귀국하여 주석 김구의 수행비서 역할을 함

1945

한국신학대학
(지금의 한신대학교)
편입, 졸업

1949

〈사상계思想界〉 창간

1953

1947

이범석의 권유로 김구의
한국독립당을 떠나 조선민족청년단에
가입하나 이승만 측 인물인
이범석과의 불화로 곧 그만두고
정치에 관여하지 않음

1952

국민사상연구원 지원으로
월간 〈사상思想〉 발간(1~4호)

1958

함석헌의 '생각하는
백성이라야 산다'는
글을 게재하여
함석헌과 함께 연행됨

'민주 회복을 위한
개헌 청원 백만인
서명 운동' 주도

1973

경기도 포천군 약사봉에서
의문의 추락사(58세)

1975

제1회 한신상 수상

1993

1974

대통령 긴급조치 1호 위반 혐의로
구속(징역 15년, 자격정지 15년)
되었으나 협심증과 간경화
증세 악화로 일 년여 만에
집행정지 출감

1991

건국훈장 애국장 추서

1999

금관문화훈장(1급)

윤동주(1917~1945)

만주 북간도 명동촌^{明東村} 출신으로 일제 강점기에 〈서시〉 등의 저항시를 발표한 애국 시인이다. 1935년 평양 숭실중학교에, 1936년에는 광명학원 중학부에 편입하여 공부했다. 1941년 연희전문학교 문과를 졸업하고, 1942년 일본으로 건너가 릿쿄^{立敎}대학, 1943년 도시샤^{同志社}대학에서 공부했다. 1943년 7월 사상범으로 체포되어 2년 형을 선고받고 후쿠오카 형무소에서 복역 중 1945년 2월에 옥사하였다. 사후 1948년 미발표 유작 〈겨울〉, 〈조개껍질〉, 〈서시〉, 〈자화상〉, 〈별 헤는 밤〉, 〈새벽이 올 때까지〉 등을 엮어 《하늘과 바람과 별과 시》가 간행되었다. 현재 연세대학교 교정에 그의 시를 새긴 비석이 세워져 있다.

문익환(1918~1994)

만주 북간도 명동촌 출신의 목사이자 1993년까지 국가보안법 위반 등의 혐으로 총 여섯 차례에 걸쳐 투옥된 민주화 통일 운동가이다. 1932년 숭실중학교 재학 시절에는 신사참배를 거부했다는 이유로 퇴학당하기도 했다. 한국신학대학교를 거쳐 미국 프린스턴신학교에서 석사학위를 취득했다. 1955년부터 1970년까지 서울 한빛교회 목사로 일하면서 한국신학대학교와 연세대학교에서 구약학을 강의했다. 1989년 3월 통일의 길을 연다는 기치를 내걸고 북한을 방문해 김일성과 회담 끝에 통일 3단계 방안의 원칙에 합의하기도 했다. 1992년 노벨평화상 후보로 추천되기도 하였으나 민주화 운동과 통일 운동에 전념하다가 1994년 1월 심장마비로 사망하였다. 저서로는 《통일은 어떻게 가능한가》, 시집 《난 뒤로 물러설 자리가 없어요》 등이 있다.

함석헌(1901~1989)

평안북도 용천 출생으로 항일·반독재에 앞장섰던 민권운동가이자 문필가이다. 1942년 항일운동을 하다 서대문 경찰서에서 복역하였다. 광복이 되자 평안북도 자치위원회 문교부장이 되어 활동하였으나 학생운동의 배후로 지목되어 북한 당국에 의해 투옥되기도 하였다. 1947년 단신으로 월남하여 남한에서 성경 강론을 시작했고, 1956년부터 〈사상계〉를 통해 사회 비평적인 글을 쓰기 시작했다. 특히 1958년 '생각하는 백성이라야 산다'는 글로 자유당 독재정권을 통렬히 비판하여 투옥되었고 그 후에도 3선 개헌 반대 투쟁위원회 등에서 왕성하게 활동하였다. 일평생 '폭력에 대한 거부'와 '권위에 대한 저항'을 몸소 실천하는 삶을 살았다. 저서로는 《뜻으로 본 한국역사》 등이 있다.

김준엽(1920~2011)

평북 강계 출신의 독립운동가이자 교육자로 장준하와 목숨을 함께한 친구이다. 1944년 동경 경응대학 동양사학과 2학년 재학 중에 학도병으로 징집되어 평양사단을 거쳐 중국 서주 지역의 일본 스카다 부대에 배속되었다. 3월 하순 부대를 탈출하여 중국 중앙군 소속 유격대에 배치되었다. 뒤이어 탈출해 온 장준하, 윤경빈 등과 함께 중경 대한민국 임시정부로 가서 자원입대하였다. 1945년 8월초에는 OSS훈련 정보파괴반을 수료하고 광복군 국내정진군 강원도반 반장으로 임명되어 국내 진입을 기다리던 중 광복을 맞이하였다. 1990년에 건국훈장 애국장 등을 받았다.

윤동주 · 문익환 · 장준하 다른 생각 다른 운명

장준하 선생님, 안녕하세요! 저는 역사 교사 류성완이라고 합니다.

장준하　반갑습니다. 민족주의자 장준하라고 합니다.

반갑습니다! 꼭 한번 만나 뵙고 싶었는데 정말 영광입니다. 선생님의 이력을 살펴보니 개신교 목사, OSS*특수요원, 독립운동가, 정치인, 공무원, 언론인, 사회운동가 등 참으로 많은 일을 하셨어요. 그런데 그 많은 이름들을 놔두시고 본인을 민족주의자로 소개하시는군요.

장준하　저에게는 민족이 전부였습니다. 그 전부를 위해 평생을 살았으니 저에 대해 이야기할 때 민족이라는 단어를 빼고 설명하는 건 곤란하죠.

---

*　Office of Strategic Services의 약자. 제2차 세계대전 중 미국의 정보기관으로 CIA의 전신.

223

선생님께 궁금한 게 정말 많습니다. 차근차근 하나하나 질문 드릴게요. '장준하' 하면 반듯한 사람이라는 이미지가 강한데요. 그러한 이미지는 아마도 어린 시절부터 형성이 된 것이겠죠. 선생님의 어린 시절에 가장 큰 가르침을 주신 분은 누구신가요?

장준하 두말할 필요 없이 조부인 장윤희 선생이십니다. 아버지께서 저를 열여덟 살에 보셔서 제가 어렸을 때에도 아버지는 공부를 하셔야 했습니다. 그래서 저는 할아버지의 무릎에서 자랐다고 해도 과언이 아니죠. 조부께서는 주자학에도 조예가 깊었지만 신학문을 배우게 되면서 일찍이 기독교 사상을 받아들여 기독교 장로가 되셨습니다. 한의학을 독학으로 배우다시피해서 동네 한의사로도 통하셨죠. 고향인 의주에 학교를 세우고 학생들을 가르치기도 하셨으니, 참으로 생각이 유연하셨고 다재다능한 분이셨습니다. 무엇보다 저를 참 많이 아껴 주셨죠. 덕분에 따뜻하고 행복한 어린 시절을 보냈습니다.

할아버님께서 어린 손자에게 민족주의에 대해서도 가르치셨나요?

장준하 할아버지께서는 저에게 사람 사이의 온정을 알려주셨고, 기독교 사상을 가르쳐 주셨습니다. 게다가 배일排日 사상가였던 할아버지의 영향으로 일본의 제국주의에 대해 체질적으로 배타적 정서가 쌓일 수밖에 없었던 것 같습니다. 목사였던 아버지께서도 할아버지의 영향 때문이었는지 스무살 나이에 독립운동에 참여했다가 일본 경찰의 추격을 받게 되셨죠. 그래서 가족 모두가 고향인 의주를 떠나 삭주로 가게 되었습니다.

224 선생님의 책을 읽다 보니 어린 시절부터 명연설가로서의 자질이 충분하셨더군

요. 신성중학교 재학 시절 수학여행 장소를 놓고 학생들과 설전을 벌이셨다고요.

장준하 신성중학교 4학년 때로 기억하는데요. 당시 수학여행은 학생들이 자율적으로 목적지를 정하고 교장선생님께 허락을 받는 방식이었습니다. 학생들 대부분이 일본을 희망했고, 다음은 중국의 북경, 마지막이 금강산이었습니다. 토론 끝에 금강산으로 결정되었죠.

자료를 보니 토론이 아니라 민족주의자의 명연설이던데요. "외국에는 왜 가는가? 외국에 가는 건 우리나라와 그쪽을 비교할 줄 알게 된 연후라도 늦지 않다. 그것이 수학여행이다. 그저 놀러 가는 것이 아니란 말이다. 일본에서는 어디서나 후지산이 보인다고 한다. 우리도 일본에 가면 필경 후지산을 보게 될 것이다. 제 나라 안에 있는 세계적 명산도 제쳐 놓고 남의 나라 산 구경부터 하겠다니. 이건 수학여행이 아니라 우리 신성의 수치를 드러내는 일이다. 일본으로 결정되면 나는 이번 수학여행에서 빠지겠다." 아니, 이런 연설을 듣고 어떻게 다른 학생들이 일본으로 가자고 주장하겠습니까?

장준하 제 의견을 말했을 뿐입니다. 맞는 말이 아닙니까?

자, 그리고 더 있습니다. 수학여행 건 말고 학생들을 선동했던 사건이 하나 더 있었다고 들었는데요.

장준하 장이욱 교장선생님의 일을 말씀하시는 것 같군요. 1937년 제가 신성중학교 5학년 때의 일입니다. 일제가 안창호 선생께서 이끄시던 조직인 수양동우회의 회원을 모두 잡아들이는 사건이 있었죠. 그때 그 조직의 회원이었던 장이욱 교장선생님께서 학생들이 거의 없던 시간에 일본 경찰

225

에 연행되어 제가 시위를 주도한 적이 있습니다.

흔히 생각하는 학생 시위의 차원을 넘어섰던데요?

장준하　다음 날 전교생이 학교에 모였죠. 저는 시위를 시작하기에 앞서 각자의 가방에 든 일본어로 된 책을 모두 꺼내 찢어 버린 뒤 시위를 시작하자고 각 학년 대표를 불러 제안했습니다. 물론 모두가 동의했죠. 당시 교과서와 참고서는 대부분 일본어로 되어 있어서 그 분량이 상당했습니다. 각 교실마다 학생들이 찢어발긴 일본어 책들이 가득 쌓이기 시작했죠. 그리고 "교장선생님을 석방하라!"는 구호를 외치며 교문을 나섰는데, 당연히 출동한 경찰들에 의해 저지를 당했죠.

그것으로 시위가 끝났나요?

장준하　후퇴하여 쫓기는 대열을 그대로 근처 대목산으로 몰고 올라가 산상 농성을 벌였습니다. 거기서 교가와 아리랑을 부르며 시위를 계속했죠. 물론 얼마 지나지 않아 산까지 쫓아온 경찰에 의해 강제 해산했습니다.

장준하 선생님께서 처음으로 주도하여 일으킨 항거였군요. 처음으로 준비한 시위치고는 너무 드라마틱한데요. 그러한 사건들을 뒤로 하고 1938년 3월 신성중학교를 졸업하셨어요. 졸업과 동시에 신안소학교에서 교사로 근무하셨죠. 원래부터 교사가 꿈이셨나요?

장준하　교사는 참 행복한 직업이지만 저의 원래 꿈은 목회자가 되는 것이었습니다. 신성중학교를 졸업하고 숭실전문학교에 진학 후 궁극적으로는 평양신학교에 들어가고 싶었습니다. 그런데 숭실전문학교에서 신사참

226

배를 거부했다는 이유로 퇴학을 당했죠. 그 덕에 신안소학교에서 교사 생활을 하며 학교 건물도 직접 짓고 학생들과 어울리며 즐거운 시간을 보냈습니다. 그러다 신성중학교 시절 가깝게 지내던 김익준이라는 친구 때문에 일본 유학을 결심하게 됐죠. 김익준은 마라톤 선수였습니다. 신성중학교 시절부터 유명했죠. 그의 심장을 비롯한 신체 조건이 마라톤 영웅인 손기정에 비견할 만하다는 공식 평가를 받기도 했으니까요. 신성중학교를 졸업하자마자 일본의 스카우트 제의를 받고 동양대학에서 선수 생활을 하던 그가 저에게 편지를 보내 온 겁니다. 거기에는 "맨손이라도 좋다. 일본으로 건너와라. 내가 다니는 동양대학에 다니도록 주선해 주겠다"고 쓰여 있었죠.

그리고 동양대학 철학과에 입학하셨죠.

장준하 　네, 맞습니다. 선수 겸 코치로 활약 중이던 익준의 도움으로 선수 합숙소에서 같이 생활했죠. 그리고 1년이 지난 1942년에 제가 너무나 바라던 일본신학교에 입학했습니다.

그렇게 원하던 학교에 들어갔는데 학도병으로 입대하게 되신 거군요.

장준하 　1937년의 중일전쟁, 1941년의 태평양전쟁으로 부족한 병력을 채우기 위해 일본은 갖가지 방법을 동원했습니다. 1938년 육군특별지원병령을 시작으로 1943년 학도지원병제를 실시하더니 1944년에는 이를 징병제로 바꾸었죠. 일본이 전쟁에 패할 때까지 전쟁터로 끌려간 조선인 청년만 무려 20만 명 이상입니다. 일본에 있는 유학생들도 예외는 아니었죠. 특히 최남선이나 이광수 등 소위 한국인 명사와 지식인들을 동원해 일본에서 학병 권유 강연회 등을 열기도 했습니다. 그러한 상황에서 입대를 결정하게 되었죠.

누구보다 항일 정신이 투철했던 선생님께서 일본군이 되었다?

장준하   이유가 있었습니다. 당시 일본 유학생들은 일본군 징병에 대해 어떻게 대처할 것인가를 놓고 자주 토론을 벌였죠. 대표적인 인물들이 윤동주, 문익환 등이었습니다.

시인 윤동주와 민주화 운동가인 문익환 목사를 말씀하시는 건가요?

장준하   맞습니다. 여러분이 잘 아시는 배우 문성근의 아버지이기도 하죠. 문익환과 저는 동갑이고 윤동주는 저보다 한 살이 많습니다. 저는 그냥 동주 형이라고 불렀죠. 이 두 친구는 같은 동네에서 소학교와 중학교를 다녔기 때문에 어린 시절부터 친구였고 저와는 일본에서 만났지만 금세 친해졌습니다. 하지만 우리는 현실에 대처하는 자세가 각기 달랐죠.

세 분 모두 기독교 신자였고 민족정신이 투철한 분들로 아는데 어떤 점이 달랐나요?

장준하   민족과 기독교라는 공통분모는 있었지만 서로의 성향이 조금 달랐죠. 우리 셋 중에 동주 형님이 가장 강성에 가까웠고 저돌적이었습니다. 익환이는 합리적인 성격이었고, 저는 중간이었죠. 당시 우리는 일본군 징병 문제에 대해 자주 토론을 벌였는데, 그때마다 동주 형님은 자발적으로 입대해서 열심히 훈련을 받다가 허점이 보이면 뜻을 같이하는 이들과 반란을 일으키자고 주장했습니다. 익환이는 일본을 위해 군복을 입을 수 없다며 미국이나 유럽으로 유학을 떠나자고 했죠.

그럼 중간이었다는 선생님의 의견은 무엇이었나요?

장준하 저는 일단 일본군에 입대해서 중국 등지로 배속이 되면 그때 탈출해서 중국에 있는 한국광복군에 찾아 들어가자는 입장이었죠. 사실 저에게는 그럴만한 사정이 있었습니다. 아버지께서 독립운동을 하셨다는 이유로 가족 모두가 일본 경찰의 집중 감시를 받고 있던 터라 제가 입대를 미루거나 거부하면 가족이 난처한 상황에 처할 수밖에 없었죠. 그래서 저는 1944년 1월에 자원입대를 했습니다.

두 친구 분은 어떤 결정을 하셨나요?

장준하 류 선생님은 혹시 말하는 대로 운명이 결정된다는 이야기를 믿으십니까? 가장 급진적이던 동주 형님은 믿었던 친구의 배신으로 1943년 7월 감옥에 가게 됩니다. 독립운동을 했다는 죄목으로 2년 형을 선고받고 갖은 고문을 당한 끝에 1945년 2월 저 세상으로 먼저 떠났죠. 익환이는 일본신학교 총장을 설득해 전학을 허락 받고 입대를 피할 수 있었습니다. 더 잘 아시겠지만 그 후 목사가 되었고 신학자의 길을 걷지만 그리 평탄하지는 못했죠. 사회운동가로서 본분을 잊지 않았기 때문일 겁니다. 분단된 조국의 현실을 아파하며 1994년 1월 하늘나라로 가기 전까지 온갖 고생을 다했다고 들었습니다.

언젠가 한 TV 프로그램에 문성근 씨가 나와서 "아버지는 돌아가시기 전까지 윤동주, 장준하 두 친구에게 큰 빚을 진 심정으로 사셨다"고 고백했습니다. 특히 229

문익환 목사는 1975년 장준하 선생님께서 돌아가셨을 때 "나는 장준하 대신이다"라고 말하며 민주화 운동에 투신해 치열하게 살다가 1994년 세상을 떠나셨죠. 친구의 20년간의 행보를 어떻게 평가하시나요?

장준하   감히 제가 문 목사를 평가할 수는 없습니다. 다만 동주 형님이나 익환이, 그리고 제가 살았던 삶을 돌아보면 하느님께서 다 그 성향대로 각자의 특성에 맞게 잘 사용하셨구나 하는 생각이 듭니다. 동주 형님은 불꽃처럼 자신의 삶을 불살랐고, 문 목사는 평생을 좋은 장작처럼 자신의 몸을 천천히 불태웠습니다. 그런데 하나 안쓰러운 건 동주 형님은 언제나 20대의 모습으로 기억되는데 문 목사는 얼굴에 주름이 깊게 팬 모습으로 기억되는 게, 왠지 제가 해야 할 일을 친구에게 너무 많이 떠넘기고 왔구나 하는 생각이 종종 들었죠.

그나저나 1944년 1월은 선생님 인생에서 참으로 복잡한 심경의 한 달이었을 것 같은데요. 1월 5일에 결혼을 하셨고, 보름 뒤인 20일에 입대를 하셨죠. 그런데 선생님처럼 자기 관리에 철저하신 분이 안전도 보장되지 않는 일본군 입대를 눈앞에 두고 결혼을 하셨다는 게 조금 의외인데요. 그것도 신안소학교 시절 제자와 말이죠.

장준하   그 질문을 하실 줄 알았습니다. 저보다 7살 어린 아내 김희숙은 신안소학교 시절 제가 아끼던 제자였습니다. 종교도 기독교가 아닌 천주교였고요. 서로 결혼할 만한 상황이 아니었죠. 신안소학교를 마치고 보성여학교로 진학한 아내는 집안 사정 때문에 학교를 중퇴하고 어머니와 지내고 있었습니다. 저와는 편지로 안부를 물으며 사제 간의 정을 쌓고 있었죠. 그런데 당시는 일제가 나이와 상관없이 결혼 안 한 조선 처녀들을 정신대로 잡아가던 시절이었습니다. 한 날은 희숙이 그러한 고민을 전해 왔고 저는 고심 끝에 결혼이라는 해결책을 내놓았죠. 물론 저는 돌아올 기약도 없는 전쟁터로 떠나지만 제자가 정신대로 끌려가는 것만큼은 막아야겠다고 생각했습니다. 당시 상황만 아니라면 열일곱 살 처녀와 그렇게 급하게 결혼을 하지는 않았겠죠. 2년 만에 돌아온 저를 맞은 아내는 저와 함께 엄청난 고생을 했습니다. 고집쟁이 남편 만나서 평생 고생만 했죠. 표현은 잘 못했지만 이 세상 그 누구보다 사랑했습니다.

일본군 입대를 두고 집안의 반대는 없으셨나요?

장준하 처음에는 아버지께서 완강히 반대하셨죠. 하지만 제가 왜 입대하려 하는지, 입대 후에 어떻게 행동할 것인지 설명하자 허락해 주셨습니다. 아내에게도 떠나기 전 탈출 계획을 얘기해 주었죠. 하지만 살아 돌아오지 못할 확률이 크니 만약에 내가 돌아오지 못하면 아무 고민하지 말고 다른 사람 만나서 행복하게 살라고 했습니다. 반드시 그래야만 한다고 꼭 다짐을 받았죠. 혹시 탈출에 성공하면 편지를 보낼 때 성경 구절을 적어 보내겠다고 암호까지 정했습니다.

1944년 1월 20일, 평양에 주둔하고 있는 일본군에 입대하셨죠.

장준하 당시 일제의 조선군사령부 산하 39여단이 평양에 있었습니다. 그 예하에는 42, 44, 50연대가 있었는데 저는 42연대였습니다. 여기서 한 달가량 훈련을 받은 뒤에 어디로 배속될지 결정이 되는 거였죠. 200명의 조선 청년들과 같이 입대했는데 우리들 대부분은 중국에 있는 부대로 갈 예정이었습니다.

군대에서 선생님의 별명이 관우였다고 하던데 왜죠?

장준하 《삼국지》에 보면 관우가 팔의 곪은 상처를 치료할 때 명의 화타로 하여금 마취 없이 뼈 속의 고름을 긁어내게 하면서 바둑을 둔 이야기가 나오죠. 당시 제 엄지손가락이 곪아 마취제 없이 메스로 째서 치료를 했던 일이 있었는데 그것 때문에 주변 친구들이 그렇게 불렀던 것 같습니다.

메스로 다섯 군데나 짼는데 소리 한 번 지르지 않으셨다고 들었어요.

장준하 당시는 전시 상황이라 군수품이 늘 부족했습니다. 그래서 후방 부대에는 마취제 같은 게 아예 없었죠. 하지만 당장 상처를 치료하지 않으면 조선에 있는 일본 부대로 배속될 가능성이 컸습니다. 그야말로 최악의 상황이었죠. 실제로 당시 입대했던 200명의 조선 청년 가운데 이러저러한 이유로 40명은 조선에 남고 160명만이 중국의 서주^{徐州}로 이동할 수 있었습니다. 그래서 아픔을 참고 치료를 받았죠. 피투성이가 된 손가락이 마치 우리 민족 같았습니다. 제 유일한 무기는 아픔에 소리 없는 침묵으로 맞서는 인내뿐이었죠. 저 혼자 마음속으로 조선과 일본의 가상 대결이라고 생각했습니다. (웃음) 제 엄지손가락에 다섯 군데의 상처가 평생 남았지만 그 흉터를 일제와 싸워 승리하고 받은 훈장이라고 생각하며 살았습니다.

죽음의 고개를 넘어 6000리 대장정에 오르다

중국 서주에 있는 스카다 부대에서의 생활은 어떠셨나요?

장준하   5개월 정도 있으면서 딱히 힘든 건 없었지만, 부대를 탈출하기 위해 순진한 조선인 신학생처럼 보이려고 노력했습니다. 일제에 충성하는 가식적인 모습으로 내내 지내야했죠.

그런데 서주는 중국 동쪽의 강소성 안에 있고 당시 임시정부는 내륙 지역인 중경에 있었는데 탈출 후에 어떻게 그 먼 거리를 이동해 합류할지 계획이 있으셨던 건가요?

장준하   그런 계획을 세우는 것 자체가 불가능했습니다. 스카다 부대를 탈출하는 것도 불가능에 가까운 일이었으니까요. 당시 스카다 부대는 경계가 삼엄한 모범 부대로 잘 알려져 있었습니다. 여태껏 단 한 명만이 탈주에 성공했으며 탈주하다 체포될 경우 바로 총살형이라는 말을 들었죠. 탈주에 성공한 한 명도 본부대가 아니라 파견 부대에서 탈출했기에 가능한 일이었습니다. 이러한 이유로 탈출을 계획하는 데만 여러 달이 걸렸죠.

그렇게 악명 높은 부대를 어떻게 탈출하셨습니까?

장준하   몇 달간의 고민 끝에 거사 일을 7월 7일로 정했습니다. 7월 7일은 일본군이 북경 인근 노구교에서 군사 훈련 중 중국군과의 사소한 트집거리를 빌미삼아 중국 대륙 침략을 시작한 날이죠. 일본군에게는 축제일이나 마찬가지로 병영 안에는 일왕이 하사한 술과 담배가 넉넉하게 돌고, 춤판이 벌어지는 등 일 년 중 경계가 가장 느슨한 날이었습니다. 바로 그 날 저는 김영록, 홍석훈, 윤경빈과 함께 탈출을 감행했죠.

특별한 장비나 주변 지역에 대한 정보도 없이, 쉽지 않았을 텐데요.

장준하 쉬운 일이 아니었죠. 가장 힘들었던 건 한밤중에 방향을 잡는 일이었습니다. 일본군 지역을 벗어나기 위해서는 동쪽으로 50km 이상 빠져나가야 하는데 한밤중에 제대로 방향을 잡기란 몹시 힘든 일이죠. 한여름 대륙의 엄청난 폭염과 일본군의 맹추격을 피하기 위해 밤에만 이동했는데 이틀 가량을 일본군 지역만 맴돌다가 권총으로 무장한 중국 청년들에게 잡히고 말았습니다.

다행한 일 아닌가요? 그들이 중국군으로 안내해 주면 되니까요.

장준하 꼭 그런 것만은 아닙니다. 일제 강점기에 일본에 협력한 사람들은 우리나라 사람들만이 아니었으니까요. 일본군 주둔 지역 주변에는 일본에 협력하는 중국인이 상당수 있었습니다. 만약 그때 만난 중국인이 일본에 협력하는 자들이었다면 제가 동주 형님보다 먼저 하늘나라로 갔을 겁니다.

그 뒤로 30년을 더 사셨으니 일본에 협력하는 중국인들은 아니었군요?

장준하 참 운이 좋았습니다. 중국 팔로군八路軍*이었던 그들이 저희를 바로 자신들의 부대로 안내했습니다. 부대로 들어서는 순간 한국인이 달려나와 반갑게 맞아 주었죠. 우리보다 먼저 스카다 부대를 탈출한 김준엽이었습니다. 그 후 우리는 둘도 없는 친구가 되었죠. 우리보다 4개월 먼저 중국군에 합류한 그는 한·중·일 3개 국어를 유창하게 구사하고, 군사 작전 등을 짜는 데 탁월한 능력을 보여 통역과 작전참모 역할을 맡는

* 항일 전쟁 때 활약한 중국 공산당의 주력군으로 인민 해방군의 전신이다.

등 당시 그 부대에 없어서는 안 될 존재였습니다. 그 친구 덕분에 아주 큰 환대를 받은 우리는 깨끗한 옷으로 갈아입고 배불리 먹었죠.

선생님의 다른 책에 '불로하不老河에서 부른 애국가'라는 말이 있던데요. 그곳에서 부르신 건가요?

장준하 　맞습니다. 김준엽과 저희 일행은 다음 날 아침 부대 근처 강가로 나갔습니다. '천년을 마르지 않고 흐른다'는 뜻의 불로하 강에서 우리는 옷을 모두 벗고 강물 속에 뛰어들어 그동안 더러워진 몸과 마음을 말끔히 씻어 냈죠. 그리고 다시 군복을 차려 입고 동북쪽의 조국을 향해 깊이 머리를 숙였습니다. 뛰놀던 고향과 사랑하는 부모님, 그리운 이들의 모습을 떠올리며 다 같이 애국가를 불렀죠. 제 평생 애국가를 부르면서 그때처럼 가슴 찡했던 적은 없었던 것 같습니다. 민족을 위해 내가 가진 모든 것을 바치리라 다짐하며 눈물범벅이 되어 더 이상 소리가 나오지 않을 때까지 부르고 또 불렀습니다.

그렇게 어렵게 탈출에 성공한 직후 또 한 번의 위기를 맞으셨다고요.

장준하 　우리가 탈출에 성공해 중국군에 들어간 것을 안 일본군이 포로 교환을 요구했습니다. 중국군에 머무르고 있는 한국인 탈주병 4인의 신병과 일본군에 있는 중국군 포로 30명의 맞교환을 요구한 겁니다.

일본 스카다 부대가 탈주병을 얼마나 집요하게 추적했는지 알겠군요. 중국인도 아닌 한국인 탈주병 4인의 신병만 인도하면 중국인 포로 30명을 풀어 준다니, 중국군 입장에서는 썩 괜찮은 제안 아닌가요?

장준하 누가 봐도 그렇죠. 그런데 당시 중국군 사령관이었던 한치륭은 자기 휘하에 꼭 필요한 김준엽을 잡기 위해 그 제의를 거절했습니다. 이미 절친한 사이가 된 우리를 일본군에 내어 줄 경우 김준엽이 군을 이탈하게 될지도 모른다고 생각했겠죠. 일본군은 그 뒤에도 한 번 더 강력히 교환을 요구했지만 한치륭은 단호히 그 제의를 거절했습니다. 그의 속내가 어떠했건 간에 저는 그에게 두 번이나 제 목숨을 빚진 셈이었죠.

그런데 1945년 1월에 그렇게 큰 빚을 진 중국군에서 나와 한국광복군에 들어가셨죠.

장준하 한치륭 사령관이 갑작스럽게 목숨을 잃는 사건이 생겼습니다. 처음에는 일본의 보복 공격이라고 생각했는데 알고 보니 같은 중국인들의 소행이었죠. 중일전쟁이 벌어지는 가운데 중국 내에서는 국민당과 공산당이 치열한 전쟁을 벌이고 있었던 겁니다. 사회주의와 자본주의의 이념 전쟁이었죠. 한치륭 사령관과 그의 어린 아들은 일본군이 아닌 중국인 공산당원에 의해 목숨을 잃었습니다. 그로부터 5년 뒤에 겪게 되는 우리 민족의 비극도 그와 다르지 않았죠. 더 이상 중국군에 머무를 이유가 없었던 우리는 원래 우리의 목적지였던 중경을 향해 6000리 대장정에 올랐습니다.

6000리면 2400킬로미터 정도군요. 서울−부산을 3번 왕복할 수 있는 거리인데 그 거리를 걸어서 이동하셨다고요?

장준하 6000리는 지도상의 거리고 사실상 거기에 2000리를 더해야 했습니다. 중국이 참 크기는 큰 나라라는 걸 온몸으로 느낄 수 있었죠. (웃음)

일본군에서 탈출할 때는 폭염을 걱정해야 했지만 이번 장정은 혹한의 추위가 우리를 기다리고 있었습니다. 하루에 120리에서 150리 정도를 걸어야 했죠. 지금으로 계산하면 50~60킬로미터 정도를 매일같이 걸은 셈이 되나요? 그것도 겨우 헝겊으로 둘러 만든 신발이나 아예 맨발로 말이죠.

대장정 중에 가장 인상적인 장소는 어디였나요?

장준하 흠, 인상적이라는 표현은 어울리지 않는 것 같군요. 가장 힘들었던 장소를 말씀 드릴 수는 있을 것 같습니다. 전설에 의하면 '제비도 넘지 못했다'는 말이 나올 정도로 몹시 험준하고 가파른 '파촉령巴蜀嶺' 고개였습니다. 해발고도 3000미터가 넘는, 《삼국지》에 나오는 적벽대전의 장소로 더 유명한 지역이죠. 일본군이 양자강 상류를 점령하고도 더 이상 중국 내륙으로 진출하지 못한 이유가 바로 이 파촉령 때문이었다고 하니 그 위세가 어느 정도인지 상상이 가십니까?

저도 최전방 GOP에서 군 생활을 했던데요. 제가 근무했던 지역이 해발 1000미터 정도였는데 한겨울에 체감 온도가 영하 30~40도 정도였거든요. 그런데 해발 3000미터면, 게다가 혹한에 대비한 장비도 없이…… 흠, 정말 상상이 안 되네요.

장준하 대설원의 파촉령을 넘는 데만 꼬박 14일이 걸렸습니다. 제 생애 가장 힘든 보름이었죠. 발과 손등은 동상에 걸려 제대로 움직여지지 않았지만 살기 위해 걷고 또 걸었습니다. 별다른 장비도 없이 참으로 무모했죠. 그러나 우리에게는 목표가 있었고, 결국 1945년 1월 31일, 꿈에 그리던 중경 대한민국 임시정부에 도착할 수 있었습니다.

237

몇 번의 죽을 고비를 넘기고 꿈에 그리던 임시정부에 도착했으니 얼마나 기쁘셨겠습니까. 임시정부에서도 무척 반겼겠군요.

장준하　한국인 학도병이 일본 군대를 탈출해 본국의 임시정부로 들어갔다는 내용이 미국의 〈타임〉지를 비롯한 여러 외신에 보도될 만큼 큰 이슈가 되었죠. 그런데 임시정부의 환영 행사가 도를 지나쳤습니다. 시간이 지나면서 우리가 정치적으로 이용당하고 있다는 걸 알게 되었죠. 한 두 차례의 환영 행사면 충분했을 텐데, 각 계파마다 환영 행사를 마련하겠다며 우리에게 달려들었습니다.

임시정부에도 계파가 있었나요?

장준하　물론이죠. 당시 임시정부에는 7개의 계파가 있었는데 각각 자신의 세력을 키우기 위해서 우리 학도병들에게 하루가 멀다 하고 향응을 제공하고 금품까지 건네려 했습니다. 주권을 빼앗긴 민족의 울분이 생생한데 자신들은 임시정부 안에서 정치적 몸집을 불리기 위해 암투를 벌이다니! 분노가 치밀어 올랐습니다.

그래서 임시정부 폭파 발언을 하신 거군요.

장준하　어찌 보면 한참 나이 어린 제가 평생을 독립운동에 헌신하신 분들에게 할 말은 아니었지만 그렇게라도 하지 않으면 가슴이 터져 버릴 것 같았습니다. 매월 열리는 월회에 대표연사로 올랐을 때 이렇게 말했죠. "우리는 이곳에 오지 않았더라면 멀리서 여러 어른들을 계속 존경하고 사모하면서 이보다 더 행복했을 겁니다. 저 자신은 물론 우리 젊은 동지들은 이곳을 떠나고 싶은 마음이 더하면 더했지 조금도 덜하지가 않습니다. 가능하다면 여기를 빨리 떠나 다시 일본군으로 돌아가고 싶은 것이 지금의 제 심정입니다. 제가 만약 일본군에 다시 돌아간다면 꼭 그들의 항공대에 지원하고 싶습니다. 일본군 항공대에 들어간다면 저는 중경 폭격을 지원하여 여기 임정의 청사에 폭탄을 투하하고 싶습니다. 임정이 이렇게 네 당 내 당 하면서 겨루고 있을 수가 있습니까? 우리가 그 많은 사선을 넘으며 이곳을 찾아온 것은 조국을 위하여 죽을 자리를 찾자는 것이지 결코 여러 선배들이 일삼고 있는 당쟁의 이용물이 되고자 해서가 아닙니다."

와! 임시정부 인사들 앞에서 그런 말씀을 하시다니 배포 한번 대단하시네요! 후폭풍이 상당했을 것 같은데요?

장준하 상당했죠. 평생 조국의 독립을 위해 투쟁해 온 요인들을 그렇게 심한 말로 매도할 수 있느냐는 격노한 목소리들이 터져 나왔습니다. 그리고 저에게 사과를 요구했죠. 저는 왜 그런 말을 하게 되었는지 설명했고 사건은 일단락됐습니다. 그리고 임시정부로 간 지 20일 만인 2월 20일에 중경에서 30리 정도 떨어져 있는 토교土橋라는 마을로 이동하여 임무를 기다리고 있었는데, 4월 하순쯤 청산리 대첩의 명장 이범석 장군으로부터 본국 침투를 위한 특수 훈련 지원병을 모집한다는 이야기를 전해 들었습니다. 그 말을 듣는 순간 너무 짜릿했죠. 저와 김준엽은 일체의 망설임 없이 지원했고 저희를 포함한 총 19명의 지원자가 1945년 4월 29일 아침에 임시정부 뜰 앞에 집합했습니다. 그날 아침 백범 선생님의 작별 인사는 민족을 위해 목숨을 내놓겠다는 저의 다짐을 다시 한 번 확고히 해 주었죠.

들려주실 수 있을까요?

장준하 "오늘 4월 29일은 내가 23년 전에 윤봉길 군을 죽을 자리에 보냈던 바로 그날이오. 또 지금이 그때 그 시각이오. 여러분도 다 알 것이오. 상해 홍구(홍커우) 공원에서 폭탄을 던져 왜의 시라카와 대장을 폭사시킨 그날에 의사 윤봉길 군이 내 허름한 시계를 갖고 대신 내게 자기 것을 내어 주며 '이 시계가 선생님 시계보다 훨씬 새것입니다. 저는 앞으로 한 시간밖에는 쓸데가 없으니 이 시계를 선생님이 가지시고 선생님의 시계를 저에게 주십시오.' 하던 그 시계가 바로 이 시계요. 내 앞에서 시계를 바꿔 넣고 떠나던 윤 군의 모습이 지금도 선하오. 바로 그날과 같은 날짜 같은 시각에 윤 의사와 똑같은 임무를 띤 여러분을 또 떠나보내고 있으니 심중이 괴롭기 짝이 없소. 그러나 이것은 우연이 아니고 하늘의 정한 뜻이라고 나는 생각하고 싶소."

그리고 드디어 연합군 중국 전구戰區사령관 소속의 OSS에서 훈련을 받게 되셨군요. 거기서 3개월가량 훈련을 받으셨는데, 훈련 내용을 간단히 말씀해 주실 수 있을까요? 저도 열심히 찾아봤는데 훈련 내용에 대해 상세히 나와 있는 책이 없더군요.

장준하 참 곤란한 질문을 하시는군요. 류 선생님께서 그 내용을 찾을 수 없었던 건 제가 동료들과 받은 훈련 내용을 어디에도 발설하지 않았기 때문입니다. 그것이 당시 함께 훈련을 받은 동료들에 대한 예의라고 생각했습니다. 궁금증을 풀어 드리지 못해 죄송하군요. 대신 제 심경을 담아 적은 시 한 편을 들려 드리죠.

청춘의
완터뷰

내 영혼 저 노을처럼 번지리

겨레의 가슴마다 핏빛으로

내 영혼 영원히 헤엄치리

조국의 역사 속에 핏빛으로[*]

그런데 1945년 8월 14일에 국내 진입 시도를 했다는 게 무슨 뜻인가요?

장준하　제2차 세계대전 종전에 대한 이야기를 먼저 들려 드려야 이해가
빠를 것 같군요. 2차 대전은 간단히 말해 일본과 독일, 이탈리아가 전 세
계를 상대로 벌인 전쟁입니다. 이탈리아는 1943년 항복을 선언했고 이어
독일도 1945년 5월에 항복을 선언했죠. 일본은 마지막까지 항전하지만
1945년 8월 6일과 9일에 각각 히로시마와 나가사키에 원폭이 투하되어
수십만 명이 순식간에 흔적도 없이 몰살되자 다음 날인 8월 10일 항복을
결의했습니다. 하지만 주전파의 국체수호國體守護 고집으로 진통을 겪다가
14일 가까스로 수락을 통고하고, 일본 왕의 육성으로 방송을 한 것이 다
음 날 정오였습니다. 이처럼 급박한 상황에서 우리는 일본군의 항복을 받
고 이를 접수하기 위한 일종의 예비 선발대로서 연합군 군사 사절단을 서
둘러 보내기로 결정했죠. 미군 18명과 한국군 4명, 저를 포함해 이범석 장
군과 김준엽, 노능서가 서울로 가는 비행기에 올랐는데 서해 상공에서 진
입 금지 명령이 내려져 중국 본부로 되돌아와야 했습니다. 그리고 다음 날
해방을 맞고 3일 뒤인 18일에 연합군 자격으로 여의도 공항에 도착했으나
다음 날 다시 되돌아오게 되었죠.

[*] 광복군 대위 시절 장준하가 쓴 시.

장.준.하.

어차피 광복이 되면 국내로 들어오게 될 텐데, 왜 그리 서둘러 진입 작전을 벌이신 건가요?

장준하 우리의 자격이 중요했으니까요. 임시정부 산하에 한국광복군이라는 부대가 있었지만 정식 부대로 인정받지는 못한 상태였습니다. 동남아시아 전선에서는 후방에서 간접적으로 전쟁에 참여했지만 우리 임시정부에게 연합군의 자격을 부여한 것은 아니었죠.

그렇다면 우리가 만약 국내 진입 작전을 미군과 같이 수행하고 어느 정도 성과를 냈다면 연합군이 우리 정부를 인정하고 광복 뒤에 남북이 미군과 소련의 군정기를 겪지 않아도 되었다는 말씀인가요?

장준하 맞습니다. 광복이라는 지상명령도 중요했지만 어떤 방식으로 광복을 맞이하느냐가 더 큰 문제였습니다. 광복과 동시에 연합군의 자격을 얻지 못했기 때문에 우리 민족의 앞날은 복잡하게 꼬여만 갔죠. 광복이라는 기쁨 뒤에 분단이라는 적이 도사리고 있었습니다.

광복을 맞고 바로 들어오셨나요?

장준하 김구 선생님의 비서로 1945년 11월 23일에 같이 귀국했습니다. 1946년 초에 북에서 월남한 가족과 2년 만에 재회할 수 있었죠. 장모님과 함께 내려온 아내를 먼저 만났는데, 다시 만난 아내는 저를 환하게 웃으며 맞아 주었습니다. 저희는 서로를 부둥켜안고 한없이 울고 또 울었죠.

아내 김희숙 여사에게 김구 선생님께서 반지를 선물했다고 들었는데요.

242 장준하 네. 그러셨습니다. 어느 날 갑자기 아내를 데려오라 하셨죠. 아

내는 김구 선생님을 뵐 때 겁먹은 소녀처럼 임금을 알현하듯 큰절을 올렸습니다. (웃음) 선생님께서 자신의 손에 끼었던 금반지를 빼 아내 손에 끼워 주셨죠. 며느리처럼 여겨 뒤늦은 결혼 선물을 주셨던 것 같습니다.

조부와 모친은 언제 만나셨나요?

장준하　아내를 만난 게 1946년 4월이었고, 두 달 뒤인 6월에 할아버님, 아버님, 어머님과 동생 창하를 만날 수 있었습니다. 아버님은 부산에서 목회를 시작하며 자리를 잡으셨죠.

광복을 맞이한 조국에서는 정치적으로 힘을 키우기 위한 정파 간 싸움이 치열했던 것으로 아는데요.

장준하　(한숨) 엄청났죠. 정파 간의 테러와 암살로 얼룩진 정계는 갈수록 더 가닥이 잡히지 않았습니다. 1945년 12월에 송진우 선생님, 1947년 7월에 여운형 선생님, 1947년 12월에 장덕수 선생님 등 민족의 지도자들이 차례로 암살당하며 각 정파 간의 암투는 극을 향해 치달았죠.

선생님께서도 당시 정치에 뜻이 있으셨던 것으로 알고 있습니다만.

장준하　아니요, 전혀 아닙니다. 이범석 장군께서 조선민족청년단이라는 단체를 만들며 '정치가 아닌 민족 운동을 하려 한다'고 설득하셔서 참여하게 되었죠. 그러나 몇 달도 지나지 않아 기존의 정치적 정당들과 다를 바 없는 모습을 확인하고 미련 없이 나왔습니다. 그리고 못 다한 신학 공부에 매달렸죠. 사실 미국으로 유학을 가고 싶었지만 상황이 허락하지 않았습니다. 문익환 목사의 동생인 문동환 목사의 주선으로 1949년에 한신대

243

학교 신학과에 편입해 그해 졸업장을 받았죠.

국가 공무원인 서기관에 임명되기도 하셨죠.

장준하 1950년 3월부터 1953년 4월까지 길지 않은 공무원 생활을 했습니다. 문교부 산하 국민사상연구원 기획과장, 사무국장 등을 역임하며 1952년 9월 〈사상〉이라는 월간 잡지를 발행했죠. 중국 임시정부에 있을 때 제가 직접 써서 발간했던 〈등불〉, OSS 대원 시절 발간한 〈제단〉의 연장선으로 볼 수 있을 겁니다.

시대의 오아시스, 〈사상계〉를 긷다

'장준하' 하면 독재정권에 글로써 저항했던 〈사상계〉가 제일 먼저 떠오르는데요. 그 전신이 바로 〈사상〉이었죠?

장준하 맞습니다. 그런데 〈사상〉이란 잡지가 국가의 지원을 받아 만든 것이었다면 〈사상계〉는 특정 단체의 도움 없이 순전히 제 힘으로 만든 것이었죠.

특정 단체의 도움 없이 어떻게 잡지를 만드셨죠? 당시 가진 것도 없으셨을 텐데요.

장준하 오기 하나로 시작했죠. 초기에는 돈을 아끼기 위해서 제가 등짐을 지고 인쇄소에서 잡지를 날라 각 서점들에 배포했습니다. 초기에는 반품도 많고 어려움이 많았지만 1954년 당시 정권에서 '한글 간소화안'을 발표하면서 출판사가 어려움을 극복하는 계기가 되었죠.

'한글 간소화안'이 무슨 도움이 되었나요?

장준하 저는 이것을 문화적 만행이라고 단정하고 〈사상계〉 9월호에 '독립투쟁 사상에서 본 한글운동의 위치'라는 글을 실었는데 이것이 큰 호응을 얻었습니다. 〈사상계〉의 지명도도 올라가기 시작했죠.

이승만 정부에서 오히려 선생님을 도운 셈이군요. 당시 발행 부수는 얼마나 되었나요?

장준하 1955년 5월호를 3천 부 찍었는데 수요가 폭발적으로 증가해 그해 12월호를 1만 3천부 찍었습니다. 1957년 4만 부가 팔렸고, 1958년에는 무려 8만 부가 나갔죠. 당시 8만 부면 경이적 기록에 가깝습니다. 비슷한 성격의 다른 월간 잡지가 3~5천 부 정도 팔리는 수준이었으니까요.

〈사상계〉를 들고 다녀야 대학생 행세를 할 수 있었다는 때가 바로 그때군요. 조숙한 중·고등학생들도 열독했다고 하니 어느 정도 짐작이 가네요. 그런데 〈사상계〉 하면 떠오르는 인물이 한 명 더 있는데요.

장준하 함석헌 선생님 말씀이시군요. 〈사상계〉의 발행 부수가 8만 부까지 늘어나는 데 혁혁한 공을 세우신 분이 바로 함 선생님이십니다. 그분은 저의 또 다른 아버지시죠. 제가 흔들릴 때마다 바른 길로 이끌어 주셨고, 저의 장년 이후 삶에 가장 큰 영향을 주신 분입니다.

독립운동가이자 사회운동가이신 함석헌 선생님은 '생각하는 백성이라야 산다' **245**

는 글로 잘 알려져 있죠. 그 글 때문에 감옥에도 가셨다고요.

장준하 1958년 8월, 광복 14주년을 기념해 실린 글이었죠. 그 글이 국가보안법에 위반된다는 이유로 20일간 조사를 받고 나오셨습니다. 선생님은 일제강점기 때에도 여러 차례 감옥을 드나든 화려한 경력이 있으셔서, (웃음) 담담하게 잘 대처하셨죠.

〈사상계〉에 대한 자료들을 찾아보니 '백지 권두언', '죽으면 죽으리라' 등의 내용이 많던데 설명해 주시겠어요?

장준하 '백지 권두언'이란 말 그대로 아무것도 쓰지 않은 백지 상태의 머리말이란 뜻입니다. 〈사상계〉의 머리말은 늘 당대를 평가하는 짧은 글로 채워져 읽는 재미를 더했죠. 1958년 12월에 자유당 정권에서 3백여 명의 경위들을 출동시켜 야당 의원들을 끌어내 마구 구타한 뒤 국가보안법을 통과시킨 일명 '보안법 파동'이 있었습니다. 일련의 사태에 실망하고 분노한 저는 '무엇을 말하랴, 민권을 짓밟는 횡포를 보고'라는 제목만 달린 권두언을 실었죠.

침묵은 금이라는 격언처럼 백 번의 말보다 더 강한 '침묵'의 메시지를 독자에게 전달하셨군요. '죽으면 죽으리라'는 어떤 내용인가요?

장준하 당시 정권은 작가들과 대학 교수들에게 정권에 우호적인 글을 쓸 것을 요구했습니다. 우호적이지 않은 언론 매체들은 발행이 중지되거나 폐간됐죠. 당시 최고의 발행 부수를 자랑하던 〈경향신문〉도 폐간되는 마당에 〈사상계〉라고 예외는 아니었습니다. 어느 날 정부 공보처 과장이라는 사람이 원고 하나를 들고 와서는 우리 잡지에 그 글을 실으라고 요구하는데 물론 당시 정권에 우호적인 내용의 글이었죠. 결국 편집부 회의가 소집됐고, 누군가 먼저 "이것을 거절하면 우리는 죽습니다. 어떻게든 살아서 싸워야지 죽고 나면 무슨 수로 싸우겠습니까?"라고 말하더군요. 그래서 제가 말했죠. "이런 걸 실으면서까지 구차한 목숨을 이어 가느니 차라리 죽게 되면 죽읍시다!"

역시 못 말리는 분이세요. 그래서 바라던 대로 되셨나요?

장준하　(웃음) 그런 각오로 덤비는데 죽을 리가 있겠습니까. 이후 10년은 탈 없이 〈사상계〉를 끌어갔으니 당장은 살아남은 거죠.

1960년 4·19혁명의 기폭제가 〈사상계〉였다고 말하는 분들이 많습니다.

장준하　4·19혁명의 기폭제는 김주열 군 사건이었죠. 〈사상계〉는 도화선이었다고 보면 맞을 것 같군요.

그런데 4·19혁명 이후 새로 출범한 장면 정부(2공화국)에서 국토건설단 단장을 맡으셨어요. 언론인의 정치 참여는 언론인 본연의 역할을 잊게 하기 때문에 위험하다고 생각하는데요. 어떤 마음으로 당시 정부에 참여하셨나요?

장준하　음…… 그때 저의 결정이 정말 잘한 것이었는지는 솔직히 잘 모르겠습니다. 하지만 당시에는 혁명의 완성에 대해서만 생각했던 것 같습니다. 4·19혁명의 의미는 두말할 필요 없이 너무나 고결하지만, 혁명은 언제나 그렇듯, 혁명 이후가 더 중요하죠. 4·19혁명이 일어난 데는 물론 이승만 정부의 폭정에도 원인이 있겠지만 1950년대 후반의 경제 침체와 공무원의 부정부패 등 여러 요인이 작용했습니다. 낡고 썩은 것을 폭발적인

247

응집력으로 한 번에 뒤집어 버릴 수는 있지만 뒤집어진 자리에 새롭고 바른 것을 세워 유지시키기란 쉬운 일이 아니죠. 저에게는 학생 혁명으로 시작된 이 혁명이 지식인 혁명으로 완성되어야 한다는 신념이 있었습니다. 농촌에서부터 시작해 전국 방방곡곡으로 펼쳐 나가 범국민적 운동이 되어야만 진정한 혁명이 완성된다고 생각했습니다.

음, 굳이 표현하자면 '독배를 드는 심정으로' 국토 건설 산업을 맡으셨다는 말씀인가요?

장준하 　굳이 표현하자면 그렇습니다. 저는 신문 등에 대대적으로 '미래 국가지도자 예비 요원'을 뽑는다고 광고를 냈습니다. 수만 명이 지원했고 그중 이천 명을 최종 선발했죠. 그들을 전국 각지로 보내 땀 흘리며 농촌을 돕게 했습니다. 기초적인 지도자 수업을 시킨 셈이죠.

청년들에게 농촌 일을 돕게 하는 것이 지식인 혁명과 무슨 상관이 있죠?

장준하 　그들은 '예비 국가 공무원'이었습니다. 저의 원래 계획은 그들을 각 지역에서 3년간 생활하게 하고 그 후에는 그 지역의 군수로 임명하여 활동하게 하는 것이었습니다. 청년 군수가 된 그들은 누구보다 청렴하게 스스로 열심히 일할 테니 부정부패는 사라지고 농촌은 활기를 띠게 될 테죠. 전 국토의 대부분인 농촌이 활기를 찾기 시작하면 대한민국 전체가 활기에 차 발전하게 될 테고요. 몇몇 권력자들에 의한 개발 독재, 서민과 농민의 피를 빨아먹는 개발이 아니라 국민 전체가 웃으며 기쁜 마음으로 발전하는, 아래로부터의 진정한 혁명이 완성되었을 겁니다.

248

그러나 결국 미완의 혁명으로 끝나고 말았죠. 5·16군사정변에 의해 박정희 정부가 세워집니다. 선생님께서는 처음에는 5·16군사정변을 지지하셨지만 나라가 안정이 되었는데도 박정희 정부가 민정 이양을 거부하자 서슴없이 비판의 목소리를 높이셨다가 고난의 삶을 살게 되십니다. 그리고 한국인 최초로 막사이사이상을 수상하셨죠. 그 상이 어떤 상인지 그리고 수상하셨을 때 기분은 어떠셨는지 말씀해 주시겠어요?

장준하　상이야 받으면 좋죠. 제가 받은 막사이사이상은 필리핀의 대통령 라몬 막사이사이의 업적을 추모하기 위해서 만든 국제적인 상인데 아시아 지역의 노벨상 정도로 생각하시면 될 것 같습니다. 막사이사이는 1953년부터 1957년까지 대통령을 지내다 비행기 사고로 죽었는데, 1958년 미국의 록펠러 재단에서 기금을 댄 막사이사이재단을 설립하고 해마다 5개 분야에 걸쳐 시상을 하죠. 저는 1962년에 한국인 최초로 언론문학 부문 상을 수상했습니다.

막사이사이 언론문학 부문 수상을 하셨으니 〈사상계〉는 전보다 더욱 잘나갔겠군요.

장준하　아니요. 전혀 그렇지 않습니다. 우리가 당시 정권에 대한 비판을 본격화하자 탄압도 본격적으로 시작되었습니다. 특히 물샐틈없는 세무사찰로 인해 경제적으로 매우 어렵게 되었죠.

당시 한일협정 반대 투쟁에 목숨을 걸다시피 하셨죠. 전국을 돌며 대략 70여 회의 연설을 통해 한일협정은 곧 '신을사조약'이라며 쓴소리를 하셨으니 정권에서는 선생님이 눈엣가시 같은 존재였을 겁니다. 1966년도에는 대통령을 강하

249

게 비판해서 또 한 번 전 세계의 주목을 받으셨죠?

장준하   사카린 밀수 사건 말씀이시군요. 1966년에 우리나라 모 그룹에서 대량의 사카린을 건설 자재로 위장해 밀수한 사건이 있었습니다. 흔히 말하는 정경 유착의 대표적 사건이었죠. 정치인들에게 나랏일 하라고 국민이 준 권력을 경제계 뒤를 봐주는 데 쓰고 뒷돈을 챙겨 먹는 정경 유착이야말로 우리나라의 발전을 저해하는 최악의 풍토가 아닙니까. 저는 그 사건을 보며 권력의 가장 꼭대기에 있는 대통령부터 잘못됐다고 생각해 대통령을 '밀수의 왕초'라고 말하고 다녔습니다. 그 발언이 문제가 되서 결국 수감되었다가 한 달 뒤인 1966년 12월에 보석으로 석방되었습니다.

그 정도 발언에 한 달 수감으로 끝났으면 정말 운이 좋으셨네요.

장준하   과연 그것이 끝이었을까요? 1967년에는 박정희와 윤보선이 맞붙는 대통령 선거가 있었습니다. 그때 다시 박정희 후보를 비방했다는 이유로 수감되었죠. 대통령 선거가 한창 진행 중이었는데 아무런 연설을 할 수 없어서 몹시 답답하고 화도 났습니다. 언론인의 한계를 여실히 느꼈죠.

그래서 선거 역사상 최초로 옥중 출마를 결심하신 건가요?

장준하   투쟁 방식을 바꿔야겠다는 생각이 들었습니다. 과거에는 정치인들에 대한 적절한 견제가 제가 할 몫이라고 생각했지만 이제는 상황이 달라졌다는 걸 깨달은 겁니다. 그래서 한 달 뒤인 6월 8일 국회의원 선거에 출마하기로 마음먹고 〈사상계〉에 출마의 변을 기사로 실었죠.

250   그런데 국회의원 선거라는 게 마음먹는다고 되는 일은 아니지 않습니까? 일단

정당의 공천을 받아야 하고, 어느 정도 지역 기반도 있어야 하고, 무엇보다 최소한의 선거 자금도 마련되어야 할 텐데…….

장준하   정당 공천은 크게 걱정하지 않았습니다. 1967년 대통령 선거에서 야당 후보들이 분열됐을 때 단일화를 성공시킨 공로를 인정받기도 했고, 그리고 지역 기반이 없는 건 오히려 후보가 신선하게 느껴질 수 있겠다 싶었습니다. 선거 자금이 없으니 뿌릴 돈도 없어 깨끗한 선거를 할 수밖에 없을 테고요. 구속 상태인 것도 이슈가 될 수 있겠다 여겼죠.

흠, 지나치게 긍정적인 면이 있으시군요. 공천도, 돈도, 지역 기반도 없이, 게다가 구속 상태에서 그렇게 낭만적인 생각으로 선거에 출마하시다니요. 당시 상황을 조금 구체적으로 말씀해 주시겠어요?

장준하   제가 출마했던 동대문 '을' 구는 지금의 중랑구 면목동 일대였습니다. 세무 당국의 가혹한 세무 감찰로 집을 빼앗기고 셋집을 전전하다 세 번째로 이사한 동네였죠. 선거 자금은 고사하고 옆집에 누가 사는지도 모를 정도로 지역 기반이 전무한 상태였습니다. 선거 운동원도 〈사상계〉 출신 인사 셋과 함석헌 선생님 정도였죠. 상대 후보는 육사 출신에 현직 여당 국회의원이자 서울시 당위원장이었던 강상욱이었습니다. 당연히 지역 기반도 탄탄했죠.

선거 운동은 어떻게 하셨나요?

장준하   저는 유치장에 있었고, 선거 운동원들이 유세장에서만 홍보를 했습니다. 연사로는 제가 아니라 함석헌 선생님이 나서 주셨죠. 하얀색 한복에 두루마기, 거기에 하얀 수염을 길게 늘어트린 함석헌 선생님은 청중

251

의 호기심을 자극했고, 선생님의 가슴 뜨거운 연설은 청중의 마음을 움직이기에 충분했습니다. 열흘쯤 지났을 때 신민당의 전국 유세반이 합세하자 선거판에 바람이 일기 시작했죠. 다급해진 여당은 저를 선거 일주일 앞에 풀어 주더군요.

아니, 왜 선거가 끝나기도 전에 선생님을 풀어준 거죠?

장준하 여당 쪽에서는 아마 그렇게 하는 편이 선거에 더 유리할 거라고 판단했던 것 같습니다. 선거일을 일주일 앞두고 막판 유세에 박차를 가하며 승리를 확신했죠. 결국 2만 표 차이로 대승을 거뒀습니다.

세계 선거 역사상 가장 놀라운 결과일 겁니다. 대단하다는 말씀밖에는 뭐라 드릴 말씀이 없네요. 그때부터 장준하 선생님을 '재야의 대통령'이라고 불렀군요. 그러면 이제 면책특권, 불체포특권 등이 주어졌으니 조금 편한 생활을 하실 수 있었겠군요. 국회의원이야 막강한 권력의 자리 아닙니까?

장준하 죽기 전까지 저에게 편한 삶이란 없었습니다. 국회의원이 무소불위의 권력을 행사한다는 건 편법을 잘 이용한다는 뜻일 테고 원칙대로 살아서는 버스비도 챙기기 힘든 자리가 국회의원 자립니다. 처신을 못해서인지 저는 국회의원 임기 내내 채권자들에게 시달려야했습니다. 누군가 저에게 가장 무서운 사람이 누구냐고 묻는다면, 저는 중정요원도, 여당 국회의원도, 대통령도 아닌 저에게 돈을 꿔 준 사람들이라고 말할 겁니다.

**청춘의
완터뷰**

덤으로 사는 인생

가족 이야기를 좀 해 볼까요. 가족들에는 너무하다 싶을 정도로 참 철저하셨어요. 아버지께도 잡지를 사서 보라고 하셨다면서요?

장준하   1958년의 일로 기억합니다. 부산에 계시던 아버지께서 일이 있어 서울에 올라오셨다가 제가 일하던 출판사를 방문하셨습니다. 아버지께서는 방문하신 김에 당시 한국의 지성인들에게 널리 읽히는 〈사상계〉 한 부를 얻어 가고 싶다 하셨죠. 그래서 저는 단호히 "읽고 싶으시면 서점에 가서 사 보셔야 합니다. 저희 출판사에서 그냥 나가는 책은 단 한 권도 없습니다"라고 말씀드렸고 아버지께서는 별다른 말씀 없이 돌아가셨죠. 제 인생에서 열외는 없습니다. 출판사 직원들도 다른 용도로 책을 반출할 수 없었으니까요.

선생님의 그런 성격 때문에 가족들이 어려울 때도 많았을 것 같은데요. 큰아드님을 베트남으로 보내셨다고요.

장준하   국회의원이 된 뒤 국방위원회 소속이 되었고 저는 마지막까지 베트남 파병에 반대했지만 결국 파병이 결정되었죠. 결정된 이상 다른 아들들을 전쟁터에 보내면서 제 아들을 안전한 국내에 둘 수만은 없었습니다. 그래서 큰아들을 베트남 파병군에 자원입대 시켰죠. 눈에 넣어도 아프지 않을 자식을 사지로 보내는 아비의 심정이야 오죽했겠습니까. 하지만 민족을 사랑하는 사람이라면 적어도 자기 자식을 먼저 내놓을 수 있어야 한다고 생각했습니다. 그러한 마음들이 모아지면 결국에 민족이 하나 되어 통일이라는 마지막 숙제를 풀 수 있을 것이라 생각했죠. 한 번도 표현하

253

지는 못했지만 아들에게는 한없이 미안합니다.

조금 엉뚱한 질문 하나를 드리려고 합니다. 제가 학창 시절에 읽은 간디 자서전에 나오는 이야기인데요. 간디는 종교적, 정치적으로 절대적인 신념을 가졌던 사람이죠. 정치인으로 많은 일을 했지만 단 한 번도 양심을 속이는 일은 하지 않았다고 합니다. 어느 날 아내와 10시간이 넘는 기차여행을 하게 되었는데 좌석표가 없어서 입석으로 기차에 탈 수밖에 없었다고 합니다. 그런데 간디를 알아본 승무원이 마침 예약이 취소된 침대칸이 하나 있다며 권하죠. 간디는 그러한 특혜에 응하고 싶지 않았지만 눈을 반짝이며 자신을 바라보는 아내를 외면할 수 없었다고 합니다. 그는 자서전에 이렇게 적었죠. '만약 나 혼자였다면 그러한 호의에 절대 응하지 않았을 것이다. 그러나 평생 나를 위해 헌신적으로 수고해 준 아내에게 침대칸을 선물하고 싶었다. 내가 평생을 지켜 온 양심을 아내를 위한 10시간의 편안함과 맞바꾼 것이다. 아내를 위해 나의 인생에서 처음으로 더러워짐을 기꺼이 허락하였다.' 만약 선생님께서 같은 상황이라면 어떻게 하시겠어요?

장준하   10시간의 편안함이 평생을 지켜 온 양심과 바꿀 가치가 있는 것입니까? 저는 아내에게 동의를 구하고 정중히 사양하겠습니다. 몸의 피곤이야 곧 풀리겠지만 마음의 무거움은 아주 오래 지속될 테니까요.

선생님을 마음속 깊이 존경하지만, 제가 만약 딸을 낳는다면 사윗감으로 선생님 같은 분은 꼭 피하고 싶군요.

장준하   저 같아도 그럴 것 같습니다. (웃음)

청춘의
완터뷰

1967년에 신민당 국회의원이 되셨고, 임기가 끝나기도 전인 3년 만에 탈당을 하셨어요.

장준하 야당은 정치적 힘은 약해도 깨끗해야 합니다. 그 깨끗함이 진정한 힘이죠. 그런데 국회의원이 되고 얼마 후 신민당에서 제 급여보다 훨씬 많은 돈을 주기에 알아보니 야당 몫의 비자금을 나누어서 국회의원들에게 준 것이었습니다. 유진오 총재에게 바로 달려가 '이런 돈 받아 나누어 주려고 총재가 되셨습니까?' 묻자, '모두가 말하기를 안 받을 수 없다는구먼' 하더군요. 저는 절대 받지 않겠다고 말하고 돌려줬습니다. 그리고 나니 동료 의원들과 멀어지더군요. 탈당 말고 다른 방법이 없었습니다.

그리고 1971년 대선은 무소속으로 출마해 낙선하셨죠. 그 이후의 삶은 어떠셨나요?

장준하 여당의 견제도 견제지만 다른 야당의 견제가 더 심했습니다. 당연히 낙선의 고배를 마셨죠. 1972년 박정희가 영구 집권을 노리며 유신시대가 열렸고 저는 목숨 걸고 투쟁했습니다. 1972년 10월 유신체제가 시작되면서 국회는 해산당하고 정당 활동은 완전히 멈췄죠. 거기에 반대하는 정치인들은 모조리 잡혀 들어갔고요. 국민의 기본권이 심각하게 침해당하는 상황이었습니다. 저는 유신헌법 철폐를 주장하는 '백만인 서명 운동'을 전개했죠.

세상이 숨소리조차 내기 힘들던 시기에 그런 운동을 시작하셨으니 당시 정부의 감시가 심했겠군요.

장준하 저는 물론이고 가족 모두에게 미행이 붙었습니다. 심지어 고등학 **255**

교를 다니던 딸아이의 교실 근처에도 중앙정보부 요원들이 배치되어 있었죠. 제가 죽기 3개월 전에는 제가 잘 아는 청와대 참모로부터 제발 몸조심하라는 전화까지 받았습니다.

다른 사람도 아니고 권력의 정점인 청와대 쪽에서 그런 말이 나올 정도면 정말 심각한 상황임을 직감하셨을 텐데요. 그래서 뭐라고 답하셨나요?

장준하 "내가 독립운동을 하면서 죽지 않고 지금까지 덤으로 살아왔는데, 무엇이 두려워서 몸조심을 하느냐"고 답해 주었죠.

덤으로 사는 인생이라…… 선생님은 정말 못 말리겠습니다. 말은 쉽지만 저처럼 평범한 사람은 도저히 행동으로 옮기기가 쉽지 않군요. 이제 힘든 얘기를 꺼내야겠습니다. 유신헌법에 반대하는 서명 운동을 시작한 지 3개월여 뒤에 경기도 포천 이동면 약사봉에서 실족사로 생을 마감하셨습니다. 지금도 선생님의 죽음과 관련한 의혹이 풀리지 않고 있는데요. 1993년 진상조사위원회는 선생님의 사인에 많은 의문을 제기했습니다. 시신에 외상이나 골절이 전혀 없고, 휴대한 보온병과 안경이 깨지지 않았으며, 오른쪽 귀 뒤에 가로 세로 2cm 가량의 흉기로 찍힌 자국과 팔과 엉덩이에 주사 바늘 자국이 있는 점, 그리고 당시 유일한 목격자인 김용환의 정체가 불분명하다는 점 등이었죠. 힘드시겠지만 선생님께서 당시 이야기를 들려 주실 수는 없을까요?

장준하 음, 그건 역사가 풀어야 할 숙제인 것 같습니다. 그 숙제가 풀리는 날 저도 조금은 더 자유로워지겠지요.

256 네, 그 숙제는 저희가 열심히 풀어 보겠습니다. 그럼 마지막 질문 드릴게요. 만

약 인생의 어느 한 부분으로 돌아갈 수 있다면 어느 순간으로 가셔서 무엇을 바꾸시겠습니까?

장준하　제가 살아온 인생에 아쉬운 장면이 너무나 많군요. 음, 그래도 하나만 꼽으라면, 아무래도 1945년 초가 될 것 같습니다. 그때로 돌아갈 수 있다면 반드시 국내 진입 작전을 성공시킬 겁니다. 만약 그렇게만 된다면 우리 민족은 승전국의 위치를 점하게 되고 분단이라는 최악의 상황을 막을 수 있었을 테니까요. 그때로만 돌아갈 수 있다면 제 몸이 부서질 때까지 싸워 분단만은 막을 겁니다. 우리 민족에게 분단보다 더 나쁜 결과는 단연코 없을 겁니다. 그리고 하나 덧붙이자면 민족을 내 가족보다 더 사랑한 못난 남편, 아버지를 만나 고생만 한 제 가족에게 사랑하고 미안하다고 더 많이 얘기해 주고 싶군요.

만약 선생님께서 1945년 국내 진입에 성공하셨다면 우리 한민족의 근현대사가 송두리째 바뀌었을 텐데요. 저 역시 안타깝게 생각합니다. 귀한 시간 내주셔서 진심으로 감사합니다. 좋은 말씀 마음속 깊이깊이 새기겠습니다.

장준하　아무쪼록 우리 민족이 하루 빨리 하나가 되는 모습을 보고 싶군요. 부디 노력해 주십시오.

장·준·하·

장준하와 인터뷰를 마치며

장준하의 죽음에 대해 김수환 추기경은 "별이 떨어진 것이 아니라 보다 새로운 빛이 되어 우리의 앞길을 밝혀 주기 위해 잠시 숨은 것뿐"이라고 말했다. 장준하는 그렇게 살았다. 모진 시절에 단 한 치의 부끄러움 없이 살다 간 장준하는 우리 민족의 영원한 빛이다. 장준하의 삶은 단순히 장준하 한 사람의 삶이 아니었다. 그는 민족을, 민족의 어두운 과거를 등에 지고 묵묵히 걸었던 민족주의자이다.

그는 펜을 가지고 칼에 대항했던 사람이다. 지성의 무기를 가지고 권력의 아성에 과감하게 도전했던 바로 그런 사람이다. 구약성서에 나오는 야곱이 형 에서에게 쫓겨 도망치다 산에서 돌베개를 베고 잤던 것처럼 우리 현대사 가장 아픈 과거를 그 한 몸으로 맞선, 겁도 없고 무서운 것도 없는 사람.

베트남 파병에 가장 극렬히 반대했으나 파병이 결정되자 자신의 장남을 베트남에 자원입대 시킨 그는 당시 국방부에 막강한 영향력을 행사할 수 있었던 국회 국방위원회 소속 국회의원이었다. 그는 단 한 번도 자신의 양심에 소홀했던 적이 없는 사람이다. 그러기에 그는 그 누구보다 자신의 가족에게 철저했다. 민족을 위해선 반드시 그래야만 한다고 믿었다. 민족과 후세에 부끄럽지 않은 사람으로 살아가겠다는 그의 순결한 마음은 지금도 더럽혀지지 않은 채 꼿꼿하게 남아 있다.

편법을 통한 재산 증식, 자녀 학군을 위한 위장 전입, 병역 기피 등이 일상화 된 지금의 정치인, 고위 공직자에게 장준하는 말한다. "나는 3000km를 맨발로 걸어서 그토록 원하던 한국군에 입대했는데, 너희는 나라를 위해 일한다면서 그렇게 사는 것이 민족과 후세에 부끄럽지 않은가?"

장준하처럼 고결한 이가 우리 시대에 다시 나올 수 있을까? 어두웠던 우리나라 1950~60년대 우리에게 빛을 선물해 준 사람, 우리나라 언론과 민주주의 발전에 획기적 업적을 남긴 사람. 우리는 '장준하'가 그립다.

청춘의
완터뷰

김재익과의
인터뷰

김재익

아버지 김응묵과 어머니 강병주 사이에서 9남매 중 막내로 태어났다.

경기중학교 졸업

1954

- 서울대학교 정치학과(외교학 전공)를 졸업하고 동대학 대학원(국제관계 전공) 입학
- 한국은행 수석으로 입행

1960

1938
서울에서 출생

1956

- 경기고등학교 2년 만에 조기 수료
- 서울대학교 정치학과 입학

경제기획원 기획국장이 되어 부가가치세 도입 추진

1976

- 국가보위비상대책위원회(이하 국보위) 경제과학분과 위원장으로 임명됨
- 전두환 당시 국보위 위원장 개인 경제 과외를 맡음
- 청와대 경제수석비서관에 임명됨
- 컬러텔레비전 방송 시작

1980

1974

- 한국은행 사임
- 경제기획원 장관 비서실장

1978
전자식 전화 교환기 도입 추진

• 하와이대학교에서 경제학 석사 학위 취득
• 스탠퍼드대학교 대학원(통계학) 입학

1968

1973

• 스탠퍼드대학교 통계학 석사, 경제학 박사 취득
• 한국은행 복직
• 대통령 비서실 파견 근무

1966

미국 유학 (하와이주립대학교 대학원 입학)

장영자, 이철희 부부의 어음 사기 사건을
계기로 금융실명제 실시를 주장함

1982

1981

• 고위 공직자 승용차 자가운전제도 도입
• 재일 교포들의 출자로 신한은행 설립

1983

• 선진국의 금융 기법 도입을 위해 미국의 Bank
  of America와 합작하여 한미은행 설립
• 45세의 나이로 10월 9일 미얀마 아웅산 묘소
  에서 사망

잠깐, 인터뷰 전에 먼저

남덕우(1924~2013)

경기도 광주 출생으로 국민대학교 정치학과와 서울대학교 대학원을 졸업하고 미국 오클라호마 주립대학에서 경제학 박사학위를 받았다. 1952년부터 1954년까지 한국은행에 근무했으며, 1954년 국민대학교 교수, 1964년 서강대학교 교수를 거쳐 1969년 재무부장관, 1974년 부총리 겸 경제기획원 장관 등을 역임하였고, 1980년 국무총리에 임명되었다. 특히 숨겨진 인재였던 김재익 등 신진 관료를 발굴하여 한국 경제 성장에 핵심적인 역할을 담당하였다. 저서로는 《경제학사전》, 《가격론》 등이 있으며, 청조근정훈장, 수교훈장 광화대장 등을 수상했다.

경제기획원 Economy Planning Board

1961년 발족하여 경제 관련 업무를 담당하던 국무총리 소속하의 중앙행정 부서이다. 국가의 경제·사회 발전을 위한 종합계획을 수립하고, 예산을 편성·관리하며, 경제 부처 간 이견 조정 및 물가 안정 시책, 대외경제정책 조정 등에 관한 업무를 총괄하였다. 군사정부는 1962년 1월 13일 기존의 민주당 정부안을 수정 보완한 경제개발계획을 발표했으며 이후 경제기획원은 연속된 경제개발 5개년 계획을 주도하였다. 박정희 정부는 경제기획원의 권한을 강화하기 위해 1963년 12월 경제기획원 장관을 부총리로 하는 부총리 제도를 도입하기도 했다. 그러나 1980년대 들어서면서 한국 경제가 국가주도경제에서 시장주도경제로 전환됨에 따라 경제기획원의 위상은 약화되었고, 1994년 12월 정부 조직 개편에 따라 독립 부서의 위치를 상실하고 재무부와 함께 재정경제원으로 통합하였으며, 1998년 2월 정부조직법 개정에 따라 다시 재정경제부로 개칭하였다가 2008년 다시 기획재정부로 개편되었다.

한국개발연구원 Korea Development Institute(1971~)

1971년 정부 출연으로 설립된 국무조정실 산하 재단법인 연구 기관이다. 제2차 경제개발5개년계획의 입안 과정에서 경제 및 사회개발정책을 연구하는 전문 기관의 필요성이 논의되어 설립되었으며 경제에 대한 국민의 이해를 증진시키고, 국제화를 위한 전문 인력을 양성함으로써 국가의 경제정책 수립과 경제 발전에 이바지할 것을 목적으로 한다. 정기간행물로 〈한국개발연구〉와 국내외 경제 동향 및 전망을 분석하는 〈KDI 분기별경제전망〉을 계간으로 발간하고 있다. 서울시 동대문구 회기로(청량리동) 홍릉연구단지에서 2013년 12월 세종시 길재길로 이전하여 업무를 수행하고 있다.

색맹 수재(秀才), 한국 경제의 미래를 그리다

김재익 선생님, 안녕하세요! 류성완이라고 합니다.

김재익 　류 선생님 안녕하세요. 5공화국 시절 경제수석비서관을 지낸 김재익입니다.

선생님을 표현한 멋진 문구들이 많은데 소박하게 소개하시네요. 주변 분들은 선생님을 가리켜서 '대한민국을 위기에서 구한 천재 공무원', '대한민국의 경제대통령' 등으로 표현하던데요.

김재익 　부끄럽습니다. 특별한 능력이나 재주는 없지만 열심히 살았기 때문에 좋게 봐 주신 것 같아요.

역시 소문대로 겸손하시군요. 경력만 보면 천재라는 수식어가 전혀 아깝지 않으신데 말이죠. 경기고 2년 만에 조기 졸업, 서울대 외교학과 졸업 후 한국은행　263

수석 입사, 서울대 국제정치학 석사 수료 후 하와이대 경제학 석사, 스탠퍼드대 통계학 석사, 경제학 박사까지…… 와! 이 정도인데 능력이 없다고 말씀하시면 안 되죠.

김재익   저에 대해 저보다 더 잘 알고 계시네요. 보통 사람들보다 학습 속도가 조금 빠르긴 했던 것 같습니다.

선생님의 어린 시절 이야기를 좀 들려주시겠어요?

김재익   저와 같은 시대를 살았던 분들이 다들 그랬듯이 저도 힘든 유년 시절을 보냈습니다. 제가 태어난 해가 1938년이니 아직 일제 강점기였죠. 집안에서는 9남매의 막내로 태어나 많은 사랑을 받았지만 사회적으로는 식민지였던 내 조국의 아픔도 맛보았습니다. 초등학생 시절 6·25전쟁을 겪으면서 아버지를 잃었고, 제 위의 형님 세분도 모두 전쟁 중에 행방불명이 되어서 막내지만 장남의 부담감을 안고 살 수밖에 없었죠.

당시 수재들만 간다던 경기중학교, 경기고등학교에 입학해 엘리트 교육을 받으셨죠. 게다가 고등학교도 2년 만에 마치셨어요.

김재익   가정 경제는 힘들었지만 저에게는 든든한 버팀목이 있었습니다. 바로 어머니셨죠. 어머니께서는 정직하게, 최선을 다해 살아야 한다는 것을 몸소 보여 주셨습니다. 힘들게 돈을 벌며 자식들 뒷바라지를 하셨고, 옳지 않은 방법으로 생긴 수입은 단 한 푼도 본인의 지갑에 들어가는 것을 허락하지 않으셨죠. 저는 그런 어머니를 보며 제가 열심히 공부해야 하는 이유를 다시 한 번 마음에 새기고는 했습니다. 어떻게 하면 어머니를 고단한 삶에서 하루라도 빨리 벗어나게 해 드릴 수 있을까 고민하다가 검

264

검고시로 남들보다 1년 빨리 대학에 들어갔죠.

1956년 서울대 외교학과에 입학하셨는데요. 꿈이 외교관이셨나요?

김재익 　아니요. 전혀 아닙니다. 사실 저는 수학을 상당히 좋아했습니다. 점수도 우수한 편이었고요. 과학도가 되고 싶었지만 선천적인 색맹이었던 저는 자연과학 계열에 입학할 수 없었죠. 그때만 해도 입학 규정이 그랬습니다. 지금 생각하면 참 우스운 일이죠. 그래서 차선책으로 선택한 것이 외교관이었습니다. 일제 강점기와 6·25를 겪으며 자란 세대이다 보니 국가 간의 힘이 어떻게 작용하는지 등에 관심이 많았던 것 같습니다.

그런데 그렇게 외교학과를 가신 분이 졸업 후에 한국 경제의 메카인 한국은행에 입사하셨어요. 그것도 수석으로 말이죠. 대학을 다니며 경제학에 다시 매력을 느끼신 건가요?

김재익 　아닙니다. 한국은행에 들어간 건…… (웃음) 당시 대부분의 대학생들이 가장 선호하던 직장이었기 때문입니다. 특히 어머니께서 몹시 좋아하셨죠. 일단 월급이 많아서 넉넉하지 않았던 집안 살림에 큰 보탬이 됐습니다. 하지만 아직 경제학에 큰 매력을 느끼지 못했던 저는 어느 정도 돈을 모으고 나면 외무고시에 도전하려고 마음먹고 입행과 동시에 대학원에 입학했죠. 국제관계를 공부하는 대학원생 신분으로 학부 학생들에게 정치를 강의하기도 했습니다. 그런데 은행에 다니면서 경제학의 매력에 눈을 뜨게 된 겁니다. 국가의 미래가 바로 경제에서 시작해 경제로 끝난다는 걸 알게 된 거죠. 국가의 운명을 결정하고, 가난한 자나 부유한 자 모두에게 똑같이 가장 중요한 '경제'라는 친구가 제 마음에 들어온 겁니다. 그 **265**

과정에서 평생의 은사인 남덕우 선생님을 만나게 되었죠. 남덕우 선생님은 한국인 최초로 미국 대학에서 경제학 박사 학위를 받고 귀국해 우리나라에 현대 경제학을 소개한 분입니다. 선생님께서는 당시 서강대학교에서 경제원론을 강의하고 계셨는데 한국은행의 위촉을 받아 진행하던 연구 프로젝트를 통해 저와 만나게 되셨죠. 프로젝트를 도와 드리면서 선생님께 많은 가르침을 얻었습니다. 저에게 미국 유학도 적극 권유하셨죠.

그런데 미국에서 그냥 경제학만 공부하신 게 아니라 통계학 석사 학위까지 받으셨어요. 그리고 다시 경제학 박사 학위를 받으셨죠. 한 가지 공부도 힘든데 국제 외교학 석사와 경제학 석사 과정까지 수료하신 분이 통계학까지 공부하신 건 왜인가요?

김재익　경제란 엄청나게 범위가 넓은 학문입니다. 또한 고려해야 할 것이 아주 많죠. 경제를 조금 공부해 보니 바른 경제 공부를 위해서는 여러 자료들을 통계내고 분석할 줄 알아야 한다는 것을 깨달았습니다. 경제를 바로 알기 위해서 통계학을 공부했고, 그 이후 경제학 박사 코스를 밟았죠. 조금 더 완벽한 공부를 위해서라고 생각하시면 될 것 같습니다.

당시 스탠퍼드대학에서는 연구직 교수를 제안하며 미국 생활을 강력히 권했다고 하던데요.

김재익　저를 좋게 봐 주신 담당 교수님과 대학 측에서 좋은 조건을 제시했지만 제 공부의 궁극적인 목적이 한국 경제에 미력이나마 힘이 되고자 한 것이었기에 전혀 고려하지 않고 정중히 거절했습니다. 박사 학위를 받고 곧바로 귀국했죠.

266

**청춘의
완터뷰**

1973년 귀국 후 한국은행에 적을 둔 채 청와대 비서실 자문역을 맡게 되셨죠. 그 후 1974년 4공화국 경제를 총괄하던 경제기획원으로 자리를 옮겨 비서실장, 경제기획관, 경제기획국장 등의 요직을 두루 거치셨어요. 공부한 것을 현실 경제에 반영하고자 관리가 되신 건가요?

김재익　사실 저는 학자로 살기를 원했습니다. 경제 공부를 평생하며 살고 싶었죠. 그래서 대학으로 가서 학생들을 가르치거나 연구원으로 국가의 경제 문제를 연구하고 싶었습니다. 그런데 남덕우 선생님께서 대학 강단에서 경제기획원 장관으로 자리를 옮기면서 적극 권유하셔서 정부 관리로서의 첫걸음을 걷게 되었죠.

그런데 경제기획원 비서실장은 2급이고, 경제기획관은 3급 아닌가요? 직급이 더 낮아지셨네요. 서운하진 않으셨나요?

김재익　전혀요. 경제기획원 비서실장은 주로 사람을 만나는 일이라서 관계부처 공무원들과 술자리도 많았고, 하루에도 수십 명 이상을 상대해야 했죠. 직급은 높았지만 제가 배운 경제학을 써먹을 수 있는 자리는 아니었습니다. 그런데 경제기획관은 한국의 경제 문제를 연구하고 대책을 수립하는 자리였기 때문에 좋았죠. 사실은 남덕우 선생님께 제가 부탁드려서 옮긴 자리입니다.

선생님께서는 자리의 높고 낮음에 연연하는 분이 아니시군요. 그런데 정부 부서의 '국장'이라는 자리는 행정고시를 통과해야만 앉을 수 있는 자리 아닌가요? 언제 시험을 보신 건가요?

김재익　30대 후반의 나이에 다시 시험을 치르기에는 좀 무리가 있겠죠? **267**

시험을 보지는 않았습니다. 말씀하신 시험을 행정고시라고 하는데 당시에는 고등고시라고 불렀습니다. 공무원의 직제는 두 종류인데 시험을 거쳐 승진으로 올라가는 일반직과, 장관과 대통령 등의 임명으로 자리를 얻는 별정직이 있죠. 말씀하신 것처럼 정부 부서의 국장 자리는 시험을 통해 뽑는 일반직이었습니다. 그런데 제 능력을 높이 평가해 주시던 남덕우 선생님의 강력한 추천으로 김용휴 총무처 장관께서 국무회의에 제안하셨고, 우여곡절 끝에 개정안이 통과되어 직제가 개정되었죠. 그래서 저는 최초의 별정직 국장이 되었습니다.

와! 단 한 사람 때문에 직제가 바뀌었군요. 대단하세요. 국장이 되어 제4차 경제개발5개년계획을 편성하고 외국의 기자나 기업인들에게 한국 경제의 실상과 개발 계획을 완벽하게 설명해 그들을 감탄하게 만드셨다고 들었어요. 그래서 당시 외신 기자나 기업인들이 국내에 들어오면 선생님과의 면담을 필수 코스로 여겼다고 하던데 사실인가요?

김재익 그들이 필수 코스로 생각했는지는 잘 모르겠지만 상당히 많은 외신 기자와 기업인들이 방문했던 건 사실입니다. 저는 그들과 좋은 관계를 유지하기 위해 무척 노력했죠. 한국 경제가 세계와 발맞추기 위해서는 외국인의 투자가 필수적이었고, 그러기 위해서는 외신 기자들의 역할이 매우 중요했으니까요. 최선을 다해 한국 경제의 실상과 정책 방향을 설명했습니다.

당시 몇몇 정부 관리들은 '한국에는 외무부가 두 개다'라며 비아냥거리기도 했다고 들었어요.

김재익 모든 일에는 반대편이 있기 마련이죠. 한국의 정부 조직은 많이 경직되어 있었습니다. 그런 조직에서 저의 개성 있는 태도가 편히 받아들여지기는 힘들었겠죠. 그러나 개의치 않았습니다. 제 방식이 맞다는 확신이 있었죠. 결국 저의 인맥은 2차 석유파동*이나 12 · 12사태** 등으로 한국 경제가 많이 위축되었을 때 아주 유용하게 작용했습니다.

새로운 제도를 만드는 데도 관심이 많으셨다고요.

김재익 제도라기보다는 새로운 세금을 하나 만들었습니다. 1976년에 제정해 1977년부터 시행한 부가가치세가 바로 그것인데요. 부가가치세란 일종의 간접세로 생산 및 유통 과정의 각 단계에서 창출되는 부가가치에 대해 부과되는 조세를 말합니다.

근대적 조세제도라는 생각이 드는데요. 부가가치세란 어떤 건가요?

김재익 간단히 설명하자면, 복잡하던 세목과 세율의 단순화로 세제稅制 및 세정稅政을 간소화하고 간접세의 안전 환급에 의한 수출 및 투자 촉진을 기하며, 누적 과세를 배제함으로써 물가의 누적된 상승 요인을 제거하고, 기업의 수직적 통합 이익을 배제함으로써 기업 탈세를 원천적으로 예방할 수 있는 제도입니다. 현재 정부 세금 수입의 25%정도를 바로 이 부

---

* 1973년 중동전쟁(아랍 · 이스라엘 분쟁) 당시 아랍 산유국들의 석유 무기화 정책으로 인한 세계적 석유파동 이후, 1978~1980년 사이 국제 석유 가격이 급상승하고, 그 결과 전 세계가 경제적 위기와 혼란을 겪은 사건을 말한다.

** 1979년 12월 12일 전두환, 노태우 등이 이끌던 군부 내 사조직인 '하나회' 중심의 신군부 세력이 일으킨 군사반란사건으로 이후 신군부 세력은 제5공화국의 중심 세력으로 등장하였다. 주도 세력인 전두환과 노태우가 대통령으로 재임한 1993년 초까지 12 · 12사태는 집권 세력에 의하여 정당화되었으나, 그 후 김영삼 정부에 의해 하극상에 의한 쿠데타적 사건으로 규정되었다.

가가치세가 담당하고 있죠.

새로운 제도를 시행하는 데 많은 어려움이 있었겠군요. 기존의 세금제도에 익숙한 기업에서는 반발도 심했을 테고요.

김재익   물론입니다. 특히 대기업들에서 반발이 컸죠. 직간접적으로 위협을 가하기도 했고요. 그래도 저는 나름의 소신이 있었습니다. 당장은 힘들겠지만 20~30년 뒤를 생각하면 반드시 필요한 제도라도 확신했죠. 당시 경제 선진국들 중에서는 이미 많은 나라들이 이 제도를 시행하고 있었습니다.

컬러텔레비전 방송과 전화 전자식 교환 방식을 도입하셨다고 들었는데요.

김재익   제가 경제기획원 국장으로 있을 때 가장 힘들게 도입한 제도가 그 두 가지입니다. 미래 한국 경제 산업을 생각하면 도입이 시급했지만 과거의 흑백 방송에 비해 3~4배 이상의 비용이 들고 국민의 소비 성향을 자극해 계층 간의 위화감을 조장한다는 이유로 관련 기업들과 관계 부처에서는 극렬히 반대했죠. 그러나 전자 산업을 우리나라의 전략 산업으로 확신하고 있던 저로서는 가급적 빨리 컬러 방송을 시작해야 이 분야 산업이 촉진될 것이라고 생각했고, 1976년 8월 한일 축구 경기를 시작으로 컬러 방송을 시작했습니다. 그러나 비판 여론이 커지자 잠정 중단했다가 1980년 9월 남덕우 선생님께서 국무총리가 되신 후 선생님과 힘을 합쳐서 그해 11월에 다시 본격적으로 컬러 방송을 시작하게 되었죠.

전화 전자식 교환 방식은 좀 생소한데요.

김재익　휴대전화가 일상화되어 있는 지금은 생소할 수도 있겠군요. 전화 전자식 교환 방식이란 한 장소에서 다른 장소로 전화를 걸 때 전자식으로 자동 연결되는 것을 말합니다. 당시에 전화는 기계적 교환 방식이었기 때문에 각각의 전화는 1대1 방식으로 연결이 됐고 통화량이 증가하면 상당히 많은 시간을 기다려야 했죠. 그러한 이유로 각 지역에는 전화 개설량이 할당되어 있었고, 일반 시민이 전화를 가설하려면 몇 달씩 기다리기도 했습니다.

그런 불편함이 있었다면 이 제도는 도입하기 쉬웠겠군요.

김재익　천만의 말씀입니다. 컬러 방송보다 더 힘들었습니다. 일단, 그게 얼마나 편한 것인지 일반인들이 전혀 이해하지 못했죠. 또한 기존 업체들의 맹렬한 로비에 매수된 관료들이 현재 교환기의 수명이 남아 있는데 새로운 시설 투자는 중복 투자이고 외화 낭비라며 저를 매도했습니다. 하지만 저는 이 정책에 목숨을 걸었습니다. 미래 한국의 경제 산업에 꼭 필요한 제도였기 때문이죠. 1977년 이경식 체신부 차관을 겨우 설득해서 예산을 받아 내 한국통신연구소를 개설하고, 1978년 본격적으로 전자 교환기 도입을 이루어 냈습니다. 그 결과 전화기 개설 수는 1978년 187만 대에서 1982년 4백 만 대로 증가했죠. 물론 전화기 개설 수가 증가한 것이 중요한 게 아니라 바로 이러한 바탕이 지금의 우리나라를 IT강국으로 만든 초석이 되었다는 게 중요한 거겠죠.

대학 강단을 포기한 선생님의 선택이 대한민국의 미래 산업을 창조해 냈군요. 뒤늦게 시작한 정부 관리자로서의 삶도 쉽지만은 않으셨을 것 같은데요.

김재익   류 선생님이 제대로 보셨습니다. 친구들은 흔히 저를 이상론자라고 불렀습니다. 특히 대학 동기이자 막역한 친구였던 서석준 경제기획원 차관이 저를 이상론자로 여겼죠. 경제 공부를 하며 배운 대원칙에 따라 안정, 자율, 개방을 최우선으로 생각하고 정책을 준비했는데 정통 관료 출신인 서석준 차관은 실현 가능성이 없다며 저의 정책을 비판하기도 했습니다. 우리는 이 문제를 놓고 자주 토론하곤 했죠. 서차관은 저와 친한 친구사이였지만 관료로서의 저의 능력은 인정하지 않았습니다. 기존 관료 조직의 경직성도 힘들었지만 제가 배우고 실현하고자 했던 경제 이론을 접목하기 힘든 현실이 저를 더욱 맥 빠지게 했습니다. 그래서 KDI(한국개발연구원) 객원 연구원으로 가기로 마음먹었죠.

그래서 KDI로 가셨나요?

김재익   정말 원했지만 제가 원하던 길을 가지 못했습니다.

"경제는 당신이 대통령이야!"

마음이 바뀌신 건가요?

김재익   아니요. 저는 예정대로 사표를 내려고 출근을 했습니다. 그런데 사표는 수리되지 않고 부총리께서 저에게 국보위로 갈 것을 통보하셨죠.

국보위라면 국가보위비상대책위원회를 말씀하시는 것 같은데요. 그 단체에 대해서 간략한 설명 부탁 드릴게요.

272

김재익   국가보위비상대책위원회는 1979년 10·26사태로 박정희 대통령이 서거한 뒤 정치 공백을 메꾸고 통치권을 확립하기 위해 신군부가 설치한 기관입니다. 1980년 5월 당시 실질적인 권력을 가지고 있던 최고의 기구였죠. 물론 의장은 신군부의 우두머리이며 실세인 전두환 보안사령관이었습니다.

그 정도 기관의 통보를 거부하기도 쉽지 않았겠군요.

김재익   서슬 퍼런 시절이니…… 그런데 갑자기 전두환 상임위원장이 저를 불렀습니다. 조금 황당했죠. 저에게 경제를 가르쳐 달라고 했습니다. 이제 곧 국정을 돌봐야 하는데 너무 몰라서 큰일이라며, 열심히 배울 테니 가르쳐 달라고 하더군요.

그래서 허락하셨습니까?

김재익   거부할 수 없는 상황이었습니다. 물론 거부할 마음도 없었던 게 사실입니다. 정치적으로 신군부를 지지하지는 않았지만 정권이 넘어갈 것이 불 보듯 뻔했고, 그렇다면 경제라도 살려야 한다고 생각했죠. 경제가 무너지면 제일 힘든 것이 국민들이니까요. 그들을 이용해서라도 국가의 경제를 살릴 수만 있다면 학자로서의 제 양심에도 떳떳할 수 있다고 생각했습니다.

국가 최고의 권력자를 가르친다는 게 엄청 부담되셨을 것 같은데요. 최고 권력자와의 '경제 과외'는 어떻게 진행되었나요?

김재익   바로 다음 날부터 새벽 5시 30분이면 어김없이 집 앞에 검은색 차가 대기하고 있었습니다. 그때가 1980년 6월 초였고, 새벽 공부는 9월 초까지 계속되었죠. 시간이 넉넉하면 2~3시간, 바쁜 일이 있으면 30분 정도 진행했습니다. 빠진 날은 거의 없었죠. 최고의 권력자를 학생으로 두었으니 부담이 없진 않았지만 기대했던 것보다 배우는 자세가 훌륭했던 건 사실입니다.

조금 의왼데요. 명석했단 뜻인가요?

김재익　명석하다는 의미가 아니라, 자신이 경제에 대해 문외한이라는 것을 알고 있었고 인정했다는 뜻입니다. 자신의 상태를 정확히 알고 있는 학생을 가르치는 일은 어렵지 않으니까요. 저는 어려운 경제 용어를 쓰기보다는 단순하면서 이해하기 쉽게 설명하려고 노력했습니다. 그리고 작은 부분을 바라보는 미시적 관점이 아니라 국가 전체를 바라볼 수 있는 거시적 경제관념을 길러 주기 위해서 노력했죠.

길지 않은 시간 동안 중점을 두고 가르친 내용은 무엇이었나요?

김재익　크게 세 가지를 이해시키기 위해서 노력했습니다. 첫째, 국가의 경제란 수요와 공급에 의해서 결정되는 것이다. 시장에서 정부의 강제적 힘을 빼야만 한다. 둘째, 나라든 기업이든 군대든 흑자를 내야만 한다. 그러기 위해서는 고통을 감수해야만 한다. 셋째, 국가 경제에서 제일 중요한 것은 '실질'이라는 개념이다. 월급을 아무리 올려 주어도 올려 준 월급보다 물가 상승이 많이 일어난다면 결국 서민은 손해를 보는 것이다. 이 세 가지를 반복적으로 설명했습니다.

수요·공급의 원칙은 많이 들었던 내용이라 이해가 되는데요. 흑자를 내기 위해서 고통을 감수해야만 한다는 것은 어떤 의미인가요?

김재익　1970년대 유신시대를 겪으며 우리나라 경제 제도는 많은 문제점을 드러냈죠. 이러한 문제를 해결하려면 기존 제도에 익숙한 사람들의 반발을 반드시 이겨내야 한다는 의미였습니다.

그럼 '실질'이라는 개념은 어떤 건가요?

김재익　이런 겁니다. 예를 들어 제가 올해 100만원의 임금을 받았다고 치고, 다음 해에는 10만원 올려 110만원을 받았다면 겉으로 보기에는 분명 기뻐해야 할 일입니다. 그런데 물가 상승률이 20%였다면 실질적으로는 10만원 손해를 본 셈이죠. 제가 주장한 내용의 핵심은 물가 안정이었습니다. 서민 삶의 질을 향상시키기 위해서는 반드시 물가를 잡아야 했습니다. 그래서 이 점을 아주 많이 강조했죠.

3개월간 진행된 경제 과외 끝에 경제수석비서관 자리를 제안받으셨죠?

김재익　1980년 8월 말이었습니다. 당시 전두환 상임위원장은 9월 1일 대통령에 취임하기로 정해져 있었죠. 저를 부르더니 "경제수석이 필요한데 자네가 맡아 주었으면 좋겠어"라고 말씀하셨습니다. 저는 바로 답하지 않고 조건을 하나 내걸었죠.

최고의 권력자에게 조건을 거셨다고요? 선생님 배짱도 대단하시네요.

김재익　잠시 생각한 후에 이렇게 말했습니다. "제가 하고자 하는 정책은 인기도 없고, 기존 제도에 익숙한 세력으로부터 엄청난 저항에 부딪힐 겁니다. 그래도 끝까지 저를 믿어 주시겠습니까?" 그랬더니 제 눈을 똑바로 응시하며 시원스레 말씀하셨죠. "여러 말할 것 없이 경제는 당신이 대통령이야!" 그리고 제 목숨을 걸고, 정말로 열심히 일했습니다. 최고 권력자의 절대적 신뢰를 등에 업었으니 제가 계획했던 사업들을 시도해 볼 수 있게된 거죠.

과정이야 어찌됐든, 속내야 어찌됐든, 신군부 세력의 핵심 브레인이 되셨는데요. 가족이나 주변 분들의 반응은 어땠나요?

김재익　말도 못했죠. 아내의 반대도 반대지만 대학생이던 아들의 반대가 특히 심했습니다. 아내는 처음에는 다시 미국으로 돌아가자고 했지만 시간이 지나자 제 뜻을 이해해 주었죠. 그러나 아들은 저를 도통 이해하려 들지 않았습니다. "나도 신군부의 정통성을 인정하는 건 아니다. 정치적으로 동조하지도 않는다. 그러나 경제 개방화와 국제화는 결국 독재체제가 설 자리를 잃게 만들 것이고 시장경제가 자리 잡으면 정치 민주화도 자연히 따라온단다. 아빠가 그렇게 만들 거야. 나를 믿어 주렴." 아들과 여러 번 대화를 나누었고 마지막으로 아들에게 제 속을 털어놓았지만 결국 설득시키는 데 실패했죠.

친구들의 반응은 어땠나요?

김재익　(한숨) 몇몇 친구들은 절 찾아와 절교를 선언하기도 했고, 평생 후회할 짓 하지 말라고 말리기도 했습니다. 학자인 줄 알았더니 권력욕에 미친 정치인이라고 피난하는 친구도 있었죠. 주변 사람들의 지지 없이 외로운 싸움을 시작해야 하는 마음이 정말 힘들었습니다. 그러나 저에게는 확신이 있었고 언젠가는 모두가 제 진심을 알아주리라 믿었죠.

1980년 9월부터 1983년 10월까지 3년 간 한국 경제를 총괄하셨는데요. 자료를 찾아보니 정말 많은 일을 하셨어요. 경제 수석이 된 후 가장 역점을 기울인 부분은 어떤 것인가요?

김재익 저의 경제 논리는 안정, 자율, 개방으로 요약됩니다. 무척 단순하죠. 이 세 가지를 지속적으로 지켜 낼 수만 있다면 경제는 반드시 성장하리라 믿었습니다. 일단 물가 안정이 제일 중요했죠. 국가의 강제적 힘에 의한 안정이 아니라 외국과의 무역과 자본의 개방으로 인한 자율적 안정이 최우선이었습니다. 강제적 힘은 단기간에 성과를 낼 수는 있지만 시간이 지나면 더 큰 대가를 필요로 하기 때문에 반드시 시장의 자율적 힘으로 안정을 찾아야 했습니다.

1980년 당시의 한국 경제 상황에 대해 조금 설명해 주시면 이해가 빠를 것 같은데요.

김재익 정치적 불안정으로 경제 성장은 둔화되었고, 물가는 계속 오르는 참으로 어려운 상황이었습니다. 또 1979년 2차 석유파동으로 세계 경제는 꽁꽁 얼어붙었죠. 잘 아시겠지만 1960~1970년대의 우리나라 경제 구호는 '하나도 수출, 둘도 수출, 수출만이 살길이다'였습니다. 물론 수출로 인해 우리나라 경제가 많이 성장한 것은 맞습니다. 그러나 값싼 물품을 지속적으로 수출하기 위해서는 외국과의 가격 경쟁에서 이겨야 하고, 그러려면 국내 노동자의 임금을 올려 줄 수가 없으니 적은 임금으로도 살 수 있게 농산물과 공산품 등의 생활비 인상을 막아야 하고…… 그러니 농산물 가격을 20년 가까이 동결시키며 보조금을 지불하거나 혹은 강제로 가격 인상을 막으며 버텨 온 것 아니겠습니까. 수출로 얻은 이득 대부분은 수출을 주도한 대기업에 돌아가고, 대기업이 정부에 돈을 주면 정부는 농가에 보조금을 지불하는 방식으로 국내 경제가 운영되는 인위적인 가격 안정책을 펼쳐 온 셈이죠. 그러나 그러한 인위적인 방식에는 분명 한계가 있습니다. 1970년대 말부터 서서히 국내 경제는 그 한계를 보이고 있었죠.

그러한 난국을 어떻게 풀어 가셨나요?

김재익 　무역과 자본의 개방, 그리고 긴축재정을 펼쳤습니다. 대기업이 받고 있던 금융 혜택이나 세제 혜택도 차츰 줄여서 대기업의 독과점 폐해를 막고 중소기업과 공정한 경쟁을 하게 했습니다.

경제는 잘 모르지만 1980년과 1981년에는 경기 불황이 심각했던 걸로 아는데 국가 재정을 줄이는 긴축정책을 쓰셨다는 것이 조금 이해가 안 되는군요. 국가 경제가 파산에 이를 수도 있는 위험천만한 정책 아닌가요?

김재익 　잘 알고 계시네요. 경제에서 중요한 건 크게 두 가지입니다. 경제 성장과 물가 안정이 그것이죠. 그런데 이 두 가지는 공존하기가 몹시 힘듭니다. 경제가 성장하면 물가는 상승하고 물가가 안정되면 경제 성장이 둔화되는 특징이 있죠. 경제 성장을 위해서는 국가가 돈을 풀어야하지만 돈을 풀면 화폐 가치가 떨어져 물가가 상승하고…… 저는 국가가 돈을 적게 풀어 물가 상승을 억제하는 긴축정책과 국가가 돈을 충분히 풀어 경제 성장을 촉진시키는 확장정책 중에 하나를 선택해야만 했습니다. 그리고 저는 물가 안정이 더 중요하다고 판단했죠.

그럼 결국 물가를 안정시키셨나요?

김재익 무역 개방으로 값싸고 질 좋은 공산품이 수입되어 국내 물가 상
승을 상당 부분 막았습니다. 또 외국으로부터 자본이 유입되어 국내 경제
상황이 안정되기 시작했죠.

물가를 잡았으니 경제 성장은 어려웠겠군요?

김재익 아닙니다. 저는 정책 시행자로서 운이 좋았던 사람 같습니다. 예
상보다 급속히 국제 석유 가격이 안정되면서 수출도 다시 활성화되었죠.

**공산품 가격은 수입으로 해결하셨지만, 농산물 가격은 어떻게 안정시키셨나
요? 농가 보조금 지급 제도는 현재에도 시행되고 있는데요.**

김재익 가장 안타까운 부분이 바로 그것입니다. 농가 보조금 제도 중에
대표적인 것이 이중곡가제 내지는 추곡수매라고 부르는 제도인데요. 농
가 소득 보장 및 소비자 보호를 위해 정부가 일정량의 벼를 사들이는 제
도로 표현은 그럴싸해 보이지만 정부 재정 적자를 심화시키고 농가의 자
생력을 약화시키는, 장기적으로 보면 독약과 같은 제도입니다. 저 역시 이
제도를 개선하기 위해서 많이 노력했지만 결국 성공하지는 못했죠.

**대통령께서 경제에 관해서는 선생님께 일임하겠다고 약속했는데, 대통령이 약
속을 지키지 않은 건가요?**

김재익 정치인과 학자는 입장이 다를 수밖에 없습니다. 저는 학자적 양

279

심을 가지고 이 제도의 폐지를 주장했습니다. 그러나 정치인은 국민의 여론을 의식하지 않을 수 없죠. 특히 1980년대 초 우리나라 국민 대부분이 농촌에 거주하고 있는 상황에서 농촌의 표심을 무시할 수는 없었을 겁니다. 그러나 경제학자인 저는 농촌의 자생력을 키우고 국가의 재정 부담을 줄이기 위해서는 투자를 늘려야 한다고 생각했죠.

목숨 걸고 잡은 물가

한국의 자동차 산업도 선생님께서 완성시키셨다고 들었어요.

김재익   아이고, 제가 무슨 힘이 있어서 자동차 산업을 완성하겠습니까. 우리나라 자동차 산업이야 관련 기업과 노동자들의 노력으로 성공한 것이죠. 저는 그저 1980년대 초 우리나라가 자동차 산업에 본격적으로 뛰어들기 전 반드시 자동차 산업에 투자해야 한다고 주장했을 뿐입니다. 사실 우리나라는 자동차 산업이 발달하기 힘든 환경이었죠. 초기 자본이 많이 필요했고, 내수 시장이 작아서 안정적인 수요가 부족한 상황이었습니다.

그런 상황에서 왜 자동차 산업에 투자할 것을 주장하셨나요?

김재익   일단 자동차 산업은 엄청난 고용 창출 효과가 있습니다. 자동차 한 대는 4만 개의 부속품이 모여 완성되기 때문에 많은 일자리를 만들어 실업률을 낮출 수 있죠. 저는 그때가 아니면 자동차 산업을 발전시키기 힘들다고 판단했습니다.

왜죠?

김재익   자동차 산업은 기술력도 필요하지만 일단 제철이 안정적으로 공급되어야 하고 자동차에 대한 수요도 있어야 합니다. 1970년대 한국에는 두 가지 큰 사건이 일어나는데 바로 포항제철과 경부고속도로의 완공이죠. 포항제철에서 안정적으로 철을 공급할 수 있게 되고 달릴 수 있는 도로가 생기자 자동차 수요가 꿈틀대기 시작한 겁니다. 저는 이 두 가지 조건에 집중했습니다. 국내 수요만으로도 성공할 수 있다는 확신이 있었죠. 그래서 공직자 자가 운전제도를 시행하기도 했습니다.

공직자 자가 운전제도요?

김재익   당시 국장급 이상에게는 운전기사가 딸린 관용차가 지급되었는데 당시 돈으로 월 70만 원 정도의 경비가 소요됐습니다. 이것을 관료가 직접 자가용을 운전하게 하고 월 30만원의 교통비를 지원하는 방식으로 바꾸고 운전기사들에게는 원하면 개인택시 면허를 주었죠. 국가가 지출하는 비용도 줄이고 자가 운전제도도 확산하고, 택시 기사 공급도 늘리고 자가용 수요도 늘고.

자동차 산업에 투자한 결과는 어땠나요?

김재익   21세기 현재 순수 자체 기술로 자동차를 생산할 수 있는 나라는 전 세계에서 몇 나라 되지 않습니다. 그중에 한 나라가 한국이죠. 또 자동차 생산량 6위 국가가 되었다고도 들었습니다. 경제력은 높은데 자체적으로 자동차를 생산하지 못하는 나라들이 아직도 많죠. 대표적인 나라가 대만입니다. 1980~1990년대 대만은 우리나라보다 경제력이 훨씬 앞서 있었지만 자동차를 만들 생각은 못했죠. 당장은 수입하는 것이 편하거든요. 그러나 그 편리함은 머지않아 경제적 종속이 됩니다. 지금도 대만의 도로에는 외국차들이 대부분이죠. 어디 하나를 고치려고 해도 외국에서 부품을 수입해 와야만 하고요. 대만뿐만 아니라 전 세계 대부분의 나라가 그렇습니다. 우리나라의 도로는 어떤가요? 물론 아직 완전히 개방이 되지 않아서이기도 하지만 자국 브랜드의 자동차가 대부분인 우리 도로를 보면 여러분은 자랑스러워할 만합니다. 선배들의 엄청난 노력의 산물이니까요.

당시 청와대 출입 기자들에 따르면 사람들이 선생님을 '신비한 사람'이라고 불렀다던데 알고 계셨나요? 그 당시 지하철과 버스를 연계하는 대중교통 시스템이나 정보·통신 분야의 비약적 발전과 지식정보산업 혁명, 동북아 경제 중심지, 외국 합작 금융기관 설립, 금융실명제 등에 관해 매일 같이 말씀하셨다고요.
김재익   저는 남들이 하고 있는 것을 좇는 일은 이미 늦은 일이라는 생각을 가지고 있었습니다. 유학 시절부터 대한민국의 미래 성장 동력은 정보·통신 분야가 될 거라고 확신했죠. 그래서 1975년 공무원이 된 직후부터 정보·통신 분야에 투자할 것을 주장했습니다. 앞에서 말씀드렸다시피 기계식 전화기를 전자식 전화기로 바꾸었고, 컬러텔레비전 송수신 자유화를 실현했습니다. 또한 지하철과 버스를 연계하는 대중교통 시스템과 지식정보산업 혁명을 준비하기 위해 제 고등학교 후배이며 정보·통신 분야 전문가인 오명을 정보·통신 산업담당 경제비서관으로 추천해 더욱 박차를 가했죠.

지금 한국이 세계적인 IT강국이 된 것도 결국 선생님께서 생각하신 청사진의 일부였군요. 그런데 1970년대에 지하철과 버스의 연계 시스템을 생각하셨다는 것이 정말 놀라운데요?

김재익   제 계산으로는 당연한 결과였습니다. 산업화를 거치면 인구는 자연히 도시에 집중되죠. 인구가 도시에 집중되면 필연적으로 주택 문제, 상하수도 문제, 대중교통 문제가 발생합니다. 그중에서도 경제적인 면에서 대중교통 문제는 제일 시급했죠. 대중교통은 사람들을 각자의 일터로 이동시키는 아주 중요한 경제 요소니까요. 또한 교통비는 바로 가계의 경제 비용으로 연결되고요. 바로 그 대중교통의 두 축이 버스와 지하철이죠. 버스밖에 없었던 한국의 대중교통체제는 1974년 8월 15일 처음으로 서울역에서 청량리역까지 지하철이 개통되면서 일대 변혁기를 맞게 됩니다. 이 둘을 적절히 연계한다면 완벽한 대중교통 시스템이 될 거라고 생각했죠. 물론 아쉽게도 실행에 옮기지는 못했지만요.

하나의 현상을 접할 때 반드시 파생하는 그 무엇을 함께 고민하시는 것 같아요. 제가 배워야 할 부분이네요. 동북아 경제 중심지에 대해서도 설명해 주시겠어요?

김재익   저는 이 생각만 하면 지금도 마음이 설레는데요. 홍콩과 싱가포르처럼 우리나라도 세계 금융의 중심지로 만들고 싶었습니다. 만약 그렇게 된다면 자금 조달 비용도 감소하고, 새로운 기술·경영 기법의 도입으로 경제 발전에도 더욱 가속이 붙었을 겁니다.

그런데 홍콩이나 싱가포르는 아시아와 유럽 중간에 위치한 지리적 이점을 이용해 중계무역을 함으로써 자본을 수입하는 것으로 아는데 우리나라와는 환경이 조금 다르지 않나요?

김재익 맞습니다. 그런 지리적 이점도 있었지만 그보다 그들이 금융 중심지로 성장할 수 있었던 주된 이유는 영국의 식민 지배를 받았기 때문입니다. 18세기에서 20세기 초까지 세계 최고의 강대국이었던 영국을 통해 막대한 자금이 흘러들어 왔기 때문에 금융 중심지로 성장할 수 있었던 겁니다.

그럼 앞선 홍콩, 싱가포르와 달리 우리나라가 가지고 있던 장점은 무엇이었나요?

김재익 일단 세계의 중심이 유럽에서 미국으로 넘어갔습니다. 즉 태평양을 중심으로 세계 주요 무역이 진행되기 시작한 거죠. 태평양을 지나 아시아에서 처음 만나는 나라가 바로 한국이 된 겁니다. 또한 경제 대국인 일본, 잠재력이 무궁무진한 중국과 가장 가깝게 위치한 지리적 이점도 있었죠. 뿐만 아니라 1980년대 초부터 홍콩이 중국으로 반환될 움직임이 있었습니다. 그럴 경우 사회주의체제를 고수하고 있는 중국에 들어가지 못하고 이탈하는 자본과 고급 인력 등을 한국으로 유도한다면 쉽게 세계 금융 중심지로 성장할 수 있다고 믿었죠. 결국 홍콩은 1997년에 반환됐습니다. 조금만 더 착실하게 준비했다면 하는 아쉬움이 남는 대목이죠.

그럼 외국 합작 금융기관 설립과 금융실명제를 주장하신 것도 대한민국을 동북아의 금융 중심지로 만들기 위한 하나의 준비 단계였겠군요.

284 김재익 아주 정확하게 보셨습니다. 우리나라에 국한되지 않는 새로운 금

융 풍토를 조성해야 했죠. 그래서 미국의 금융 기법 도입을 위해 Bank of America와 합작으로 1983년에 한미은행(현재 한국시티은행으로 통합)을 설립했고, 일본의 금융 기법을 배우기 위해 재일교포들의 출자로 1981년 신한은행을 설립했습니다.

금융실명제를 본격적으로 시행한 건 김영삼 정부 때 아니었나요?

김재익　큰 틀에서 보면 금융실명제 역시 동북아를 금융의 중심지로 만들기 위한 준비 단계의 하나였습니다. 하지만 그 도화선은 1982년에 터진 장영자, 이철희(당시 대화산업 회장, 전 중앙정보부 차장) 부부의 어음 사기 사건이었죠. 권력자와의 친분을 이용해 6천 4백 억 원이 넘는 어음을 불법으로 유통시켜 국가 경제를 휘청케 만든 건국 이래 최대의 어음 사기 사건이었습니다. 이 사건으로 부부는 물론이고 전두환 대통령의 처삼촌과 은행장 2명, 기업체 간부, 전직 기관원까지 30명이 줄줄이 구속됐고 법무부 장관도 두 번이나 교체됐죠.

후유, 국가 경제가 조금씩 살아나고 있던 상황인데……

김재익　정말 한심했습니다. 우리나라 금융시장의 후진성을 여실히 보여주었으니까요. 권력자와의 친분으로 천문학적 금액의 어음을 유통시킬 수 있는 현실이 바로 한국 금융체제의 현주소였습니다. 이는 사실 음성적인 정치 자금과 기업의 비자금이 습관화된 우리 정치 구조의 치부이기도 했습니다. 그래서 예금을 실명으로만 할 수 있는 금융실명제가 필요한 거죠.

그리고 드디어 1982년 7월 3일 금융실명제 실시를 발표했죠. 청와대 주요 참모들이 일제히 선생님께 엄청난 비난을 퍼부었다고 들었는데요.

김재익   당시 정권의 실세였던 정무수석비서관 허화평, 인사수석비서관 허삼수 등이 저를 감정적으로 공격했습니다. 그러한 비난을 막아야 했던 비서실장 역시 저를 비난했죠. 저는 당혹스럽고 화가 났습니다. 사표를 제출했지만 대통령께서 만류하셨고 제 입장을 변호하며 사건을 정리했습니다. 금융실명제 실시는 일단 보류됐죠. 그리고 허화평과 허삼수가 청와대를 떠났습니다.

못 다 핀 꿈 미얀마에 잠들다

이후 금융실명제는 어떻게 되었나요?

김재익   1988년에 노태우 정부에서 1991년부터 전면 실시한다고 발표했으나 부동산 가격 폭등이 염려되어 또 다시 유보되었습니다. 1993년 등장한 김영삼 정부에서 그해 8월 12일 대통령 긴급명령으로 금융실명제를 전면 실시하게 되었죠.

선생님께서 계획하신 정책들은 당대가 아니더라도 언젠가는 반드시 시행이 되는군요.

김재익   경제 성장과 선진 경제 시스템 도입을 위해서는 반드시 필요한 정책들이었기 때문일 겁니다.

예지력이 있어서가 아니고요? (웃음) 선생님께서는 적어도 20~30년 앞을 내다보신 것 같아요. 미래를 예지하는 비결을 좀 알려 주실 수 없을까요?

김재익 (웃음) 특별한 비결은 없습니다. 그냥 세계 경제의 흐름을 놓치지 않기 위해 몸은 국내에 있지만 눈은 항상 세계를 바라보고 있던 것이 비결이라면 비결일까요.

경제기획원 기획국장으로 4년, 경제수석비서관으로 3년 정도 근무하시면서 참으로 많은 일들을 해내셨어요. 그 역시 특별한 비결이 있는지 궁금한데요.

김재익 정치학을 배운 게 큰 도움이 됐습니다. 참모들은 정치인들보다 더 정치를 잘해야 하죠. 엄청난 암투 속에서 살아남아야 하니까요. 저는 관료로 일하면서 절대 밖으로 정치색을 드러내지 않았습니다. 그거야말로 최고의 정치 행위죠. 잘 아시다시피 저는 신군부에서 핵심 참모를 지냈습니다. 신군부의 행태에 신물이 났지만 동조할 수밖에 없는 상황이었고 그 가운데 올바른 정책을 시행하기 위해서는 우호 세력을 반드시 만들어야 했기에 관련 부처와 좋은 관계를 유지하려 부단히 노력했습니다. 정치학을 배운 것이 경제수석으로 일하는 데 큰 도움이 된 셈이죠.

그런데 국가 경제를 총괄하는 자리에 오래 있다 보면 여러 가지 청탁이 말도 못하게 많았을 것 같은데요. 그러한 청탁에는 어떻게 대처하셨나요?

김재익 주로 인사 청탁이 많은 편이죠. 특히 지인들의 자제들이나 친척 아무개를 어느 자리에 좀 넣어 달라는 식의 청탁이 많았습니다. 하지만 단 한 번도 그런 청탁에 응한 적은 없었죠. 순간은 서운하겠지만 그러한 서운함이 계속될 관계라면 끊는 편이 좋다고 생각했습니다. 어머니와 아내에

287

게도 그런 식의 청탁은 용납할 수 없으니 처음부터 거절하라고 당부했죠.

만약 평생의 은사이신 남덕우 선생님께서 그런 부탁을 하셨다면 어떻게 하셨을까요?

김재익　제가 세운 원칙에 예외란 있을 수 없습니다. 실제로 당시 엘리트 관리로 알려진 고등학교 후배가 저를 찾아 온 적이 있습니다. 그가 말하길 "남덕우 선생님께서 한번 찾아뵈라고 해서 왔습니다. 모시고 일을 하고 싶습니다." 하기에 그 후배의 이력서도 보지 않고, "당신의 이런 태도가 마음에 안 든다. 당신의 태도 때문에 안 되겠다"고 말한 뒤 돌려보냈습니다.

선생님은 마치 '부드러운 칼' 같으세요. 그렇게 부드러운 성품을 가진 분께서 아니다 싶으면 가차 없이 자르시니 말입니다.

김재익　(웃음)

음, 1983년 10월 9일 미얀마 이야기를 하지 않을 수가 없는데요…….

김재익　아웅산 묘소 테러 사건이 일어났던 날 말씀이시군요. 제 인생의 마지막 날이기도 하고요. 아웅산은 미얀마의 독립운동가입니다. 1983년 10월 아시아 및 오세아니아 순방에 나선 전두환 대통령의 첫 방문지가 미얀마 아웅산 묘소였죠. 저를 포함한 정부 각료들이 수행했고요. 그런데 김정일의 친필 지령을 받은 북한 정찰국 특공대가 우리가 방문하기 하루 전에 폭탄을 설치했던 겁니다. 타겟은 당연히 남한의 대통령이었죠. 그런데 차량을 착각한 그들이 대통령 도착 전에 미리 폭탄을 터트려 먼저 대기하고 있던 장·차관을 포함한 17명의 한국인과 4명의 미얀마 인이 운명을 달리했죠.

17명 안에 김재익 수석도 포함되어 있었군요.

김재익　네. 그게 제 삶의 마지막 날이었습니다.

누군가 했던 말이 기억나는군요. "10월 9일은 우리나라 역사에서 가장 좋은 날이자 슬픈 날이다. 한글이라는 최고의 문자를 갖게 된 날이기도 하지만 김재익을 잃은 날이기도 하다." 이제야 그 말의 의미를 알 수 있을 것 같습니다. 그럼 마지막 질문 드릴게요. 선생님의 노력으로 대한민국은 1980년대 중반이 되면서 비약적 경제 성장과 물가 안정, 국제수지 흑자로 대표되는 세 마리 토끼를 모두 잡았는데요. 만약 1983년 10월 9일에 그런 일이 생기지 않았다면 어떤 정책들을 더 펼치셨을까요?

김재익　아마도 복지정책에 관심을 더 기울이지 않았을까요. 지금 대한민국의 경제를 이끌어 가고 있는 훌륭한 석학들께서 간혹 저를 지나친 시장만능주의자라고 비판하는 것을 잘 알고 있습니다. 변명 같지만 그 당시저는 1980년대에 맞는 경제 살리기에 최선을 다했습니다. 하지만 다시 기회가 주어진다면 경제 성장의 최종 목적인 국민의 윤택한 삶을 위해 과감한 복지정책을 펼쳐 보고 싶군요.

말씀 잘 들었습니다. 소중한 시간 내주셔서 감사합니다. 우리나라 현대사에 숨겨진 중요한 인물을 만날 수 있었던 행복한 시간이었어요.

김재익　저야말로 감사합니다. 류 선생님께서도 좋은 가르침으로 훌륭한인재를 길러 내는 교사가 되시길 바랍니다.

우리나라 현대사는 흔히 암흑기로 표현된다. 누군가는 그 어둠을 이용해 부를 축적하거나 권력을 얻기도 했지만 또 다른 누군가는 그 어두운 시대를 밝히기 위해 스스로 더 어두워지는 일을 마다하지 않았다.

지금 한국 사회에서 '김재익'의 이름을 기억하는 이들은 많지 않다. 그러나 지금 우리가 누리고 있는 한국의 정치 민주화와 선진 경제 시스템 안에는 김재익이 실현하려고 노력했던 미래 한국의 모습이 고스란히 들어 있다. 김재익이 나라를 위해 봉사한 시간은 불과 10년도 되지 않지만 그 10년 동안 그는 한국 경제의 문제점을 정확히 통찰하고 가능성을 현실화시키기 위해 최선을 다했다.

폭력을 앞세워 정권을 탈취한 신군부 세력에게 경제를 가르친 김재익. 그러나 이율배반적이게도 그의 정책에 의해 성장한 한국 경제가 중산층을 만들어 냈고 그 중산층이 신군부의 독재정치를 무너트렸다. 신군부가 김재익을 이용한 것이 아니라 김재익이 신군부를 이용해 한국의 경제를 살리고 신군부의 독재정권을 무너트렸다고 말한다면 너무 지나친 비약일까?

경제에는 문외한인 나 역시 1980년대에 활약한 김재익이 주장한 시장 중심 정책들이 지금의 세계정세와 대한민국의 경제 상황에 똑같이 들어맞지는 않음을 알고 있다. 그러나 인터뷰하는 내내 조국을 향한 순수한 그의 마음만은 거짓이 아님을 느낄 수 있었다.

김재익이 순직한 지 얼마 되지 않아 그의 어머니도 세상을 떠났다. 김재익의 아내가 어머니의 방을 정리하다가 엄청나게 많은 편지 봉투를 발견했는데 봉투 안에는 하나같이 이력서가 들어 있었다고 한다. 아들의 신념을 지켜 주기 위해 단 한 건의 인사 청탁도 아들에게 전하지 않은 것이다. 말 그대로 그 어머니에 그 아들이 아닌가.

그가 완성하지 못한 수많은 경제 정책들을 다듬고 벼려 대한민국을 윤택하게 만들어 줄 제2의 김재익은 지금 어디에서 무슨 꿈을 꾸며 자라나고 있을까?

청춘의
완터뷰

초판 1쇄 발행 2015년 6월 22일

지은이 류성완
펴낸이 양소연

기획편집 함소연 디자인 하주연 이지선 마케팅 이광택
관리 유승호 김성은 인터넷사업부 백윤경 최지은

펴낸곳 함께읽는책 등록번호 제25100-2001-000043호 등록일자 2001년 11월 14일

주소 서울시 금천구 디지털로9길 68, 1104호(가산동, 대륭포스트타워 5차)
대표전화 1688-4604 팩스 02-2624-4240 홈페이지 www.cobook.co.kr
ISBN 978-89-97680-14-6(03900)

이 도서의 국립중앙도서관 출판예정도서목록(CIP)은 서지정보유통지원시스템 홈페이지
(http://seoji.nl.go.kr)와 국가자료공동목록시스템(http://www.nl.go.kr/kolisnet)에서
이용하실 수 있습니다. (CIP제어번호: CIP2015014531)

함께읽는책은 도서출판 나눔의집의 임프린트입니다.